PAUVRETÉ DES NATIONS

Collection « L'esprit économique »

fondée par Sophie Boutillier et Dimitri Uzunidis en 1996
dirigée par Sophie Boutillier, Blandine Laperche, Dimitri Uzunidis

Si l'apparence des choses se confondait avec leur réalité, toute réflexion, toute Science, toute recherche serait superflue. La collection « L'esprit économique » soulève le débat, textes et images à l'appui, sur la face cachée économique des faits sociaux : rapports de pouvoir, de production et d'échange, innovations organisationnelles, technologiques et financières, espaces globaux et microéconomiques de valorisation et de profit, pensées critiques et novatrices sur le monde en mouvement...
Ces ouvrages s'adressent aux étudiants, aux enseignants, aux chercheurs en sciences économiques, politiques, sociales, juridiques et de gestion, ainsi qu'aux experts d'entreprise et d'administration des institutions.

La collection est divisée en six séries :

Dans la série *Economie et Innovation* sont publiés des ouvrages d'économie industrielle, financière et du travail et de sociologie économique qui mettent l'accent sur les transformations économiques et sociales suite à l'introduction de nouvelles techniques et méthodes de production. L'innovation se confond avec la nouveauté marchande et touche le cœur même des rapports sociaux et de leurs représentations institutionnelles.

La série *Economie formelle* a pour objectif de promouvoir l'analyse des faits économiques contemporains en s'appuyant sur les approches critiques de l'économie telle qu'elle est enseignée et normalisée mondialement. Elle comprend des livres qui s'interrogent sur les choix des acteurs économiques dans une perspective macroéconomique, historique et prospective.

Dans la série *Le Monde en Question* sont publiés des ouvrages d'économie politique traitant des problèmes internationaux. Les économies nationales, le développement, les espaces élargis, ainsi que l'étude des ressorts fondamentaux de l'économie mondiale sont les sujets de prédilection dans le choix des publications.

La série *Krisis* a été créée pour faciliter la lecture historique des problèmes économiques et sociaux d'aujourd'hui liés aux métamorphoses de l'organisation industrielle et du travail. Elle comprend la réédition d'ouvrages anciens, de compilations de textes autour des mêmes questions et des ouvrages d'histoire de la pensée et des faits économiques.

La série *Clichés* a été créée pour fixer les impressions du monde économique. Les ouvrages contiennent photos et texte pour faire ressortir les caractéristiques d'une situation donnée. Le premier thème directeur est : mémoire et actualité du travail et de l'industrie ; le second : histoire et impacts économiques et sociaux des innovations.

La série *Cours Principaux* comprend des ouvrages simples, fondamentaux et/ou spécialisés qui s'adressent aux étudiants en licence et en master en économie, sociologie, droit, et gestion. Son principe de base est l'application du vieil adage chinois : « le plus long voyage commence par le premier pas ».

Kanga Bertin Kouassi

Pauvreté des nations

Une critique de l'économie politique

L'Harmattan

5-7, rue de l'École-Polytechnique ; 75005 Paris

http://www.editions-harmattan.fr/

ISBN : 978-2-343-18108-0
EAN : 9782343181080

AVERTISSEMENT

La présente réflexion sur *la pauvreté des nations* ne comporte pas de bibliographie, car elle n'est pas le fruit d'une recherche spécifique. Elle se présente comme la conclusion ou la synthèse de plusieurs années d'examen sur les relations internationales économiques et politiques. Certes des auteurs connus ou moins connus ont été cités, soit pour rarement étayer une argumentation, soit pour relever les présupposés contradictoires avec la situation qu'ils décrivent. Ces auteurs ont été mis entre parenthèses dans le corps du texte et ne sont repris dans aucun *bas de pages*. Le texte lui-même, bien qu'abordant des problèmes qui nous paraissent sérieux, ne présente aucune difficulté de compréhension, car les aspects techniques y ont été expliqués (du moins c'est ce que nous pensons), dans l'optique de le rendre accessible à chaque lecteur. Les répétions d'idées sont volontaires parce qu'elles constituent l'essence même de ce que nous tentons de mettre en lumière et permettent d'enclencher un raisonnement connexe. Les désignations péjoratives de certains peuples relèvent de l'ironie et/ou de la vision que certains intellectuels ont de ces peuples depuis la découverte de l'Amérique. Elles permettent d'insister sur le mépris, de ces intellectuels ou politiques à l'égard des pauvres, que nous essayons de dénoncer dans ce texte. Il en est ainsi des sauvages, des indigènes, des républiques bananières, des Etats sauvages ou barbares, etc.

AVANT-PROPOS

Rechercher la cause d'un problème, c'est déjà tenter de le résoudre. Car la solution d'un problème qui est né à un moment donné de l'évolution d'une société se trouve souvent dans ce problème identifié. Si l'on n'en connaît pas la cause, on peut rechercher des solutions à l'aveuglette, à tâtons, ou par mimétisme. Il en est ainsi de la pauvreté de certaines nations. La pauvreté qui apparaît à un moment donné de l'histoire de celles-ci est imputable à d'autres nations. Par hypocrisie ou par crainte de paraître un ennemi des auteurs de cette pauvreté, on en occulte les vraies causes, puis on s'y habitue et on devient amnésique. On l'étudie telle qu'elle apparaît au moment présent. Nous pouvons donc affirmer que la plupart des théories sur la lutte contre la pauvreté se situent dans une certaine logique qui n'est pas celle de la réalité des faits.

Pourquoi évoquer l'économie politique dans ses fondements ? La pauvreté qui est un phénomène social est appréhendée par l'économie parce que toutes les solutions à nos problèmes de bien-être semblent passer par l'analyse économique, même si l'on doit garder une place importante aux autres sciences sociales, voire humaines. L'économie politique elle-même n'est pas dissociable de la conquête de certaines nations par d'autres. Ainsi ont foisonné les théories économiques sur la pauvreté et le sous-développement.

Qu'on soit de bonne foi ou qu'on avance des idées qui tranchent par leur hypocrisie, on n'a jusqu'à présent raisonné et on ne raisonnera encore demain que par mimétisme par rapport à ceux qu'on qualifie de pays développés. Ce que nous souhaitons montrer dans ce texte. En fait, tout le problème des nations pauvres tient à un seul mot : liberté. Elles sont pauvres parce que sous tutelle. Demander à un esclave pourquoi il n'est pas aussi riche que son maître, alors que c'est cet esclave qui fournit le plus d'effort en matière de création de richesse, est une absurdité. Le jour où l'esclave deviendra son propre maître, une telle question aura un sens.

Nous ne faisons donc ici qu'un constat avec la naïveté qui caractérise nos réflexions. La raison étant la chose la mieux partagée au monde, comme dirait René Descartes, nous souhaiterions qu'on nous apporte la preuve des idées qui seraient erronées dans ce texte sur la base d'une démonstration rationnelle et étayée par des faits et non pas de simples propos ou formulations qui paraîtraient nous contredire sans fondement et dont le seul objet serait de coller des étiquettes sur la base de la division des doctrines que des intellectuels ont savamment répertoriées.

Paris, le 5 avril 2018

K. B. KOUASSI

INTRODUCTION

Le développement est le propre du vivant ; mais la pauvreté matérielle semble une création de l'homme. Et si le développement socio-économique apparaît comme la transformation du mode de vie de toute société humaine, l'économie est, de manière générique, la manière dont les hommes s'y prennent pour satisfaire leurs besoins énormes dans un monde de biens rares. L'homme n'atteint cet objectif que par le travail. Comme l'écrivait M. H. Baudrillard : « Le travail est la loi commune de l'humanité » (*Manuel d'Economie politique, 1872*). Dès lors que les hommes vivant en société ont cherché à améliorer ou à diversifier leur consommation, ils s'aperçurent qu'une seule personne ne pouvait produire en quantité suffisante une diversité de produits pour satisfaire ses besoins. Ainsi apparut la division du travail, tantôt moins développée chez certains groupes sociaux, tantôt beaucoup plus développée chez d'autres. La moindre division du travail qui débouche sur l'échange conduit à l'utilisation de la monnaie. Nous n'avons que très peu de connaissances sur les sociétés préhistoriques sur ce point. Mais nous pouvons affirmer que tous les peuples, quel que soit leur degré d'évolution, ont très tôt connu, sous des formes diverses, la monnaie. Beaucoup plus près de nous, l'on parlait souvent de monnaie dans la Grèce Antique ou la Rome Antique. La monnaie pouvait coexister avec le système de troc.

Quant au mot *économie*, il était déjà usité, selon Charles Gide, depuis l'Antiquité grecque (*Principes d'Economie politique, 1931*). Celui-ci indique qu'un des livres de l'auteur grec Xénophon portait le titre d'économie. Cependant, il s'agissait d'économie de la maison (ou économie domestique). Jean-Jacques Rousseau écrivait à propos de l'économie : « Ce mot vient de *oikos*, maison, et de *nomos*, loi et ne signifie originairement que le sage et légitime gouvernement de la maison, pour le bien commun de toute la famille » (*Discours sur l'économie politique ;1755*). C'est, disait Charles Gide, en 1615 que l'Economie politique a reçu la première fois le nom sous lequel elle est aujourd'hui connue, dans un livre français, le *Traicté de l'Œconomie politique* par Antoine de Montchrestien. Cet intitulé procède de la formation des grands Etats au XVIe et XVIIe siècle dans lesquels l'économie n'était plus vue sous l'angle seulement domestique, mais à travers l'action de ces Etats (ou nations) dans lesquels s'inscrivait la *théorie économique*. Cependant, c'est la découverte de l'Amérique qui provoqua pour la première fois, selon

Charles Gide, « dans le cours du XVIe siècle et surtout du XVIIe siècle, la formation d'une véritable théorie économique, d'un système, c'est-à-dire que ces conseils prirent la forme d'un ensemble de préceptes coordonnés et raisonnés. Les pays, comme la France, l'Italie et l'Angleterre, qui voyaient d'un œil d'envie l'Espagne tirer des trésors de ses mines du Nouveau Monde, se demandèrent par quels moyens ils pourraient se procurer aussi l'or et l'argent. Ils crurent trouver ce moyen dans la vente à l'étranger des produits manufacturés ; et à cette fin ils s'efforcèrent de développer le commerce extérieur et l'industrie manufacturière par tout un système compliqué et artificiel de règlements » (*Charles Gide, ibid.*)

Au XVIIIe siècle, plus précisément en 1758, le médecin du Roi Louis XV, François Quesnay, publia son *Tableau économique*, une représentation schématique de l'économie. Il eut un groupe d'hommes éminents comme disciples et qui se donnèrent le nom d'Economistes. A cette époque, fut créée autour de François Quesnay l'école des physiocrates à un moment où les intellectuels tentaient d'expliquer le monde par des lois naturelles. Ainsi le droit des gens se fondait sur le droit naturel, la politique et d'autres sciences sociales cherchaient l'origine de la naissance de la société humaine par l'état de nature, et l'économie par la physiocratie - terme, semble-t-il, inventé par Pierre Samuel du Pont de Nemours à partir de deux mots grecs : *physis* (la Nature) et *kratos* (gouverner) -. Dans le recueil de Du Pont de Nemours et autres, intitulé *Physiocratie ou Constitution naturelle du Gouvernement le plus avantageux au genre humain (Chez Merlin, M.DCC.LVIII.)*, les auteurs postulaient que « toute richesse vient de la terre, que la seule classe productive est celle des agriculteurs et qu'il existe des lois naturelles basées sur la liberté et la propriété privée qu'il suffit de respecter pour maintenir un ordre parfait ». L'équilibre naturel du système économique ne viendrait donc pas de la théorie libérale d'Adam Smith qui, lui, parle de la *main invisible*, mais de ce précepte de l'ordre naturel de ses prédécesseurs. Bien que ces hommes, éminents, constitués autour de leur maître François Quesnay se soient eux-mêmes appelés « *Economistes* », l'histoire n'a retenu que le qualificatif de « *Physiocrates* » pour les distinguer des autres économistes qui allaient suivre. Par ailleurs Adam Smith regardait d'un air dédaigneux ce groupe d'intellectuels qu'il nommait « une secte d'économistes » tout en ayant beaucoup d'admiration pour leur maître François Quesnay (*Recherche sur la nature et les causes de la richesse des nations ; ch. IX*). Il écrivait notamment : « Les écrivains de cette secte, dans leurs ouvrages, qui sont très nombreux et qui traitent, non seulement de ce qu'on nomme proprement l'économie politique, ou de la nature et des causes de la richesse des nations, mais encore de toute autre branche du système du gouvernement civil, suivent tous, dans le fond et sans aucune variation sensible, la doctrine de M. Quesnay. En conséquence, il y a peu de variété dans la plupart de leurs ouvrages. »

La parution de l'ouvrage d'Adam Smith, cité dans les lignes qui précèdent, allait faire de lui, à tort ou à raison, le père de l'Economie politique. L'histoire économique consolida le nom de physiocrates pour Quesnay et ses disciples. En fait, la terre était le seul vrai capital sur lequel ces derniers pouvaient fonder le raisonnement de la source de la richesse, alors que Adam Smith était de plain-pied dans l'ère de la Révolution industrielle et avait consacré une analyse complète à l'histoire de cette évolution (*La Recherche sur la nature et les causes de la richesse des nations*, 1776) quand ses prédécesseurs n'avaient fait que des analyses partielles. Il voulait également justifier la domination économique de l'Angleterre sur les autres nations civilisées en matière de manufacture et préconisait la non intervention économique de l'Etat au moment de l'indépendance des colonies anglaises d'Amérique (*indépendance des Etats-Unis d'Amérique déclarée le 4 juillet 1776*). Nous verrons que les Etats-Unis d'Amérique n'ont pas suivi la voie préconisée par Adam Smith pour se développer.

A la suite d'Adam Smith apparurent plusieurs autres économistes qui ont poursuivi l'idée de l'équilibre naturel appliqué à l'économie moderne, loi naturelle dont ils n'étaient pas les auteurs, faut-il le rappeler, mais qui leur a valu le nom de libéraux ou classiques. Il y a donc eu Thomas Robert Malthus avec son « *Essai sur le Principe de la population* (1803) », David Ricardo dont nous retiendrons entre autres l'ouvrage « *Des principes de l'économie politique et de l'impôt (1817)* » mais surtout en France Jean-Baptiste Say, bien que le moins connu de tous ses contemporains, qui publia un « *Traité d'Economie politique (1803)* » et définissait cette discipline comme ayant pour objet de faire connaître les moyens par lesquels les richesses se forment, se distribuent et se consomment. Ce qui se traduit par la production, la distribution et la consommation, trois éléments de l'Economie qui constituent jusqu'à présent les grands thèmes du programme d'étude de cette discipline. Mais Jean Baptiste Say est resté célèbre pour sa *Loi des débouchés*. Cette loi des débouchés inscrit bien la théorie de ce dernier dans les explications des lois économiques naturelles. Ainsi lorsque Sismondi, définissant l'Economie politique par son objet, affirma que « le bien-être physique de l'homme, autant qu'il peut être l'ouvrage de son gouvernement, est l'objet de l'économie politique », il attira les critiques de ses pairs pour avoir fait du gouvernement, donc de l'Etat, un des fondements de la richesse des nations et du bien-être physique de l'homme (*Sismonde de Sismondi, Nouveaux principes d'économie politique ou de la richesse dans ses rapports avec la population, 1872*).

Sans toutefois trop nous attarder sur l'histoire de l'économie politique, nos propos n'ayant pour seul but que de situer notre propre raisonnement et d'en justifier le titre, nous dirons que la pluralité de l'objet de ce domaine des sciences qu'on désigne sous l'appellation de Sciences économiques a conduit à subdiviser cette discipline en plusieurs matières spécialisées. Mais nous resterons ici dans la création de richesse, sa distribution et sa consommation qui conduisent à expliquer la pauvreté des nations.

Nous ne nous intéresserons pas à la nouvelle économie politique (la NEP) telle qu'elle est apparue dans les théories des auteurs de l'Union des Républiques Socialistes et Soviétiques (URSS), ni de la *nouvelle économie politique* telle que certains l'entendent à l'époque contemporaine.

Nous rappelons que l'Economie politique apparaît avec les premières conquêtes de l'Occident en Amérique au cours du XVIe siècle (voir ci-dessus). Adam Smith reconnu comme le père de l'Economie politique ne faisait pas abstraction de ces périodes lointaines comme sources de la richesse des nations (européennes). Il parlait quelque peu des colonies. En effet si l'on évoquait donc le nom des colonies, leur rôle se limitait seulement à l'acquisition de ces vastes territoires qui permettaient d'accroître la richesse de la mère patrie grâce aux ressources naturelles qu'ils recelaient et tout ce qu'on pouvait en tirer (voir l'analyse d'Adam Smith dans *La Recherche sur la nature et les causes de la richesse des nations, Livre IV, Chapitre VII - Des colonies*). Nous n'entrerons pas dans la critique qu'il adressait aux mercantilistes et sa crainte que ceux-ci dominent l'économie (*ibid.*). L'amélioration générale des conditions d'existence des populations autochtones de ces territoires exotiques sur le plan économique n'avait jamais préoccupé les précurseurs de l'économie politique. Seules donc les immenses richesses d'or et d'argent qu'elles fournissaient au *monde dit civilisé* d'antan et les produits exotiques émerveillaient l'Europe au point qu'il naquit une complémentarité économique que les pays colonisateurs instituèrent en pacte colonial ; même si l'histoire nous apprend qu'il a fallu massacrer les indigènes du continent américain, notamment tuer l'empereur des Incas par strangulation pour s'emparer de ce trésor au nom du Traité de Tordesillas du 7 juin 1494 signé par l'Espagne et le Portugal, traité qui partageait le nouveau monde entre ces deux pays et qui avait été validé par un décret papal. La problématique du développement n'entra véritablement dans cette discipline d'économie politique qu'à partir du moment où les maîtres qui occupaient les territoires octroyèrent une forme d'autonomie aux peuples autochtones, et notamment avec la création de l'Organisation des Nations Unies qui inclut dans la *mission sacrée de civilisation* des indigènes la question de la transformation de leur mode et leur niveau de vie. Les économistes qui vont s'y intéresser partent donc des principes classiques d'économie politique en égrenant les facteurs de croissance qui pourraient aboutir à ce développement.

En pleine recherche de liberté pour l'Homme européen en cette période de *Siècle des Lumières* qui a influencé toutes les sciences sociales et humaines, il aurait suffi d'ouvrir un peu plus profondément les livres pour découvrir ce que ces auteurs, qui ont bercé notre jeunesse et continuent de servir de référence à la liberté, ont écrit ou dit, en abomination, sur les autres êtres qui tantôt ne pouvaient appartenir à l'espèce humaine, tantôt n'étaient que des êtres inférieurs sans intérêt pour la civilisation. Sans la révolte de certains *sauvages* tels que les voyait le *monde civilisé*, il serait difficile de préjuger du destin de ces peuples. Et c'est un petit territoire d'esclaves, Haïti, qui fit l'affront à ses maîtres, mais qui continue de payer jusqu'à présent cet affront.

Selon Vilfredo Pareto dans sa définition de l'économie politique (*Cours d'économie politique, 1896*) cette discipline ne doit pas se limiter à l'analyse des phénomènes économiques ou des faits économiques qui ne concerneraient que des pays dits développés. En détachant les problèmes du développement des pays pauvres pour en constituer l'économie du développement, le regard ne se porte que sur la situation des nations pauvres sans rechercher les causes qui dérivent des principes mêmes de l'économie politique. Car l'économie n'est que l'explication des effets des décisions mises en œuvre par la politique.

Le terme de développement en tant que niveau d'évolution de l'espèce humaine est donc plus ou moins connu de tous ceux qui s'y intéressent, mais très souvent connoté. Il renvoie à la pauvreté, au sous-développement. Cependant, on peut se demander si l'on ne confondait pas le mot *développement* à la civilisation occidentale, ou aux Etats occupants, car certaines parties du sous-continent indien brillaient par leur magnificence autant que les Etats des étrangers qui les occupaient. La précision d'indice de développement humain, qui par ailleurs a beaucoup évolué dans un laps de temps relativement court, n'est pas une nouveauté. La pauvreté est une question de faible niveau de bien-être humain. C'est ce type de pauvreté qui a toujours symbolisé le sous-développement.

Le développement en tant qu'acte permettant d'élever le niveau de bien-être est quant à lui une notion relativement récente. La décennie 1960 apparaît comme une période-clé.

La référence aux années 1960 comme point de départ des préoccupations relatives au développement résulte de ce que, avec les vagues de *décolonisation*, l'Organisation des Nations Unies s'est emparée de la question dans ses différents forums, ainsi qu'il est souligné dans les lignes qui précèdent, pour instituer des décennies successives en la matière sous l'effet du nombre des nations considérées pauvres. La décennie 1960 fut déclarée « première décennie du développement », et les autres ont suivi. C'est à partir de ce moment que le développement entre dans sa double acception pour devenir à la fois *niveau d'évolution* et *action pour élever ce niveau*, car si l'on parlait de pays pauvres jusque-là, les maîtres occupants qui avaient institué le pacte colonial n'avaient pas pour objectif de mener quelque action qui pût élever le niveau de vie des indigènes. C'est aussi à partir de cette époque (décennies du développement) que les nations pauvres, par leur niveau de vie, entrent dans les préoccupations des sciences sociales (droit, économie, science politique, sociologie, etc.), voire les sciences humaines.

Au moment où la fin de la Seconde Guerre mondiale a vu la création de deux institutions financières (le Fonds monétaire international et la Banque internationale de reconstruction et de développement) dont la première visait à la redynamisation des relations commerciales internationales et la seconde était destinée à aider à la reconstruction des grands Etats dévastés par la guerre, l'on pensait que la lutte contre ce qu'il convenait d'appeler le sous-développement s'inscrirait dans ce vaste programme. La reconstruction achevée, et dans la période de la croissance dite fordiste ou Trente glorieuses, l'aide (en réalité des prêts qui ne sont que des placements pour les agents économiques étrangers à un taux d'intérêt inférieur à celui du marché) aux pays pauvres allait devenir la solution officielle du développement. L'absence de capitaux accumulés pour l'investissement justifiait l'intervention de ces deux institutions financières. A la fin des Trente Glorieuses, c'est-à-dire une dizaine d'années après la déclaration de la première décennie du développement, le bilan faisait ressortir un endettement inquiétant des pays que les grandes nations prétendaient vouloir aider, plutôt que leur réelle avancée économique et sociale. Si la formulation du développement évoluait avec le temps et des conceptions sans cesse renouvelées, le sort des petites nations s'exprimait toujours dans un schéma classique quant aux voies permettant une réelle avancée des paramètres et indicateurs détectés. Ainsi la déclaration d'un nouvel ordre économique international qui tendait à *révolutionner* les comportements des Etats pour modifier les relations économiques internationales ne fut qu'une illusion ; tout au contraire on assista au renforcement de la répression économique et monétaire des petites nations que les pays dit civilisés justifiaient par l'idée de souveraineté résiduelle. Nous verrons plus tard la réalité du contenu de cette souveraineté résiduelle que les juristes ont extrait de l'interprétation de l'article 2 § 7 de la Charte de l'ONU.

La pauvreté des nations ou de certaines nations fait l'objet de définitions diverses qui, contrairement à la pauvreté individuelle, manquent encore de clarté. En effet, au début du XXe siècle, on parlait moins de pauvreté que de civilisation. Les peuples indigènes, les peuples conquis ou colonisés mouraient certes de maladies diverses, de la répression militaire ou policière, de l'asservissement, mais pas de famine. En comparant leur niveau de vie à celui de ceux qui, de l'Amérique du Sud à l'Asie en passant par l'Afrique, les dépouillaient de leurs biens et ressources naturelles et/ou les faisaient travailler sans rémunération, on parlait plutôt de sauvages, de barbares, d'indigènes. Mais jamais de pauvreté. La pauvreté qui pourtant a toujours caractérisé certains paysans européens, ou les ouvriers sous la Révolution industrielle apparaît comme une notion nouvelle dans les pays qui ont acquis une certaine autonomie et quelques années plus tard sont passés de *pays sous-développés* à *pays pauvres* parce que la famine, qui est née d'un certain mode de développement pour ne pas dire simplement d'un certain mode de relations économiques entre les maîtres et leurs anciens sujets (qui le sont demeurés), s'est définitivement installée dans ces pays. Si des approches sont données à travers le niveau de vie de la population et le drame des pénuries diverses dans les petites nations ainsi que des *révoltes de la famine*, les causes de cette pauvreté relevées par les analystes ou les théories des sciences sociales en général et les théories économiques en particulier, paraissent si superficielles qu'en dehors de la construction de capitales accueillant les affaires du *monde extérieur* qui, une fois les profits réalisés, rapatrie ses capitaux, le niveau de vie moyen ne cesse de régresser depuis quelques décennies alors que l'endettement de ces *pays pauvres* paraît insupportable.

La petite nation est l'antonyme de ce qu'on appelle à tort ou à raison une *grande nation*, voire une grande puissance, du moins un pays développé : le terme de petite nation a été défini dans l'ouvrage *La communauté internationale - de la toute-puissance à l'inexistence (2007)* repris dans *Idéalité et réalité des relations entre les nations (2015)*. La question du développement actuel n'est pas détachable de la *mission sacrée de civilisation* dont ces grandes nations se sont senties investies. Or, comme nous le soulignons ci-dessus, ces grandes nations, dans la conquête des territoires considérés comme sans maître (*terra nullius*) qui accumulent aujourd'hui les difficultés de décollage économique, ne s'en sont préoccupées que par intérêt pour les ressources naturelles qu'elles devaient exploiter aux fins de la construction de la mère patrie. Ainsi l'économie qui conduit à l'élévation du niveau du bien-être actuel doit être perçue comme des vases communicants ; un vase se remplit parce que l'autre se vide lorsqu'on ne fait pas l'effort de remplir concomitamment les deux en tentant de les équilibrer. Ce qui n'a jamais été le cas en matière de développement économique. Adam Smith, prenant des exemples historiques, montrait que les Etats pensaient que le développement des autres nuisait à leur propre développement (*Recherche sur la nature et les causes de la richesse des nations ; précité*). Entre les nations qui s'industrialisaient et qui sont devenues de par ce fait des grandes nations, l'idée acceptée de *leadership* de certains pays et la mondialisation qui se traduisait par une certaine intensification progressive du commerce international firent oublier que cette vision persistait encore entre le groupe des pays industrialisés et celui des pays pauvres dont la conception de développement se fondait sur l'hypocrisie. Cette situation se perpétue donc de nos jours : on dit accepter le caractère positif du développement des petites nations ou des pays pauvres, mais les grands pays mettent tout en œuvre pour que ce développement ne demeure qu'un rêve irréalisable, une chimère.

Des grandes nations se sont créées parce que dans les rapports économiques internationaux, les petites nations ont été vidées d'une partie de leurs ressources humaines et naturelles. Certaines ont confisqué l'attribut de communauté internationale sans pour autant contribuer à l'équilibre économique du monde, prétextant qu'il existerait une mondialisation bienfaisante et incontournable émanant de la loi naturelle de l'équilibre.

Si l'expression de *petite nation* recouvre certaines réalités spatio-économiques, celle de *communauté internationale* apparaît toujours évanescente, un rêve insaisissable. En effet, la petite nation se caractérise souvent par sa superficie qui coïncide avec sa faiblesse économique et militaire. A quelques exceptions près, l'espace fut morcelé au moment des conquêtes coloniales (la balkanisation des peuples) pour en faciliter l'administration. Il s'agit avant tout de nations asservies dont le fonctionnement résulte d'accords à leur détriment (disons des accords léonins), signés entre elles et leurs maîtres.

Le phénomène de la mondialisation paraît nouveau pour la doctrine des sciences sociales, notamment des sciences économiques. Pourtant on trouve des traces du commerce de l'Empire romain jusqu'en Afrique du Nord et dans une grande partie de l'Europe. On parle du commerce de l'Empire byzantin avec une partie du monde. Puis vint la conquête des territoires lointains où les conquistadors produisirent des biens rares pour l'Europe et exportés à destination du vieux continent. Ainsi s'imposa le commerce triangulaire en même temps que l'Europe commerçait avec l'Asie dont elle colonisa les peuples sans défense. C'était bien des Européens qui avaient donc internationalisé la production dans les territoires dominés alors que leurs intérêts étaient situés en Europe. Ce qui ne diffère en rien de la mondialisation actuelle. Celle-ci s'inscrivit peu à peu dans la Révolution industrielle et la création d'Etat moderne qui, en même temps que le commerce, se développait ; d'autres nations moins compétitives cherchaient à se protéger des importations qui mettaient en péril leur décollage économique. Nous parlons aujourd'hui de mondialisation comme si ce phénomène était une invention de notre époque. Certes, ledit phénomène se définissait comme une internationalisation des relations économiques. Internationalisation ou mondialisation, voire globalisation engendrée par le développement fulgurant de la technologie en matière d'information et de communication, ce n'est qu'une question de sémantique. En un mot, si une telle acception peut se justifier au regard des grandes nations qui se sont combattues pour accaparer les ressources naturelles dont elles ne disposaient pas elles-mêmes en tentant une délimitation des *territoires* dits *sans maîtres*, tous les pays considérés nouveaux, par référence à l'autonomie que d'autres leur auraient accordée, ont de tout temps été *mondialisés* à partir de leur conquête. Certes, dira-t-on, ces territoires étaient intégrés à la puissance colonisatrice, et qu'à ce titre, on ne saurait parler de mondialisation à leur égard. On rétorquerait que si la partie conquise est mondialisée, alors cette mondialisation, par récurrence atteint tout le pays. Quand le Portugal s'installe ou prend possession du territoire appelé Brésil, il autorise l'Angleterre à y vendre des produits manufacturés tels que des draps en même temps que dans la mère patrie en contrepartie de la promotion du vin portugais en Angleterre (*voir les dispositions commerciales du Traité de Methuen signé entre le Portugal et l'Angleterre*, 1703). Nous reviendrons sur les théories qui ont résulté de ce traité, notamment celles de David Ricardo.

Certains avancent que le regret qu'on pourrait manifester à l'égard de quelques petites nations, notamment celles de l'Afrique, est de ne pas les avoir suffisamment exploitées ; car une surexploitation aurait permis d'approfondir la mise en valeur des ressources naturelles (*Daniel Cohen, La mondialisation et ses ennemis ; 2005*). N'est-ce pas faire preuve de naïveté (voire de cynisme) à travers de tels propos, dans un contexte où les ressources exploitées, sans valeur ajoutée et avec du travail non rémunéré, prenaient directement le chemin de l'Europe sous forme de matières premières à l'état brut ? Regrette-t-on que les maîtres n'aient pas complètement pillé toutes les ressources de ce continent ? Comment l'exploitation des ressources naturelles allait de pair avec leur mise en valeur sur le continent africain dans le pacte colonial que de tels arguments occultent par ignorance ou par cécité ? Il y avait bien une mise en valeur de ces ressources comme nous le verrons, mais en Europe ou pour l'Europe. L'exemple de la surexploitation de l'argent et de l'or en Amérique du Sud confirme-t-il de tels propos ? Cette surexploitation de l'or des Incas et d'autres *peuplades* du continent américain qui a considérablement enrichi le vieux continent (voir *Adam Smith, Recherche sur la nature et les causes de la richesse des nations*), puis l'exploitation d'autres richesses dans la période *post-colombienne*, ont-elles contribué à faire de ces *terra nullius* des puissances économiques ? Alors que, sous-couvert d'une mondialisation considérée incontrôlable par les grandes nations pour mieux l'imposer aux petites nations, les premières semblent avoir perfectionné les moyens de l'exploitation en même temps que la répression des secondes, on a peine à penser que tous les Etats ont un égal droit au développement. Un droit au développement que les petites nations, par leur nombre à l'Assemblée générale des Nations Unies, croient pouvoir affirmer.

Dépassant les questions purement économiques liées au développement, il semble que la solution de l'avancée économique des petites nations se trouve dans la promotion de la démocratie. Celle-ci appartiendrait de nos jours aux concepts de la nouvelle économie politique. Comme les nations industrialisées sont frappées du sceau de la démocratie, le déficit de celle-ci se référerait aux pays sous-développés. De la démocratie des petites nations, ce sont donc les économistes qui en parlent le plus de nos jours, mais pas forcément le mieux. En économie politique, on n'apprend rien à personne en révélant que le déficit de démocratie est un obstacle au développement, voire à la croissance économique puisque cette démocratie se rattache le plus souvent à la liberté d'entreprendre dans la doctrine libérale, ce qui conduit aux libertés individuelles.

La démocratie est devenue le substrat politique du développement dans la nouvelle économie politique. On peut donc critiquer le déficit de démocratie par mimétisme en lui imputant tous les maux des petites nations en matière d'évolution économique. Mais si on estime l'absence de démocratie comme principal obstacle actuel au développement socio-économique, on ne trouve pas dans ces propos ou dans cet énoncé les vraies raisons de ce déficit démocratique. Nous ne parlons pas des comportements des grandes puissances à l'égard des petites nations pendant la guerre froide, qui ont consisté à freiner l'effort de démocratisation d'une petite nation par un camp chaque fois que la petite nation était proche de l'autre camp. Pourtant, après la libéralisation en matière économique et notamment depuis les années 1990, les instituts d'études sur *la démocratie et le développement* foisonnent. Mais leurs travaux sont malheureusement restés - faut-il le souligner - très superficiels, voire des lieux communs avec une vision teintée d'arrière-pensée de supériorité de certaines civilisations (celles qui bénéficient d'une présomption d'Etats démocratiques) sur des petites nations qui seraient *a priori* des régimes totalitaires.

La démocratie est liée à la liberté. Tous les peuples n'ont jamais été libres dans un même laps de temps. Chaque fois qu'un peuple va à la conquête d'un autre, le conquérant qui devient le maître soumet le conquis. On pourrait même dire que la liberté de certains tient jusqu'à présent à la servitude des autres. A la rigueur, nul ne pourra contredire l'idée que malgré les grandes proclamations sur la liberté, certains peuples ont toujours été plus libres que d'autres comme certains hommes sont plus libres que d'autres, malgré la Déclaration universelle des droits de l'homme. Pour l'être, il faut avoir les moyens de défendre sa liberté.

Le développement socio-économique d'une nation peut-il s'accommoder de la tutelle, voire de la servitude ?

Bien que la question soit traitée sous l'angle économique (mais qu'est-ce que l'économie ?), le développement des petites nations pose d'abord un problème de souveraineté de l'Etat, donc un problème politique. Les préoccupations de certains économistes relatives à la démocratie comme moteur du développement vont-elles dans ce sens ? Le mimétisme dans lequel la question de la démocratie se pose ne semble pas augurer une solution positive. Le problème est plus profond qu'il ne le paraît, car la démocratie ne constitue même pas un préalable au développement. Nous avons déjà tenté de le montrer dans un précédent ouvrage (*Idéalité et réalité des relations entre les nations, 2015*) et nous y reviendrons. Il faut se demander comment elle peut s'instaurer plutôt que de théoriser sur son déficit. Le droit nous servira d'abord de légitimation de l'idée que le développement ne peut se réaliser que si aucune entrave résultant du comportement d'autres hommes ou d'autres Etats étrangers ne vient le contrarier. Certaines entités s'estiment des Etats au sens où le droit l'entend. Or elles demeurent des fictions dans leur quête de souveraineté ou de liberté qui en ferait de vrais Etats. Toutes les confusions des théories économiques apparues sur le développement des petites nations partent de là. Une fois que ces questions qui en appellent à toutes les sciences sociales seront résolues, les pays pauvres pourront entreprendre un développement que nous qualifions d'endogène.

PARTIE 1

LES CAUSES DE LA PAUVRETE DES PETITES NATIONS OCCULTEES PAR L'ECONOMIE POLITIQUE

L'application de tout principe d'économie politique pose au préalable la question du droit et de la liberté, autrement dit de la politique. Nous employons donc le terme d'économie politique pour exprimer certes la production et la distribution des biens et ce qu'elles induisent comme redistribution des richesses qui permettent ou non de construire une nation. Mais alors que la production devrait conduire à de la richesse des nations, à l'élévation du niveau du bien-être des populations des nations, autrement dit au développement socio-économique, nous assistons chez certaines d'entre elles à la paupérisation. Maintes explications existent déjà. Si elles étaient crédibles ou satisfaisantes, pourquoi leur application n'aboutirait-elle pas à des solutions bénéfiques à ces peuples qu'on voudrait sauver de la misère, c'est-à-dire élever leur niveau de bien-être ? C'est donc du développement qu'il s'agit dans nos propos, car nous pensons que certaines questions sont toujours éludées parce que, parler des véritables causes de la pauvreté des nations conduirait au bouleversement du monde. Et pourtant la sincérité du discours sur le développement est à ce prix. Le maillon manquant est le rapport entre la production et la distribution d'une part et la liberté de la petite nation d'autre part. La liberté de la petite nation, c'est-à-dire la vraie souveraineté, la souveraineté pleine et entière, n'est pas à confondre avec les libertés publiques qui conduisent toujours certains intellectuels à nous parler de démocratie ou à se focaliser sur celle-ci comme pour mieux discréditer les petites nations dans leur incapacité à s'autogérer alors que la doctrine dans d'autres disciplines que les sciences économiques parle de souveraineté résiduelle des Etats (souveraineté qui n'est résiduelle que pour les petites nations ou les nations faibles) comme fondement de la société internationale actuelle.

Si certaines nations sont pauvres, c'est parce qu'elles sont moins libres. Nous parlons bien des nations et non des individus. Voici un extrait de ce que l'homme politique congolais, Patrice Emery Lumumba, déclarait le 30 juin 1960 dans son discours d'indépendance : « Ce fut notre sort en 80 ans de régime colonialiste ;

nos blessures sont trop fraîches et trop douloureuses encore pour que nous puissions les chasser de notre mémoire, car nous avons connu le travail harassant exigé en échange de salaires qui ne nous permettaient ni de manger à notre faim, ni de nous vêtir ou nous loger décemment, ni d'élever nos enfants comme des êtres chers [...] Nous allons montrer au monde ce que peut faire l'homme noir lorsqu'il travaille dans la liberté, et nous allons faire du Congo le centre de rayonnement de l'Afrique toute entière. Nous allons veiller à ce que les terres de notre patrie profitent véritablement à ses enfants. » Ce rêve fut arrêté avec son assassinat par les vrais maîtres dont il croyait son pays affranchi. Tout le problème du développement part d'ici. Un travail qui ne permet pas de satisfaire les besoins de première nécessité, c'est le nœud du développement socio-économique d'une nation. Et tout au long de nos propos, c'est ce que nous nous attacherons à montrer.

Tous les peuples, quels qu'ils soient, ont en théorie un égal droit au développement. Le droit au développement, en dehors de la période coloniale qui reposait sur le pacte colonial qui n'était qu'un principe discriminatoire au profit du maître, est un droit inaliénable. Si le pacte colonial a disparu en apparence, les relations économiques actuelles, basées sur la complémentarité entre les puissances industrielles et les nations pauvres, en démontrent le prolongement dans les faits. Mais ce droit inaliénable suppose la reconnaissance de la qualité d'être humain à part entière et non d'être à part. En effet, si on lit la pensée de nos grands philosophes qui ont combattu pour la liberté et la démocratie comme Emmanuel Kant, Voltaire, David Hume, etc. sur les Nègres et les autres peuples, pensée qu'on ne dévoile pas à ces derniers à qui on apprend la culture que symbolise la connaissance de ces auteurs, on s'apercevra que la *Controverse de Valladolid* sur les Indiens d'Amérique au moment de la découverte de l'Amérique est très peu de chose. Jean-Jacques Rousseau, s'insurgeant contre la vision qu'on avait des Nègres dans les récits de voyages, écrivait : « Depuis trois ou quatre cents ans que les habitants de l'Europe inondent les autres parties du monde et publient sans cesse de nouveaux recueils de voyages et de relations, je suis persuadé que nous ne connaissons d'hommes que les seuls Européens ; encore paraît-il aux préjugés ridicules qui ne sont pas éteints, même parmi les gens de lettres, que chacun ne fait guère sous le nom pompeux d'étude de l'homme que celle des hommes de son pays. Les particuliers ont beau aller et venir, il semble que la philosophie ne voyage point, aussi celle de chaque peuple est-elle peu propre pour un autre » (*Discours sur l'origine de l'inégalité parmi les hommes, 1754*). L'idée de supériorité de certains êtres sur d'autres ne s'est pas éteinte avec nos contemporains. Qu'on se regarde un peu : tous les continents paraissent appartenir à certains peuples supérieurs, mais les peuples qu'on y a trouvés, qu'on vassalise n'ont pas le droit de fouler le sol des maîtres, des civilisés. En matière économique, les recettes proposées aux pauvres pour les sortir de leurs conditions, disons celles de ces éminences entreprenant des recherches dans les prestigieuses universités de pays dits civilisés, sont des solutions qui ne sauraient être appliquées aux grandes nations ou qui ne leur ont jamais été appliquées depuis l'apparition de cette discipline d'Economie politique devenue Sciences économiques déclinées en une multitude de branches. Parlant d'inégalité, en pleine guerre d'Algérie pour tenter de maintenir ce territoire dans sa qualité de département français, le sol et le sous-sol étaient français ; mais les habitants qu'on y a trouvés pendant la conquête ne pouvaient et ne devaient avoir la qualité de français. On n'ignore pas la boutade du Général de Gaulle (grand homme politique français et chef d'Etat de la France) qui avait pris pour prétexte l'accoutrement et la religion en ces termes pour dénier la qualité de français aux indigènes : « Si nous faisions l'intégration, si tous les Arabes et les Berbères d'Algérie étaient considérés comme Français, comment les empêcheriez-vous de venir s'installer en métropole, alors que le niveau de vie y est tellement plus élevé ? Mon village ne s'appellerait plus Colombey-les-Deux-Eglises, mais Colombey-les-Deux-Mosquées » (*Rapporté par Alain Peyrefitte, le 5 mars 1959*).

Sur le strict plan du principe d'égalité proclamé partout dans la République, égalité indiquée au *frontispice* des édifices officiels jusqu'au département d'Algérie, pourquoi a-t-on laissé ce département d'Algérie, du moins leurs habitants de type non européen avoir un niveau de vie si inférieur à celui de la métropole ? (C'est le Général de Gaulle qui l'affirme en tant que chef d'Etat de la République française). Les maîtres installés en Algérie française ou dans le département français d'Algérie n'avaient pas un niveau de vie inférieur à celui des habitants de la métropole. En affirmant l'infériorité de niveau de vie des indigènes tout en étant celui qui aurait dû contribuer à élever ce niveau de vie, on confirmait aussi leur état perpétuel d'infériorité en tant qu'être vivant. La démocratie ne saurait s'exercer dans l'esprit d'inégalité des êtres humains quoique la référence à la démocratie originelle, celle de la Grèce antique, ne concernait que la partie de la population supérieure qui renfermait les citoyens peu nombreux comme en Algérie les maîtres étaient très minoritaires mais gouvernaient la grande partie de cette *plèbe,* du moins les *sauvages.* La liberté s'affirmait chez la petite poignée de maîtres, mais pas avec les indigènes.

Une fois que tous les êtres humains seront donc reconnus en tant que tels, la pauvreté ne pourra plus être considérée comme une fatalité. En effet, comme nous allons tenter de le montrer dans les lignes qui suivent, un Etat ne peut prévoir des plans de développement et instaurer une vraie démocratie que dans la liberté. Avant de disserter sur les théories économiques pouvant contribuer au développement ou proférer des accusations de mauvaise gestion de la petite nation par ses dirigeants ou de déficit de démocratie qui - semble-t-il - caractérise la nouvelle économie politique qui intègre ce type de nation, il faudrait donc régler les problèmes de liberté pour ceux dont le territoire était considéré comme des *terra nullius.* En effet, les *indigènes* étaient regardés comme des êtres inférieurs, pour ne pas dire des êtres à part, même plus tard par des philosophes et des économistes du Siècle des Lumières et du XIXe siècle ainsi qu'il est rappelé ci-dessus, en ajoutant certains hommes politiques du *monde civilisé* de cette même période. Cette perception ne semble pas avoir quitté certains intellectuels. Ce que, dans des analyses idylliques contemporaines des économistes, juristes et politistes, l'on occulte alors que cette perception constitue le véritable obstacle au développement.

TITRE 1

LIBERTE ET DEVELOPPEMENT

Toutes les sciences sociales, voire les sciences humaines, qui se sont développées à partir de la conquête des peuples exotiques se référaient au droit naturel à cette époque. Si le développement de toutes les nations ne fut pas proclamé un élément du droit naturel, c'est parce que les peuples dont les territoires venaient d'être conquis n'étaient pas perçus comme des êtres humains au même titre que les conquistadors européens. Sinon ces *bons chrétiens* venus d'Europe n'auraient pas massacré les Amérindiens, les peuples autochtones, les aborigènes (en Australie) pour occuper les territoires sans maître. De tout temps, l'homme qui se croit supérieur aux autres êtres vivants n'a jamais sollicité l'accord des êtres inférieurs pour s'installer sur le lieu de leur habitat naturel. Certains de nos contemporains, constatant que les êtres supérieurs ont assez détruit l'écosystème, se battent pour défendre l'habitat des êtres inférieurs. Leurs actions ne se limitent pas aux *hommes*, mais à tous les êtres vivants. Nos maîtres du libéralisme parlent de liberté à l'égard des êtres humains civilisés selon leur conception du monde et non de la liberté de tous les êtres qui leur ressembleraient. Adam Smith, précurseur des économistes libéraux, parlait bien des colonies et des esclaves dans la *Richesse des nations*, mais pas en terme de liberté.

L'économie politique a donc été formulée à partir de la liberté. Et l'on a confondu l'économie d'un pays à celle d'entre les nations (ou relations économiques internationales) en les fondant sur les mêmes principes, mais en occultant la liberté de certaines nations. En réalité, la liberté dont on parle en économie interne est celle de l'individu dans son comportement égoïste qui, rencontrant l'égoïsme des autres acteurs, amène à l'équilibre, comme tentent de le montrer les libéraux et néolibéraux ou avant eux tous ceux qui fondaient le fonctionnement de la société humaine sur des lois naturelles. Aussi, les théoriciens du développement mettent-ils l'accent sur les libertés individuelles qui permettent à chaque homme d'entreprendre sans qu'aucun pouvoir public ne s'exerce sur lui. Toute la théorie de la production, de la distribution et de la consommation que l'on nomme « économie politique » repose sur une telle perception de la société ou ce postulat. Les présentes réflexions ne portent pas, *prima facie*, sur la discussion relative à cet aspect des relations contesté par d'autres et qui divise la pensée économique, selon les expériences des politiques entre libéraux ou néolibéraux, et les autres dont certains souhaitent une intervention mesurée, d'autres une plus grande intervention des pouvoirs publics.

Avant de discuter des libertés individuelles en matière économique, il faut que l'Etat lui-même soit libre pour que les individus qui le constituent puissent entreprendre. Aborder la question de la liberté, c'est discuter de la souveraineté de l'Etat. Tout Etat repose sur la souveraineté et la qualité d'Etat se fonde sur ce postulat. Une entité territoriale n'est pas, *a priori,* un Etat s'il apparaît qu'elle n'est pas souveraine, donc libre. Or cet aspect de la question du développement, dès qu'il se réfère à l'Etat est donné pour acquis. On comprend que les éminents économistes en arrivent à des théories classiques fondées sur l'expérience des Etats déjà développés ou industrialisés qui n'avaient rien de commun avec ceux dont nous souhaitons parler au moment de leur marche vers l'évolution qu'ils ont atteinte, parce que la souveraineté (ou liberté) de ces pays déjà développés était garantie.

La question de la souveraineté abordée dans les autres sciences sociales est dissociée de celle de l'économie. Dès qu'on associe la souveraineté à l'économie politique ou à la macroéconomie, on se réfère aux relations économiques inégales, ce qui pourrait être justifié. Mais ceux qui le font seront si stigmatisés qu'il s'en trouve très peu d'intellectuels qui s'y aventurent ou approfondissent leur analyse. A vrai dire l'inégalité ne s'appréhende qu'entre des éléments de même nature. Si un Etat est entièrement libre et que l'autre ne l'est pas, comment peuvent-ils être économiquement égaux ? La reconnaissance d'une entité en tant qu'Etat signifie qu'il bénéficie d'une présomption de souveraineté, laquelle souveraineté en fait l'égal de tout autre Etat ? Si deux entités ne sont pas de même nature, autrement dit si l'une est libre et l'autre soumise, parler d'inégalité dans leurs rapports sera une vérité de La Palice.

CHAPITRE 1

DROIT AU DÉVELOPPEMENT ET DROIT DES PEUPLES À DISPOSER D'EUX-MÊMES

La formule de *république bananière* est définitivement ancrée dans nos esprits. Mais pourquoi se voiler la face pour ne pas affirmer qu'il n'y a pas du tout de république ou d'Etat souverain ? Le paradoxe est que ceux qui parlent constamment de républiques bananières sont les mêmes qui sont offusqués dès lors qu'on révèle que l'absence de liberté des petites nations qui en fait des républiques bananières résulte de ce que cette liberté est confisquée par les grandes nations dans leur zone d'influence ou pré carré. Un peuple n'est rien si d'autres peuples doivent décider de son avenir. On a vu des peuples qui avaient tout en commun : la langue, les traditions, les croyances, en un mot la culture, mais qui ont été divisés par le partage des territoires considérés par les conquérants comme sans maître. Beaucoup plus tard, ce sont les mêmes qui, hier unis, se font la guerre sur des différences artificielles que les conquérants ont créées pour mieux les asservir. Derrière le mot « rien », nous voulons dire qu'un peuple est une communauté ; une communauté repose sur un ensemble de biens et d'intérêts communs. Or dominé, le peuple ne constitue qu'un groupe physique au même titre qu'un troupeau (pour ceux qui pensent à une stratification de ces êtres semblables aux hommes) dont l'élément moral (la conscience d'être) est détenu par le maître dominateur. Au-delà de la conscience collective qui n'existe pas ou plus, tout ce qui constitue de la richesse matérielle et morale ne lui appartient pas non plus. Que reste-t-il à ce peuple ? – Rien.

C'est ce que nous apprend la domination coloniale prolongée et la période postcoloniale. Avant la période coloniale, beaucoup de peuples avaient donc une langue commune et une culture qui seront méprisées parce que ignorées par les conquérants. Tous les peuples premiers d'Amérique du Sud et du Nord, en même temps que leurs richesses, avait une civilisation qui, certes, n'était pas européenne. Or jusqu'au début du XXe siècle, voire en ce XXIe siècle, certains imaginent la civilisation universelle à l'image de la civilisation occidentale (*Luigi Sturzo, La communauté internationale et le droit de la guerre, 1931*). En Amérique du Sud, les peuples sont quasiment tous devenus des hispanophones ou des lusophones. Si quelques *peuplades* ont conservé des rudiments de leurs langues, elles ont du mal à les faire valoir. C'est exactement la situation qui prévaut sur le continent africain. Nous parlons d'économie politique, c'est-à-dire de la production, de la distribution, d'échange, en un mot de la richesse. En évoquant une domination dont les générations qui n'ont connu ni l'esclavage officiel, ni la colonisation officielle, ne peuvent se défaire, la raison du *statu quo ante* est à rechercher, en partie, dans la domination culturelle qui fait de la langue de l'ancienne mère patrie la langue officielle de la petite nation, langue qui est magnifiée et qui emporte avec elle toutes les habitudes d'une civilisation et de la consommation ainsi que les comportements mimétiques. Mais il y a aussi la domination par la force, les assassinats de dirigeants indigènes, les guerres que les maîtres livrent aux petites nations dès qu'un dirigeant cherche à délier, tant soit peu, la chaîne qui le lie à l'ancienne mère patrie ou à son protecteur. Nous verrons avec La Boétie, comment l'habitude de la servitude peut donner le sentiment de vivre une situation normale (*Discours de la servitude volontaire*).

Le droit au développement fait partie du droit des peuples à disposer d'eux-mêmes dont certains auteurs disent qu'il est un droit premier (*Sous la direction de Mohamed Bédjaoui, Droit internationale - Bilan et perspective ; tome 2 p. 1255*). Le développement socio-économique, qu'il soit par mimétisme par rapport à d'autres peuples dits avancés, ou par invention de nouveaux modes d'action, ne peut se réaliser que dans le cadre d'un libre choix du groupe social notamment par ceux qui prétendent le représenter. Si l'on prend l'histoire à partir du droit au partage du monde depuis le XVe siècle, puis la confirmation de ce droit par ceux qui, les premiers, avaient perfectionné les armes à feu pour soumettre les peuples pacifiques qui avaient eux aussi une civilisation aussi *inférieure* pût-elle être perçue, ceux que les conquérants nommaient les sauvages parce qu'ils vivaient sur les terres destinées à être partagées n'ont jamais recouvré la vraie liberté.

Jules Ferry (XIXe siècle), celui-là même qui institua la gratuité de l'école pour que tous les enfants de la nation française puissent y accéder et s'instruire au nom d'une conception de la lutte contre les inégalités sociales, déclarait dans son soutien à la colonisation que « les peuples supérieurs avaient le devoir de coloniser les peuples inférieurs pour les civiliser », mais aussi et surtout pour des raisons d'expansion économique de la France (*Discours du 28 juillet 1885 devant la Chambre des députés, JORF, 29 juillet 1885*) quand

Georges Clémenceau s'offusquait, dans sa réponse, de ce qu'on usât du qualificatif de « peuples inférieurs » et qu'on eût l'idée de massacrer ces peuples qu'on prétendait vouloir civiliser alors qu'ils n'avaient rien demandé (*30 juillet 1885 devant la Chambre des députés*). La *mission sacrée de civilisation* qui a cours jusqu'à présent n'a jamais signifié l'entreprise de quelque action pour élever le niveau de vie des indigènes comme Jules Ferry voulait élever le niveau intellectuel des petits français ; il s'agissait d'étendre la domination de la civilisation européenne ou française sur des peuples inférieurs en les assujettissant selon le même Jules Ferry, ce qui irrita Georges Clémenceau dans sa réplique. Il n'est donc pas ici question de ressasser de vieilles querelles. Nous parlons bien du temps présent qui n'a pas évolué par rapport à la vision du passé. Il est évident qu'aucun peuple, quel qu'il soit, ne peut être responsable de son destin en vivant sous la tutelle d'un autre. Pourtant nous tirons souvent une cynique fierté de voir que la nation à laquelle nous appartenons montre sa grandeur en détruisant d'autres que la propagande nous a habitués à considérer comme des nations ennemies. Or nous ne détruisons que ceux que nous estimons plus faibles que nous. Nous n'asservissons que les plus faibles en armes. Quand l'Angleterre a soumis le sous-continent indien, les palais indiens qui dataient de plusieurs siècles étaient aussi beaux que les palais anglais ; mais l'on dira que l'Angleterre y a débarqué pour y apporter la civilisation. Elle y a imposé la production de certains produits primaires à grande échelle comme le thé pour les maîtres. Le thé et d'autres épices dont les Anglais sont fiers aujourd'hui ne constituent pas la consommation principale du sous-continent indien, mais on continue de nos jours à exporter ces denrées que l'on produit en Inde et qui ne nourrit pas la population indienne. Que ceux qui s'intéressent à la pauvreté des nations lisent l'enthousiasme d'Adam Smith parlant de la Compagnie des Indes dont il a été un administrateur, du point de vue de la richesse qu'elle a apportée à la mère patrie (*Recherche sur la nature et les causes de la richesse des nations*). La pauvreté part de la situation dans laquelle certaines nations toujours considérées inférieures se sont trouvées face à la production et non à la démocratie dont il est encore difficile de formuler un contenu précis dans les pays prétendument démocratiques. Il ne s'agit pas non plus de confondre les théories de la dépendance à nos explications, car ces théories ne portent que sur les relations inégales en matière économique comme si tous les Etats étaient réellement souverains et traitaient entre eux en tant que tels. Il est donc ici d'abord question de liberté au sens de souveraineté pleine de l'entité dite étatique. Il faut donc d'abord parler d'égalité souveraine (la même liberté pour tous les Etats) avant de disserter sur les inégalités économiques pour des entités de nature différente.

Section 1 – La pauvreté expliquée par la dévalorisation du travail productif

Il est important de commencer le raisonnement par le début, c'est-à-dire le problème de l'augmentation de la richesse en partant des auteurs classiques pour tenter de percevoir la contradiction actuelle de ceux qui s'en prévalent pour appréhender la question du développement de la petite nation. Le développement consiste à valoriser les biens que les personnes et les nations échangent, des biens qui leur permettent d'élever leur niveau de bien-être. Adam Smith a été l'un des premiers à énoncer que la valeur d'un bien se détermine d'abord par le travail et l'habilité employés à sa fabrication. Il écrivait notamment : « Le travail est donc la mesure réelle de la valeur échangeable de toute marchandise. Le prix réel de chaque chose, ce que chaque chose coûte réellement à celui qui se la procure, c'est le travail et la peine qu'il doit s'imposer pour l'obtenir » (*Recherche sur la nature et les causes de la richesse des nations*). Une évidence incontestable. Plus le travail est difficile et complexe, plus la valeur du produit sera élevée dans un contexte d'échange normal. Mais il distingue bien par la suite les autres valeurs qui entrent dans l'appréciation du bien (valeur d'utilité, valeur d'échange ou marchande, etc.). David Ricardo, tout en s'accordant sur l'origine de la valeur qui proviendrait du travail et de la difficulté à produire le bien, reprochait à son prédécesseur Adam Smith de confondre « valeur » et « richesse ». Il écrivait notamment : « La valeur diffère donc essentiellement de la richesse ; car la valeur ne dépend pas de l'abondance, mais bien de la difficulté ou de la facilité de production. Le travail d'un million d'hommes produira la même valeur industrielle, sans produire toujours la même richesse ». Un peu plus loin, l'auteur précisait : « De tout ce qu'on vient de dire, il résulte que la richesse d'un pays peut s'accroitre de deux manières : par l'emploi d'une portion plus considérable de revenu consacré à l'entretien des travailleurs, - ce qui non seulement augmentera la quantité, mais encore la valeur de la masse des produits : ou encore, par l'augmentation de la masse des produits ; ou encore, par l'augmentation des forces productives du même travail, - ce qui ajoutera à l'abondance, mais n'augmentera point la valeur des produits » (voir *Des principes de l'économie politique et de l'impôt ; chapitre XX : Des propriétés distinctes de la valeur et des richesses*). Sans vouloir discuter des propos de David Ricardo, cette affirmation qui consiste à dire que la richesse d'un pays peut s'obtenir en consacrant une part importante du revenu à l'entretien des travailleurs retient notre attention, tout en précisant que la préférence de l'auteur est ailleurs. Karl Marx a recherché également l'origine de la valeur des biens et notamment de la valeur travail. Après avoir analysé tous les types de valeur d'un bien, il note : « Nous connaissons maintenant la substance de la valeur : c'est le travail. Nous connaissons la mesure de sa quantité : c'est la durée du travail » (*L 1- Le capital - Tome 1 – Section 1 - Chapitre III - I*). Dans ses conférences réunies sous le titre de *Travail salarié et capital* par Friedrich Engels (1849), Karl Marx donne des précisions sur la valeur du travail dans le contexte d'une production capitaliste.

Nous n'allons pas discuter des détails de la conception de la valeur des biens à partir du travail (il faut pour ce faire un ou plusieurs ouvrages entiers) utilisée à divers moments de l'économie politique. Nous constatons que les quelques auteurs que nous venons de citer s'accordent sur l'affirmation que le point de départ de la valeur d'un bien est le travail de l'homme. Il faut cependant préciser que les quelques auteurs référencés ici ne discutaient que des relations dans la production de biens et sa distribution dans les grandes nations, ainsi que des paramètres de la Révolution industrielle. Et lorsqu'on a cherché à parler du travail dans des études plus récentes, c'est pour en faire un sujet de spécialisation des petites nations (dotation en facteur de travail) parce que, entre autres raisonnements, les précurseurs de l'économie politique avaient constaté que la spécialisation d'abord dans les entreprises, puis au niveau international ou division internationale du travail, avait été porteuse de croissance rapide de la production pour les grandes nations. Cependant quand on en vient au marché, on affirme aussi que la concurrence tout en étant un facteur d'équilibre conduit au développement. Elle permet de rechercher la qualité, de stimuler l'esprit d'innovation, une meilleure allocation des facteurs de production en drainant vers les entreprises dynamiques ces facteurs. Comme l'économiste a pris l'habitude d'étudier chaque phénomène par rapport à lui-même sans le confronter aux autres, on ne saurait nous dire si les pays doivent exalter à la fois la spécialisation qui fonde théoriquement les relations économiques internationales et la concurrence qui stimule théoriquement la compétition qui est un facteur de croissance rapide. Rappelons que c'est au nom de la concurrence que le protectionnisme est *voué aux gémonies.* Faut-il circonscrire la concurrence au marché interne alors que la spécialisation est elle-même partie des relations économiques internes (de la microéconomie), Adam Smith expliquant cette spécialisation à partir de la manufacture des aiguilles dans l'entreprise ? Dans une même relation économique entre partenaires, on ne saurait dans le même laps de temps promouvoir la spécialisation et la concurrence (sinon qu'on nous explique clairement comment on y parvient). Alors spécialisation pour qui et concurrence pour qui ? Rappelons que nous faisons allusion au *théorème de la dotation factorielle (une mise à jour des avantages comparatifs)* dont les auteurs prétendent qu'il conduit à une croissance rapide. A moins qu'il ne s'agisse là que de poser des formulations sans l'évaluer dans la pratique comme la Science économique nous en a habitués.

Les maux de certaines nations partent de ce constat simple qui a permis le développement des grandes nations industrialisées et dont aucun économiste ne discute dans les théories sur le développement des petites nations : *la valeur travail.* Car, contrairement à ces nations développées, la démonstration s'inverse : le travail, aussi difficile et complexe soit-il dans une petite nation, doit être recherché pour son bas coût. La difficulté et la complexité du travail ne mesurent plus réellement la valeur du bien à la hausse. Le bas coût du travail conduit à un bien à vil prix puisque c'est le travail qui détermine le prix du bien. En partant de la vision du bas coût, on ne peut prouver que la division internationale du travail à l'égard des petites nations pût améliorer leur bien-être ou conduire au développement. Et pourtant, c'est ce que des auteurs et une communauté dite internationale ont osé démontrer au travers de nombreux accords et conventions entre les petites nations et les nations civilisées. Lorsque certains pays sont sortis de leur *dotation factorielle* initiale en passant récemment de la paysannerie à l'industrialisation, le seul argument opposé aux *avantages comparatifs* a été l'idée que ces avantages se construisent. Quelle échappatoire ! Un phénomène qui se construit n'a nullement besoin d'être consolidé ou cristallisé puisqu'il est évolutif. A moins que la base du raisonnement ne se situe que dans le passé, rien que dans le passé ou l'existant. La seule vérification de ces théories ou théorèmes consisterait en ce que certains pays restent développés ou industrialisés et d'autres demeurent à vie dans leur condition de sous-développés (ou pourquoi ne pas employer l'expression de sous-industrialisés ou non industrialisés ?).

Si l'on part de l'esclavage, la valeur à laquelle on acquiert le bien que les esclaves ont produit est nulle (ou de zéro) lorsqu'il passe des mains des esclaves à celles du maître qui en est le destinataire. Le terrain sur lequel le bien est produit, outre qu'il a été acquis par le massacre des populations indigènes ou le déplacement de celles-ci, est un capital gratuit. Seul l'achat d'esclaves pourrait constituer un effort d'investissement de la part du maître, la nourriture étant produite par les esclaves eux-mêmes. Certes, les maîtres fixeront par la suite la valeur d'utilité de ce bien sur le marché libre. Mais nous ne nous situons plus sur le même marché ; pour plus de clarté nous dirons que l'échange du bien produit entre le maître et son assujetti si tel est qu'on puisse le nommer de marché n'est pas celui sur lequel l'on détermine la valeur d'utilité. Nous verrons plus tard que les situations diffèrent en matière d'accumulation de capital, selon que le maître a ses centres d'intérêts sur le territoire de production (c'est le cas des colonies de peuplement telles que les Etats-Unis d'Amérique lorsqu'ils étaient encore une colonie britannique) ou dans un autre territoire ou la mère patrie (c'est l'exemple des territoires qui ne constituent pas des colonies de peuplement, mais des colonies d'exploitation). On oublie, du moins beaucoup d'intellectuels ignorent l'autre versant de l'esclavage dans les territoires dits sans maître conquis par l'Occident : les travaux forcés que les indigènes exerçaient sans rémunération pour les maîtres conquérants (esclavage sans déportation), mais dont le produit était rapatrié dans la mère patrie. Ce fut le cas des colonies d'exploitation d'Afrique, en même temps qu'on prélevait sur la population autochtone une partie qu'on expédiait à titre d'esclaves vers d'autres continents. Il faut signaler que les travaux forcés subsistaient en Afrique avec l'impôt de capitation institué pour la première fois dans les colonies françaises par décret impérial du 4 août 1860 pour que les peuples colonisés assurent le financement de leur domination.

Comme le travail de l'esclave, celui du travailleur forcé n'est pas mesuré et le bien qu'il produit n'a pas de valeur réelle fondée sur l'effort et l'habilité du travailleur, ou sur les heures passées à sa production, puisque cette valeur est nulle. La situation ressemble à l'emploi d'une bête de somme qui travaillerait seule. Si l'on considère que l'esclave s'apparente à du capital, ce capital acquis à vil prix ne permet pas de déterminer réellement la valeur d'un bien. Il y a là une similitude entre le travail de l'esclave et celui du travailleur actuel des petites nations que nous rappellerons tout au long de la présente réflexion. Par contre la valeur d'utilité se détermine par rapport à la demande des consommateurs qui, pour les petites nations, se situent dans le pays du propriétaire du bien produit par le travailleur forcé, cet autre type d'esclavage. Nous parlons ici de colonie d'exploitation.

Depuis la trajectoire des colonies d'exploitation, avec le mode de production fondé sur le travail forcé, jusqu'à la décolonisation et la période *postcoloniale*, la valeur réelle des biens produits dans les petites nations n'a que très peu évolué. Si la valeur d'acquisition du bien par le propriétaire n'est plus nulle, car le travailleur est très faiblement rémunéré, cette rémunération qui est déterminée par la volonté des grandes nations ne correspond pas au centième, voire au millième de la valeur réelle du travail par rapport à la valeur d'utilité. Ici n'apparaît qu'un profit qui récompense l'investissement du maître qui a affrété les moyens de transport aux fins d'expédition du bien, mais pas de rémunération véritable du travail. A l'intérieur d'un même territoire à la fois producteur et consommateur, le fait que la plus-value du travail soit accaparée par le propriétaire aurait conduit à une accumulation du capital de la part de ce dernier qui aurait réinvesti ce capital ; ce qui aurait abouti à la création d'autres activités productives. Or, comme nous le détaillerons dans la seconde partie, l'accumulation du capital se produit dans la nation d'où ressort le propriétaire qui exerce ses activités sur le territoire conquis et qui rapatrie (ou pour être plus claire, *exporte*) le bien dans la grande nation consommatrice. Il n'y a pas que la valeur du travail qui n'a pas évolué dans son appréciation pour la détermination du prix du bien qui est donc resté quasi statique ; il y a aussi le type de production qui n'a pas changé. En effet, depuis le début de la conquête des *territoires sans maître* (selon les considérations des conquérants), les produits étaient constitués de biens primaires ou produits de base destinés à la consommation extérieure, du moins à la transformation pour la consommation finale. Ce sont les matières premières destinées aux nations industrialisées. A quelque époque qu'on se situe et aussi loin qu'on puisse donc remonter, on trouve toujours les mêmes produits de base de nature agricole que ceux d'aujourd'hui auxquels il faut ajouter les produits du sous-sol. Dans les années 1980 qui se présentaient comme des années de crise dans les petites nations, les pays industrialisés avançaient que, pour améliorer le produit intérieur brut de celles-ci (constitué par l'exportation des produits de base), il fallait que les nations industrialisées eussent une forte croissance qui permettrait d'accroître leur consommation de matières premières. Chaque fois que nous avons eu l'occasion de l'écrire, nous avons parodié ces mots qu'on prête à Marie-Antoinette, épouse de Louis XVI : « Si les pauvres ne peuvent pas manger du pain, il faut que les riches mangent beaucoup de brioches pour qu'ils puissent en ramasser les miettes » (il semble qu'elle n'en soit pas le véritable auteur).

Le Nigeria est le septième pays producteur de pétrole de l'Organisation des pays exportateurs de pétrole (OPEP), pétrole dont on dit qu'il est d'une qualité exceptionnelle ; ce pays détient autant de réserves de pétrole que chacun des pays du Golfe persique, c'est-à-dire les Emirats, les Royaumes, etc. Le Gabon est un grand producteur de pétrole et aussi membre de l'OPEP, ainsi que le Congo-Brazza, l'Angola, pour ne citer que ces petits territoires aux ressources naturelles énormes en voie d'exploitation depuis près d'un siècle. Même membres de l'OPEP, le pétrole de ces pays africains ne leur appartient pas. A la sortie de la colonisation anglaise, les prétendus nouveaux dirigeants du Nigeria connaissaient la situation du pétrole de leur pays. Mais une guerre pour le contrôle de ce pétrole allait éclater, par indigènes interposés : la guerre du Biafra. Le Biafra, le delta du Niger, est la région pétrolifère. Le Biafra était soutenu par la France et la Fédération du Nigéria soutenue par le Royaume-Uni qui, finalement, usa de son aviation pour gagner cette guerre du pétrole. Un demi-siècle après, le Nigeria, *pays indépendant et souverain* (tel qu'il apparaît sans discernement), n'a pas réussi à former des ingénieurs et techniciens pour exploiter son pétrole. Il n'a même pas suffisamment de raffineries pour sa consommation domestique parce que les maîtres qui exploitent le pétrole dans l'esprit du pacte colonial se sont habitués à exporter (rapatrier) le produit brut dans leur pays d'origine pour y être transformé en produit fini avant de le réexporter à un prix exorbitant dans le pays où ce produit brut a été extrait. C'est la situation de tous les pays pauvres. Ainsi le Nigeria est obligé d'importer du carburant quelquefois frelaté d'Europe (voir *infra p. 72*), lui qui possède du pétrole d'une exceptionnelle qualité. Les seuls travailleurs *indigènes* dans le pétrole dont on entend parler sont ces ouvriers nigérians aux pieds rongés par les hydrocarbures parce que les grands groupes exploitants ne peuvent ou ne veulent leur acheter des bottes pour travailler. Si ces ouvriers autochtones ne peuvent s'acheter des bottes, c'est qu'ils travaillent toujours dans des conditions esclavagistes, autrement dit comme des bêtes de somme. A ces spécialistes qui parleraient de *victimisation* parce qu'on soulèverait de telles réalités, nous les renverrons à leur ignorance s'ils sont de bonne foi.

Pour ce qui concerne la formation, on pourra imputer la responsabilité au Nigeria ; mais qu'on se demande qui possède la réalité du pouvoir politique dans un contexte d'indépendance inachevée telle qu'il en est de toutes les petites nations. Qui conseille le Nigeria ? Qui s'émeut, dans les institutions internationales y compris l'ONU, de tous ces enfants dont on a rendu la scolarisation difficile dans toutes les petites nations alors que dans les *pays dits civilisés* cette scolarisation demeure une cause nationale, une scolarisation qui n'est plus une priorité, mais un luxe dans ces nations indigènes ? Nous évoquons la situation du Nigeria parce que ce pays est en proie à des troubles récurrents qui ne sont que des troubles de la pauvreté, alors qu'on présente ce pays comme un géant (un géant aux pieds d'argile, dirons-nous). Mais le Gabon, petit territoire et grand producteur de pétrole demeure aussi parmi les pays les plus pauvres du monde alors qu'en d'autres circonstances, un tel pays aurait pu constituer un *eldorado* tel qu'il en est des émirats dans le Golfe persique. Les bons esprits ne parleront pas de la spoliation des pays africains, mais se focaliseront sur la corruption qui gangrène le pouvoir personnel. L'Afrique aurait-elle inventé cette corruption ? Ces bons esprits oublieront le fait que dans les émirats, les royaumes du Golf, ce sont les dirigeants (les princes, les émirs) qui ont la mainmise sur la manne pétrolière. L'Afrique serait donc pauvre à cause de ses dictateurs corrompus. Et voilà pourquoi les problèmes africains ne trouveront pas de solution, ainsi que celui de leur pauvreté. Quand on a dit que toutes les nations pauvres sont gouvernées par des hommes corrompus et incapables, le débat est clos. Et l'on peut laisser l'exploitation des anciens territoires sans maîtres, dont certains ont été enfin reconnus *territoires des indigènes* et proclamés *indépendants*, à des nations civilisées aux mains propres qui sont aujourd'hui mues par la mondialisation ou la charité.

Pour revenir à la réalité, le Nigeria eût-il exploité lui-même son pétrole, la communauté internationale l'aurait contraint, sous quelques prétextes de libéralisation, à privatiser ses installations et ses investissements sous peine d'une guerre de *destruction massive*, pour le céder aux mêmes entreprises qui y travaillent maintenant. Rappelons, pour ceux qui l'auraient oublié, que la tentative de coup d'Etat de 2002 mué en rébellion en Côte d'Ivoire est concomitante à l'expiration des contrats des grandes entreprises qui ont la mainmise sur l'économie de ce pays et l'intention exprimée du chef d'Etat d'en appeler à la concurrence pour le renouvellement de ces contrats. Le Congo-Léopoldville, devenu Congo-Kinshasa, puis Zaïre et maintenant République Démocratique du Congo regorge de toutes sortes de ressources naturelles (minerais, métaux précieux ou extrêmement rares, produits primaires) exploitées depuis très longtemps, avant la décolonisation. Tous ces pays que nous venons de citer sont économiquement parmi les plus pauvres du monde.

Qu'on observe la plupart des pays d'Amérique du Sud. La tentative du Venezuela en ce début du XXIe siècle de revendiquer la souveraineté sur la production du pétrole sur son territoire lui vaut l'inimitié de l'empire américain et de ses alliés naturels, ainsi que des dénigrements relayés par des médias devenus des instruments de propagande mensongère. On dit souvent qu'un empire ne peut continuellement régner sur les autres entités sans des outils de propagande (intellectuels, medias, etc.). L'empire américain créant une situation d'instabilité, on se trouve dans le contexte de l'esclave affranchi dont le maître et ses alliés essaient d'étouffer la liberté pour qu'il demeure dans le *statu quo ante*. Le pays peut donc clamer s'être libéré de l'impérialisme, mais dégénérer dans les conditions pires qu'auparavant comme l'esclave affranchi dont nous citons l'exemple. Telle est la situation des petites nations dont on étudie les solutions de développement en occultant, par cécité, par hypocrisie, par ignorance ou par cynisme, l'idée que ces nations sont considérées comme des Etats à part. Même si l'Afrique subsaharienne qui regorge de ressources naturelles sert de référence en matière de pauvreté, les pays sud-américains sont dans une situation économique comparable à celle des pays africains. Pourtant la plupart de ces pays latino-américains sont dits indépendants depuis le XIXe siècle. Nous avons cité le Congo-Léopoldville (devenu aujourd'hui République démocratique du Congo) dont l'éphémère Premier Ministre, Patrice Emery Lumumba (juin à septembre 1960), pensait avoir libéré son pays des chaînes de l'esclavage colonial. On sait la fin tragique de son destin et la descente aux enfers de ce pays maintenu dans la pauvreté et sous la domination de divers maîtres pour un territoire d'une richesse incommensurable. L'histoire de Salvatore Allende du Chili (1972) ne diffère pas de celle de cet homme politique congolais que nous venons de citer.

Qu'est-ce qui rapproche donc économiquement les pays sud-américains des pays africains ? Ce n'est pas la situation géographique. Nous ferons ici l'économie de la théorie du climat (voir *Montesquieu, De l'esprit des lois*) qui a traversé des siècles sans jamais être scientifiquement prouvée. L'Australie et la Nouvelle-Zélande se trouvent dans l'hémisphère sud comme tous les pays pauvres. L'Amérique du Nord peuplée de populations indigènes avait son rythme particulier d'évolution économique avant la dépossession de leur terre et l'occupation de leur cadre de vie. Mais la population européenne qui a bénéficié du commerce triangulaire et de travailleurs constitués d'esclaves a pu accumuler du capital pour se développer. C'est ce que nous disions ci-dessus lorsque le maître avait ses intérêts dans le territoire de production. Il en est également ainsi de la situation qui prévalait pour ceux qui se sont rendus maîtres du territoire d'Australie en massacrant les *peuples premiers* qu'on a baptisés du nom d'aborigènes et en repoussant ceux qui restaient sur des terres arides. Or l'Amérique du Sud dont la main-d'œuvre était exploitée dans les mêmes conditions que celle de l'Afrique par les conquistadors, voyait sa production prendre le chemin de l'Europe et l'accumulation du capital et des richesses créées se réaliser sur le vieux continent. Même les recettes de produits importés d'Europe pour la consommation des conquistadors y retournaient. Ainsi le Portugal et l'Espagne regorgeaient d'or et d'argent venus d'Amérique du Sud et devenaient les pays les plus riches d'Europe à partir du XVIe siècle. Alors qu'auparavant ces deux pays vivaient dans des conditions moyenâgeuses comme tous les autres pays de l'Europe, ils se sont enrichis de cet or et de cet argent qu'ils convoyaient de leurs colonies d'Amérique du Sud. Les colons, qui avaient ravi l'or et l'argent des indigènes, puis ont fait travailler ceux-ci dans des conditions esclavagistes, sont devenus immensément riches au même titre que les transporteurs maritimes. Sans manufacture, l'Espagne et le Portugal sont devenus des grands royaumes malgré les conflits internes de succession au trône royal. Cependant la grande partie de la population qui ne fournissait pas de travail par rapport à l'or était demeurée pauvre dans ces deux pays. Adam Smith avait étudié une telle situation et disait que l'Angleterre pouvait détenir une partie de l'or en provenance des colonies portugaises. Lorsque l'auteur de la « *Recherche de la nature et des causes de la richesse des nations* » formulait son hypothèse sur le commerce international que l'on baptisa *a posteriori* « *la théorie des avantages absolus* », nul doute qu'il pensait au Portugal riche en or de l'Amérique du Sud, mais pauvre en manufacture et dont la fabrication de produits manufacturés lui aurait coûté plus cher à cette époque que de les acheter à l'Angleterre. Adam Smith pensait probablement à la population fortunée détentrice d'or et d'argent du Portugal.

Cette partie du nouveau continent (pour l'Europe) était donc exploitée et le demeure encore, dans une certaine mesure, dans les mêmes conditions que l'Afrique. La quasi totalité des entreprises d'Amérique du Sud sont américaines et ont leur siège aux Etats-Unis d'Amérique. Elles investissent, mais ne développent pas le pays d'accueil. On objectera que ces entreprises donnent *du travail* aux Sud-Américains pour ne pas dire créent des emplois. Mais dans quelles conditions humaines ?

Si en matière de développement, il ne s'agissait que du rattrapage d'un retard, comme le proclamait un moment l'économiste et politiste Walt Whitman Rostow dans son ouvrage *Les étapes de la croissance économique,* combien de décennies, de siècles, de millénaires faudra-t-il pour combler ce retard ? Nous ne parlons ici que des pays exotiques exploités par des nations européennes et dont les travailleurs n'étaient pas rémunérés, par conséquent ne pouvaient constituer d'épargne. Pour les nations européennes et les colonies de peuplement européen, elles se sont construites et se sont développées parce que la production et l'accumulation du capital se réalisaient dans le pays et pour le territoire. Soit le travail était rémunéré et contribuait à l'épargne, soit le profit était important et contribuait à un réinvestissement au moment de l'apparition du capitalisme.

Le XIXe siècle qui fut une des périodes de grande pauvreté pour les ouvriers, ce qui révolta maints intellectuels tels que Karl Marx et Friedrich Engels et leurs disciples qui en appelaient à la révolution prolétarienne pour renverser la classe bourgeoise, n'a pas vu s'arrêter le développement ou la croissance économique en Europe et dans ses excroissances exotiques (colonies de peuplement). Pendant que certains comme Thomas R. Malthus rendait les pauvres responsables de leur pauvreté comme les nations actuellement pauvres seraient responsables de leur incapacité à décoller, l'économie libérale faisait croire que la solution du développement résidait dans la réduction du nombre de pauvres par une *politique dénataliste*. Personne ne pensa, excepté les marxistes, que si les ouvriers étaient pauvres, c'est parce que la rémunération qu'on leur offrait était insuffisante pour entretenir leur force de travail et au-delà bénéficier d'un minimum de bien-être.

Si on réduisait le nombre de travailleurs pauvres et qu'on offrait au reste le même niveau de salaires, cette tranche resterait toujours pauvre. Nous ne trouvons pas beaucoup de théories du développement qui démontreraient que les nations pauvres le sont parce que les travailleurs ne peuvent épargner, de même que les petites nations ne peuvent ou n'ont pu accumuler du capital depuis leur occupation. Alors qu'on les a rendues pauvres par le mode de production (la production pour autrui dont le paysan producteur indigène n'en tire aucun profit) qui a enrichi d'autres nations, on raisonne comme si l'histoire de ces petites nations commençait à partir des *indépendances*. Aujourd'hui, on parlerait d'une possibilité d'évasion du capital du fait de la mondialisation ou de la globalisation ou encore de la financiarisation de l'économie. Nous y reviendrons pour montrer la fausseté de telles objections.

Si on lit attentivement la théorie des *avantages comparatifs* de David Ricardo dans son ouvrage « *Des Principes de l'Economie politique et de l'Impôt*, 1817 », on constatera qu'il utilisait le travail (la quantité de travail exprimée en heures) pour évaluer le coût des biens qu'il comparait (le drap et le vin) entre l'Angleterre et le Portugal et qui conduisait à sa conclusion qu'en matière de commerce international entre les deux pays, le dernier avait des avantages dans tous les produits en terme de valeur des biens mesurée en heures de travail, entendu au sens de moindre coût de production (*nous reviendrons sur le Traité de Methuen de 1703 dont les termes sont exactement repris par David Ricardo sans jamais le citer*). Autrement dit, tous les produits évalués en terme de quantité de travail étaient moins chers au Portugal qu'en Angleterre. Cette assertion est intéressante pour ceux qui ne contribuent pas à la production du bien auquel on se réfère et qui détiennent déjà un pouvoir d'achat. Car le coût du travail détermine paradoxalement le niveau de vie du travailleur qui a contribué à sa production. C'est le niveau de salaire qui va permettre au travailleur de bien vivre s'il est élevé ou de mal vivre s'il est bas. Si au Portugal le coût horaire du travail était bas dans toutes les productions, cela s'expliquait par le niveau de vie du travailleur portugais plus bas que celui de l'Angleterre. Cette allégation pouvait être vérifiée par le rythme de développement plus rapide en Angleterre qu'au Portugal. David Ricardo ne faisait que relater des faits puisque le Traité de Methuen de 1703, dont l'objet était de permette au vin du Portugal de concurrencer celui de la France et à l'Angleterre de vendre ses produits manufacturés dont le drap, était déjà en vigueur. On ne pouvait préjuger les résultats de tel commerce à cette époque. Mais nos contemporains se réfèrent fièrement à cette théorie sans mot dire sur la portée pratique du point de vue de ce que nous appelons *développement.* Pour être actuel, si l'on compare de nos jours le niveau de salaire de la Corée du Sud sur deux périodes (et pas forcément deux pays), les coûts salariaux de la période préindustrielle et ceux de la période industrielle, on constatera que les salaires de ce pays dans sa phase actuelle de développement ont rattrapé ceux de l'Europe occidentale industrialisée alors qu'auparavant les bas salaires correspondaient à la période préindustrielle.

Pour revenir à David Ricardo, on a donc vu comment l'Angleterre, qui avait un coût de travail plus élevé que le Portugal, est devenue une puissance industrielle alors que le Portugal se paupérisait malgré l'or amassé et ramené par les conquistadors et les colons. Adam Smith faisait remarquer qu'aussi facilement que les riches portugais et espagnols avaient acquis l'or, aussi facilement cette richesse leur filait entre les doigts (*Recherche sur la nature et les causes de la richesse des nations*). Il faut donc rappeler que la division internationale du travail entre le Portugal et l'Angleterre existait déjà à partir de la Révolution industrielle et avant la démonstration sur le commerce international qu'on a appelée la *théorie des avantages comparatifs* (1817).

La formulation de David Ricardo est si belle que le développement de l'Angleterre suffit à la valider en passant sous silence la paupérisation du Portugal avec son vin. On a détourné la finalité de la théorie sur le commerce international en la liant à sa contribution à l'augmentation de ce commerce alors qu'on pensait que le point de départ des formulations du XVIIIe siècle sur cette question était le bien-être que le commerce apporterait aux sociétés humaines. Il ne s'agit pas pour le moment de critiquer ce qu'on appelle les théories classique et néoclassique ou théories libérale et néolibérale. Cependant en se référant au travail comme déterminant la valeur d'un bien, celui des petites nations est demeuré jusqu'à nos jours un travail difficile, mais à un taux de rémunération proche de zéro, faut-il le rappeler. Considérer qu'une nation tirerait un avantage à produire à moindre coût en terme d'*heures de travail* ferait penser qu'il ne serait pas pris en compte l'effort des hommes qui ont produit ce bien et qui en attendent une juste rémunération pour cet effort fourni pour vivre ou mieux vivre, car paradoxalement, moins d'heures à produire un bien signifie soit que l'individu travaille rapidement (*productivité*), donc plus d'effort rémunéré à bas prix parce que nous sommes partis sur le bas coût, soit plusieurs travailleurs sont commis à la même tâche pour produire dans un laps de temps très court, mais rémunérés comme s'ils n'en formaient qu'un seul (ici se justifie le *théorème de dotation en facteur travail* que nous verrons ci-dessous). Dans les deux cas, il ne saurait y avoir d'élévation de niveau de bien-être qui serait le contraire de la pauvreté. Nous ne discuterons pas de l'augmentation de la production actuelle des petites nations qui ne résout pas pour le moment le problème de la pauvreté, ni de la question de la compétitivité qui n'a jamais existé (voir le pacte colonial) chez les nations pauvres, mais qu'on voudrait absolument y introduire par un raisonnement formaté d'économie politique.

Les outils qui constituent le capital technique des petites nations sont restés aussi primaires et rudimentaires que ceux du Moyen-Age européen ou du Moyen-Age, puisqu'à cette époque, le développement était, semble-t-il, au même niveau dans tout le monde entier (nous ne parlons pas de la terre en tant que capital, mais bien des outils de production). Quelle différence de structure y a-t-il entre une faux et une machette (ou coupe-coupe) ? Les deux instruments agricoles datent de la même époque ancienne, et les petites nations continuent de faire du leur l'outil principal actuel de travail. Le travail est donc à vil prix et s'il doit déterminer la valeur d'un bien dans son acquisition, le bien acquis des mains du travailleur ne peut qu'être lui aussi à vil prix. Rappelons que l'acquisition dont nous parlons jusque-là (pour ceux qui l'auraient oubliée) est le passage du bien des mains du travailleur qui l'a façonné à celles du patron qui réceptionne le même bien pour le mettre sur le marché de consommation. A la suite de David Ricardo en matière de spécialisation, certains auteurs ont trouvé dans cette situation un raisonnement scientifique pour avancer que là où le travail est abondant au sens de *vil prix*, comme il est mentionné ci-dessus, les nations doivent se spécialiser dans des productions qui nécessitent beaucoup de travail alors que les autres pays qui sont déjà dotés en capital, doivent se spécialiser dans des productions qui demandent beaucoup de capital (entendu au sens de technologie). Autrement dit, il nous faut le *statu quo ante* qui a toujours caractérisé les échanges internationaux et qu'on a appelé la division internationale du travail classique. Les théoriciens parlent de spécialisation basée sur la *dotation factorielle*. Quand nous disons que le *travail abondant* signifie un *travail à vil prix*, c'est parce qu'au moment où l'on élaborait de tel raisonnement, un continent comme l'Afrique, qui était notamment visé et dont on ne pouvait pas dire qu'il y avait surabondance de population après des siècles de *Traite des nègres*, était doté de *facteur travail* du fait de la densité démographique alors que celle-ci était encore relativement faible. Seule la quasi gratuité du travail permettait de le caractériser dans ce domaine. L'Amérique du Sud et dans une certaine mesure l'Indochine étaient dans la même situation que l'Afrique. Les pays civilisés qui étaient en même temps atteints par l'industrialisation même lorsqu'ils ne l'étaient pas vraiment ne pouvaient servir de référence au travail abondant.

Avec la libéralisation sauvage appliquée aux petites nations (une sorte de continuité dans les relations économiques), certains pensent que les délocalisations d'entreprises des pays industrialisés ne posent que des problèmes économiques pour ces grandes nations alors qu'elles enrichiraient les petites nations. Quelle aberration ! Le coût de production à vil prix n'apporte rien aux travailleurs des nations pauvres. En ce monde marchand, ce n'est qu'une exploitation déguisée, une exploitation de plus. N'apportant rien aux travailleurs du pays d'accueil, la délocalisation ne saurait apporter quelque chose au pays de localisation lui-même. Car les profits ne seront pas réinvestis dans le pays d'accueil (donc pas de développement) et les travailleurs de ce pays n'auront difficilement que de quoi entretenir leur force de travail : pas d'épargne, donc pas d'accumulation de capital qui de toutes les façons prendrait le chemin des grandes nations au travers des banques historiques ou coloniales. Pas d'impôt sur les personnes physiques du fait d'une maigre rémunération. Et nous voilà devant la sempiternelle objection : la délocalisation crée des emplois dans le pays d'accueil. A cette objection, l'on peut répondre que ce sont des emplois qui affament les travailleurs et le pays par la nature du bien produit et la rémunération qui aurait permis d'acheter d'autres biens de consommation ; sans ces emplois modernes exercés dans des conditions esclavagistes, la plupart de ces bras auraient pu être utilisés à d'autres productions qui, bien que traditionnelles, auraient pu nourrir ceux qui exercent ces activités considérées comme traditionnelles. Mais on peut admettre que si la formation avait été bien orientée, la petite nation aurait pu transformer des activités traditionnelles en activités modernes, si les maîtres l'avaient voulu (voir *infra p. 260*). C'est aussi cela le développement.

L'accumulation du capital ne peut avoir lieu lorsque la valeur réelle de cession d'un bien est sous-estimée au point qu'on se croirait donc dans un système esclavagiste pour les paysans des petites nations (pour prendre l'exemple des produits primaires agricoles) et que le capital augmente non pas par rapport au prix d'acquisition du bien qui est vil, mais au prix d'utilité qui est déterminé dans un autre pays qui en est le consommateur. On impute souvent le sous-développement au manque de capitaux. Que le travailleur de la petite nation soit exploité n'est pas la question fondamentale en la matière. Car si les fruits de cette exploitation restent dans le pays, ils peuvent contribuer à la création d'activité pour les générations futures. Le capitalisme a toujours fonctionné ainsi pour les grands pays jusqu'à ce qu'on en arrive à la simple spéculation financière actuelle dans la mesure où la monnaie est devenue une marchandise comme tout autre. La croyance selon laquelle le crédit international (ou l'endettement) aiderait un pays à s'enrichir dans le cas des petites nations relève de l'ignorance ou des contre-vérités.

La question suivante pourrait être posée : si les petites nations savent que leurs efforts ne sont pas payés, pourquoi n'adoptent-elles pas d'autres solutions ? Donnez cette question à traiter à une centaine de *Prix Nobel d'économie*, ils vous sortirons tous ces lieux communs, c'est-à-dire d'insuffisance de capitaux, de technologie, de progrès technique ou d'innovation, de démocratie, de stabilité politique, de développement humain, de productivité, de compétitivité, de corruption, de mondialisation, etc. De toute cette rhétorique sur l'économie politique sans jamais aborder la vraie problématique : les petites nations sont-elles libres de concevoir une politique économique génératrice de développement ? Car nous le répéterons tout au long de ces suggestions. Ce ne sont pas les universitaires économistes qui, jusqu'à présent, décident du développement des nations. Ils n'en font qu'une analyse pour formuler des théories sur la base de la pratique. Ils peuvent conseiller à partir des pratiques passées ou de l'inverse d'une pratique qui a échoué. Ce sont les politiques qui décident donc de la voie du développement pour leur peuple. Ceux-ci vont quelquefois à tâtons. Qu'on lise entièrement l'œuvre majeure d'Adam Smith, *Recherche sur la nature et les causes de la richesse des nations* (et non des extraits comme la plupart des intellectuels en ont pris l'habitude), on verra qu'il a toujours choisi ses exemples, qui fondent ses formulations, dans le passé. Il ne parle que de ce qui a existé. Dans un langage plus familier, l'auteur aurait dit : « Il y a des nations actuellement riches ; je vais tenter de vous expliquer pourquoi elles le sont devenues ». On y apprend donc plus sur l'histoire des relations de production, de distribution et de consommation des hommes et des nations libres. On n'y trouve que la *valeur travail* des hommes libres, le travail des esclaves étant comparable à celui des bêtes de somme, un capital acquis à vil prix qu'il faut rentabiliser. Dans son œuvre, Adam Smith parlait brièvement des esclaves qui n'avaient pas plus de valeur qu'une bête de somme ; mais ce n'était pas le vrai sujet, semble-t-il, de sa démonstration. Voilà ce qui remet la question de la liberté à l'ordre du jour comme fondement du développement. Car, à supposer que la théorie économique contienne des solutions de lutte contre la pauvreté et le sous-développement, ce n'est pas à partir des capitales européennes ou américaines qu'on pourrait les mettre en œuvre. Le développement est une question d'application sur le terrain.

Quand nous parlons de démocratie ou de liberté, nous n'avons pas la même perception du concept que celle sur laquelle certains se basent pour incriminer les petites nations. De quoi tenons-nous cette certitude ? Nous avons lu maints ouvrages sur la question. D'auteurs anonymes à nos éminents Prix Nobel ; il n'est jamais apparu cette évidence : nul ne peut penser de lui-même s'il ne bénéficie d'aucune liberté. Ces éminences qui comptent tant de libéraux en leur sein ne parlent que de libertés individuelles, certes, mais jamais de liberté de l'Etat qui est le préalable de l'exercice de ces libertés individuelles. Et quand ils parlent de l'Etat en matière économique, c'est pour rappeler ses actes liberticides.

Où a-t-on rencontré des Etats non souverains engendrer des individus libres si ce n'est uniquement la liberté des nations tierces qui dominent ces pseudo-Etats ? Nous sommes conscient que certains économistes ont l'Etat en aversion. Pourtant lorsqu'ils ont pris un exemple pour expliquer un phénomène microéconomique, ils ont débouché sur la macroéconomie, en assignant quelquefois un rôle à l'Etat, fût-il celui de l'Etat-gendarme. Certes, Adam Smith part de la division du travail dans la manufacture (phénomène microéconomique) mais il débouche sur la division internationale du travail dont les acteurs sont des Etats ou des nations (phénomène macroéconomique). Quand David Ricardo prend l'exemple des relations entre l'Angleterre et le Portugal pour expliquer sa théorie des avantages comparatifs en heures de travail pour la production, c'est bien des Etats souverains dont il s'agit (Traité de Methuen de 1703). On nous parle pourtant aujourd'hui de *zones d'influence* de telles grandes nations dans telle ou telle région, autrement dit de zones sous la tutelle de ces grandes nations. La tutelle n'est pas la liberté. Mais dès que tout va de travers en matière économique, la responsabilité de cette situation incombe à la seule petite nation qui ne jouit que d'une liberté conditionnelle ou d'aucune liberté, et dont les biens ont été tellement spoliés qu'elle est incapable de se confectionner un budget sans en appeler à son maître (par le biais de l'endettement), celui-là même qui dicte les vraies décisions. Est-ce dans ce contexte que se situe la démocratie des pauvres ou le déficit de démocratie qui leur serait imputable ? Chaque fois qu'un intellectuel disserte sur l'endettement, son raisonnement laisse croire que les petites nations en sont responsables. Comme la vision qu'on a de ces pays est leur incapacité innée qui les rend des entités sous tutelle, ils sont condamnables en toute chose, cependant aucune grande nation qui a son *pré carré* n'est disposée à libérer de cette tutelle ces groupes sociaux qui constituent ce *pré carré*. A chaque changement de gouvernement dans les grandes nations, le nouveau chef d'Etat critiquera cette tutelle de son pays entretenu par ses prédécesseurs sur d'autres nations nées de l'*indépendance* octroyée comme s'il reconnaissait une telle situation ; mais on n'a jamais vu qu'il a entrepris des démarches, aussi minimes soient-elles, pour libérer les petites nations de son *pré carré* de cette tutelle qu'il a tant critiquée ou de desserrer tant soit peu les contraintes qu'impose la tutelle.

On voudrait dissocier les problèmes économiques des questions politiques lorsqu'on parle des pays pauvres. Or, très souvent pour ne pas dire toujours, c'est par le tâtonnement dans la gestion politique de la société que naissent les comportements que nous qualifions d'économiques. Les théories économiques ne constituent qu'une interprétation de ce qui a existé ou existe, ou encore des tentatives des politiques qui ont réussi ou échoué et dont on cherche les raisons des résultats (faut-il le répéter). Sinon comment expliquer que malgré les grands noms passés et présents donnés par cette discipline (l'économie), les difficultés immédiates ne soient pas résolues par nos éminences ? A moins qu'engluées dans leurs doctrines qui, pour certains pays frisent l'absurdité, elles ne puissent pas s'en départir.

Dès que l'assujetti veut desserrer quelque peu ses chaînes, voilà donc qu'il est sévèrement sanctionné ou réprimé si les intérêts du maître sont patents (ce sont les sanctions économiques dont nous avons largement discuté dans un précédent ouvrage) sinon c'est la rébellion qui jaillit de nulle part et qui se trouve mieux armée que l'armée nationale du peuple à maintenir sous tutelle. Combien de coups d'Etat sanglants, avec la main invisible du maître, ont emporté *in fine* ceux qui se sont essayés à la liberté ou des cordons sanitaires économiques qui ont asphyxié leurs peuples ? Rappelons que les sanctions économiques ne constituent pas une invention de notre époque même si les facilités qu'offrent les nouvelles technologies permettent l'ampleur qu'on leur connaît. Des économistes, sociologues, politistes et juristes parlent donc d'instabilité politique, de pays à éviter comme si on voulait davantage punir ces pays par des raisonnements ethnocentriques, sans jamais se poser la question de l'origine profonde des troubles. Certes, il y a des troubles que nous avons imputés, dans d'autres ouvrages, à la pauvreté, sans aller très loin dans notre développement. Si on se demande pourquoi la pauvreté perdure dans certaines régions, on pourra répondre qu'elle procède de l'absence de liberté. Et quand certains parlent de déficit de libertés individuelles qui n'est pas à nier, nous préférons nous référer d'abord à la liberté de la petite nation qui se rapporte à l'indépendance véritable ou à la vraie souveraineté. Depuis quand est-ce que le principe de la non-ingérence dans les affaires des autres Etats a été appliqué à une zone d'influence ou à un pré carré ? Nulle part. Certaines éminences ont fait du *droit d'ingérence*, qui n'est que la traduction du droit du plus fort, un principe. Nos manuels de Relations internationales sont remplis de telles incongruités (les différentes justifications du droit d'ingérence) qu'on enseigne à nos étudiants. A-t-on besoin de traduire l'ingérence en droit universel quand on sait que ce comportement existe depuis la nuit des temps alors qu'il est dit *hors-la-loi* au nom du principe de souveraineté sans lequel l'Etat n'est qu'une fiction ?

Si le territoire est une zone d'influence ou un pré carré, c'est parce que le maître y intervient à son gré. Quand des Etats européens considèrent l'Afrique comme leur espace vital, les Etats-Unis d'Amérique font savoir que l'Amérique du Sud est leur chasse-gardée, avec ce cynisme à prétendre sauvegarder la liberté dans tous les Etats en proclamant une doctrine (la doctrine Monroe) qui est entrée dans le droit international ; autrement dit l'interdiction des Etats du pré carré à se rapprocher d'autres puissances extérieures. Pourtant, combien d'intellectuels consacrent des réflexions au développement en éludant une telle considération, c'est-à-dire les nombreuses ingérences dans ces Etats parce que leur souveraineté serait résiduelle pour les juristes et politistes ou n'existerait pas ? Est-ce par ignorance ou par hypocrisie ? Disons par ignorance ou par le caractère superficiel de l'analyse. L'histoire montre jusqu'à présent que, pour ce qui concerne l'Afrique, tout ce qui est négatif relève de la responsabilité des Africains, mais les tuteurs n'en endossent aucune responsabilité. On ne rencontre pourtant nulle part dans l'histoire de l'humanité que l'esclave a pu épargner pour accumuler du capital pour améliorer sa condition de vie, sinon nos précurseurs d'économie politique auraient abondamment cité cet exemple. C'est par ailleurs parce que nous vivons dans un système d'économie libérale que nos économistes qui n'ont jamais trouvé de solutions à aucune de nos crises économiques, mais en ont provoquées par leurs préconisations, confondent le déficit d'une *liberté-alibi* des individus, déficit qu'entretiendraient des dirigeants des petites nations qui n'ont d'autre appellation que *dictateurs*, à l'absence de véritable souveraineté qui conduit à la sous-évaluation de l'effort des travailleurs pauvres de ces petites nations.

En Amérique du Sud, les médias, les hommes politiques occidentaux, l'homme de la rue, tous vous indiqueront les dictateurs, mais personne ne dira que tous ces dénommés dictateurs sont, soit sous la tutelle de l'empire américain, soit quasiment tous de la création de cet empire, et qu'aucun ne bénéficie de véritable liberté. Quand Cuba a voulu sa révolution pour se charger de son économie, il a été réprimé jusqu'à le rendre exsangue au motif d'un déficit de démocratie, alors que le prédécesseur du régime pour lequel la population a été prise en otage, ce prédécesseur du nom de Batista qui était le gardien des intérêts américains sur l'île, n'était pas un modèle en matière de démocratie au sens occidental.

L'augmentation de la production nécessaire au développement de la consommation et au bien-être est un problème essentiellement économique, dira-t-on ; et encore ! Mais aucun pays développé ne constitue la *zone d'influence* ou le *pré carré* d'un autre. Nous n'allons pas traiter ici d'une question que nous considérons avoir largement argumentée dans une précédente étude (*Idéalité et réalité des relations entre les nations ; 2015*). Nous disons donc que le développement socio-économique passe surtout par le changement de mentalité : le fait de ne pas se sentir sous la tutelle d'une autre nation. Les mêmes auteurs qui sont fiers du rayonnement de nos grandes puissances et de leurs implantations dans les parties du monde qu'elles régentent seront les premiers à critiquer avec une rare violence l'incapacité des pays sous tutelle à ne pouvoir se développer et leur déficit de démocratie, la dictature innée de leurs dirigeants. Nous sommes là au cœur des principes économiques qu'on aimerait appliquer à tous les pays du monde entier : le libéralisme dans sa nature exotique.

Alors que la doctrine Monroe s'applique à tout le continent américain, de l'Amérique septentrionale à l'Amérique australe, comment interpréter l'idée que le Canada, frontalier des Etats-Unis d'Amérique, non constitutif d'une puissance militaire comme ce voisin américain, ne se présente pas comme la zone d'influence de la nation américaine alors que les pays de l'Amérique du Sud le sont tous ?

Parler de changement de mentalité ne consiste pas forcément à s'inscrire dans ce que Max Weber appelait « le désenchantement du monde ». Nous ne disons pas que les traditions et les croyances ne sont pas encore fortes dans certaines petites nations, car Max Weber en faisait dans son ouvrage « *L'éthique protestante et l'esprit du capitalisme, 1904-1905* » l'obstacle majeur du développement. Mais les « croyances et traditions » se transforment et/ou disparaissent à mesure qu'une nation se développe et entre dans cette vision toute relative du monde que les vivants d'une époque appellent la *modernité*. Le changement de mentalité dont nous parlons, c'est donc celui de penser que toutes les nations sont égales et qu'aucune d'entre elles n'a été habilitée, sauf par elle-même, à imposer son diktat sur une autre nation, comme du temps où, après qu'il ait été intronisé par les autres hommes d'une même nation, ou ces autres hommes se soient eux-mêmes volontairement soumis à un homme (*Etienne de La Boétie, Discours de la servitude volontaire*), ce dernier se proclamait du droit divin pour réprimer les sujets qui venaient de l'introniser.

Par ailleurs, lorsque nous disons que le *désenchantement du monde* viendrait du développement, nous pouvons l'expliquer par le fait que le développement de l'éducation qui conduit à celui de la science et de la technologie attenue au fil du temps tout ce qui était expliqué par la magie. Autrement dit le monde, pour ceux qui sortent du sous-développement, est peu à peu perçu avec plus de rationalité, de telle sorte qu'il ne subsiste que la question qui consiste à se demander « d'où vient l'homme et que devient-il ? », question légitime pour toutes les nations et qui engendrent les religions, car l'homme est le seul être vivant à prendre vraiment conscience de la mort.

Les théories du développement du tiers-monde, puis des pays en développement, enfin des pays pauvres, ou encore *économie politique du développement*, insistent sur la manière d'accroître la production, d'enrayer la famine et de vivre mieux dans ces pays. Mais alors qu'en certaines occasions, des économistes démontraient que la population est un facteur de croissance (voir la fonction de la production $f(L,K)=P$, L représentant le travail, c'est-à-dire la population active, K le capital et P la production et lorsque L ou K augmentent, ils font augmenter P), et que pour expliquer l'importance du travail nous avons tous clamé cette métaphore de Jean Bodin : « il n'y a de richesse que d'hommes » ou « il n'est de richesse que d'homme », il est apparu de justifier le sous-développement par la progression rapide de la population dont la production ne suffirait pas à satisfaire sa demande comme l'avait soutenu en son temps Thomas Robert Malthus pendant la Révolution industrielle en Angleterre (*Essai sur le principe de la population ; précité*). Une façon d'interpréter une situation actuelle que l'auteur n'avait pas prévu et qu'on croit en faire un prolongement toujours d'actualité et par la même occasion tenir un raisonnement économique (formaté). La plupart des théoriciens raisonnent comme si les biens primaires qu'on contraint la population à produire servent à sa propre consommation. Mais dès lors que les sujets de liberté et de démocratie sont abordés, ces mêmes théories ne font qu'incriminer les petites nations de leur déficit en la matière et de tous les maux de la terre relatifs à la liberté en occultant l'idée qu'aucun être humain n'a jamais évolué en terme de développement ou accompli des progrès substantiels lorsqu'il n'est pas libre, lorsqu'il est soumis à un autre dont il est le serviteur ou l'esclave ou s'il arrive à évoluer malgré tout, son évolution portera toujours les stigmates de l'apprentissage imposé par le maître (un esclave apprend à obéir, de gré ou de force, à son maître). Comment peut-on être à la fois libre comme le prétendent certaines petites nations et sous tutelle dans le même laps de temps (constituer une zone d'influence, un pré-carré, des intérêts d'une puissance extérieure) ? Pourquoi l'esclave chercherait-il tant la liberté si sa condition d'esclave lui procurait le confort nécessaire à la vie d'un être humain ? Seulement une fois affranchi, au moment où il se croit libre, il demeure esclave dans sa prétendue liberté s'il ne s'éloigne pas du maître parce qu'il n'aura pas osé entreprendre autre chose que les tâches qu'il accomplissait chez son maître. Il en est ainsi de la *décolonisation*. Ce n'est pas dans la *Dialectique du maître et de l'esclave* développé par Karl Marx qu'il faut chercher l'évolution d'un esclave affranchi, mais dans le conditionnement qui conduit à la continuité du comportement alors qu'on croit être dans une situation différente.

Si l'on continue à parler de *pré carré* ou de *zone d'influence* avec beaucoup d'enthousiasme chez certains, c'est parce que les affranchis n'ont pas rompu les anciens liens ou ne se sont pas éloignés des anciens maîtres ou des maîtres et qu'ils n'ont pas appris à faire *autre chose* que ce que les maîtres leur faisaient faire dans les *terra nullius* que ceux-ci avaient conquis. Alors que les accords de coopération conditionnant les *indépendances* ne sont pas éteints, les *affranchis* continuent d'en signer, non pas pour remettre en question les précédents, mais pour actualiser leur servitude. Même si certains intellectuels de notre temps n'aiment pas qu'on en parle, l'économie des petites nations qui ne décolle pas ressemble comme deux gouttes d'eau à celle qui existait sous le régime du pacte colonial. Et dire que certains théoriciens se sont rendus célèbres en formalisant des situations, dont le bon sens commanderait la modification, en terme de dotation factorielle comme fondement d'une croissance rapide basée sur la spécialisation dans la production qui signifie, pour les petites nations, la production essentiellement constituée de produits de base ou de matières premières à destination des territoires des anciens maîtres qui avaient initié ou institué une telle division internationale du travail en matière économique ! Nous faisons ici allusion au théorème d'HOS (Heckscher-Ohlin-Samuelson) sur lequel nous reviendrons ci-dessous.

Le bas salaire peut conduire à de la petite escroquerie et/ou à une baisse de la productivité. Le *marchandage*, en matière commerciale qui traverse aujourd'hui toute une société pour atteindre la fonction publique de quelques petites nations qui en usent, en est un exemple.

On dit de certains peuples d'Afrique qu'ils sont *forts en affaires*. Cette réputation est répandue sur tout le continent. S'ils l'étaient autant, on ne parlerait plus de pauvreté à leur égard. En réalité il s'agit d'une escroquerie de moindre importance, une sorte de petite délinquance économique non punie qui peut conduire jusqu'à la *petite corruption*. Nous aurions pu inscrire cette situation dans le libéralisme économique. Nous disons « petite corruption » parce que les transactions portent sur des sommes généralement d'importance négligeable. Ce comportement procède de l'affranchissement de l'indigène des travaux forcés. En effet, lors d'une transaction, le vendeur fixe le prix du bien ou du service à un niveau qui va jusqu'au double, voire le triple de ce qu'il en attend réellement, en pensant que l'acheteur négociera ou marchandera pour arriver par la baisse au prix désiré. D'où vient cette idée ? Lorsque l'indigène a été affranchi du travail forcé et qu'il fallait qu'il vive de son savoir-faire, surtout en matière artistique ou culturelle, le maître qui l'a toujours exploité considérait que le prix déterminé par le vendeur indigène était toujours trop élevé et qu'il fallait marchander à la baisse pour acquérir l'objet ou le service à vil prix. Pour ne rien perdre, ce peuple commerçant a commencé à fixer le prix de l'objet qu'il vendait à un niveau si haut qu'en marchandant avec l'acheteur qui souhaitait un prix inférieur, il arrivait à un prix auquel il pensait ne réaliser aucune perte. Qu'en advient-il lorsque l'acheteur, honnête, ne prend pas la peine de « marchander » ? Il achètera le bien ou le service au prix le plus élevé possible, alors que s'il avait pris la peine de *marchander* et surtout de montrer sa pugnacité en la matière, il aurait l'impression d'avoir fait une bonne faire. On pourrait dire ici qu'il n'y a rien d'extraordinaire par rapport à la loi du marché que les libéraux ont toujours fondé sur l'égoïsme. Là où le *marchandage* sort du fonctionnement du marché, c'est de cibler le client, de rechercher le client à la fois fortuné et naïf qu'on pourra *dépouiller*. Il n'y a plus là d'égalité entre les demandeurs. C'est en cela que l'on peut parler d'escroquerie ou de la petite délinquance qui, à notre connaissance, n'appartient plus à la théorie du marché. Il arrive qu'on vende à ce client naïf, confronté pour la première fois à ce jeu de dupe, des objets sans aucune valeur : exemple des objets contrefaits ou sans valeur culturelle.

Les maîtres du pré carré, en recherchant toujours le plus bas coût salarial dans un cadre organisé tel que l'administration ou l'entreprise, n'ont pas introduit l'incitation à l'effort dans le travail en général, après l'abolition du travail forcé, par une rémunération qui aurait permis à l'indigène d'améliorer substantiellement son niveau de vie. Ils ont au contraire encouragé la faible productivité, surtout là où le travail de l'indigène n'était plus aussi surveillé que du temps des travaux forcés. Il en va ainsi du travail dans l'administration publique pour les tâches subalternes. En effet, dans tout système économique monétarisé, le haut niveau de salaire stimule le salarié et l'incite à produire plus rapidement en fournissant un effort plus intense. En sens inverse, on constate une baisse de la productivité avec les bas salaires pour les tâches administratives. Avec le temps, cette situation s'est accentuée avec les cadres moyens qui eux-mêmes subissaient les bas salaires lorsque, depuis les *indépendances*, les indigènes ont remplacé les *expatriés* à ces postes. Aussi paraîtra-t-il normal que le service de l'électricité, par exemple, vous installe un compteur après que vous ayez souscrit à ce service depuis plus d'un mois parce que ceux qui doivent y travailler ont repéré l'usager que vous êtes comme un client potentiellement fortuné dont ils espèrent qu'il leur assurera un complément de revenu en dehors de leur revenu salarial. Il faut analyser une telle situation dans son contexte et ne pas jeter l'opprobre sur le travailleur dont le revenu est si bas qu'il ne lui permet pas une vie décente dans des villes où les biens de consommation courante importés de la mère patrie sont à un prix plus élevé que le niveau de salaire moyen de la population urbaine. Ce comportement du travailleur est certes déloyal. Mais ce travailleur de la petite nation quittera de gré ou de force cette habitude quand la petite nation elle-même sortira de la servitude volontaire ou de l'*inégalité protectrice.* En un mot, lorsque la vraie gouvernance sera assurée par le peuple souverain qui aura acquis la liberté d'édicter ses propres lois pour réprimer effectivement toute fraude parce qu'une rémunération convenable aura permis à la population de vivre décemment pour ne plus justifier ces « petites escroqueries » ou « délinquances économiques », ces comportements s'éteindront. Contrairement à ce que certains considèrent comme innées en ce qui concerne ce peuple dont on admire à tort de telles attitudes en matière d'échange qui ne sont que tolérées, cette attitude n'est pas conforme à l'éthique commerciale

Nous reconnaissons, à l'égard de certains politiques et intellectuels ethnocentriques, que parler de liberté dans le cadre du développement paraît révolutionnaire au sens idéologique, voire péjoratif. Mais alors ! Qu'on laisse les populations des pays dits pauvres mourir de leur belle mort et qu'on ne nous serve plus de ces vieilles théories formatées ou de ces hypocrisies qui laissent croire que les pauvres sont responsables de leur pauvreté ! Les puissances sont fières de leur rayonnement sur des pays, de leur leadership dans le monde, sans que le public ne sache que ces mots signifient simplement « *domination sur d'autres Etats ou d'autres nations* ». Et que si le maître peut tout avoir en s'imposant, le dominé ne peut qu'être pauvre et exploité en terme de valorisation de son travail. Chaque Etat doit rayonner sur son propre territoire, autrement dit les citoyens doivent être fiers de ce que leur apportent les pouvoirs publics de leur pays en terme de bien-être par leur gestion. Chercher à rayonner en dehors de son territoire s'appelle de l'impérialisme. Combien de petites nations ont été détruites par des puissances qui voulaient absolument rayonner sur elles ? Nous entreprenons des guerres non pas pour préserver la vie des autres êtres humains mais pour préserver nos intérêts.

Le problème du développement n'est donc pas simplement une succession d'étapes à franchir pour se hisser sur un podium ; c'est surtout une question de valorisation du travail qui détermine la valeur d'un bien (*valeur travail du bien*) et qui permet à une population d'acheter pour améliorer ses conditions d'existence. Et l'on ne peut valoriser le travail que lorsque le peuple n'est pas considéré comme une entité inférieure, pour ne pas dire lorsqu'il est libre et ne constitue pas un intérêt pour d'autres nations. Prenons l'exemple d'un pays dont le travail des habitants ne serait que faiblement rémunéré, plus des efforts seront demandés et plus la pauvreté augmentera. Cette affirmation paraît paradoxale, car l'effort est l'un des déterminants de la productivité. Or ici l'effort signifie qu'on augmentera la production pour autrui (les maîtres) sans véritable rémunération en se détournant de plus en plus de produits qui auraient constitué la nourriture de base des indigènes.

Pour les petites nations, le problème du développement n'est donc pas simplement une relation superficielle du capital et du travail ; il faut encore ajouter des rapports qui passent par le droit des peuples à déterminer librement leur trajectoire économique. Dans une nation, les populations, les forces vives agissent sous l'impulsion de ceux qui les gouvernent. Et si ceux qui les gouvernent ne sont pas eux-mêmes libres de se doter des outils de leur gouvernance, le peuple est mené dans la direction que voudrait la puissance dominante externe qui travaille pour ses propres intérêts et non pour ce peuple. Il ne s'agit pas ici des problèmes que dénonçait en son temps Karl Marx lorsqu'il parlait de la bourgeoisie qui accaparait la plus-value générée par le travail de l'ouvrier. Les critiques de Karl Marx portent sur des relations entre des travailleurs en tant qu'individus (les prolétaires) et des bourgeois, même s'il appelle les travailleurs (prolétaires) du monde à s'unir pour combattre les injustices qu'ils subissent de la part des bourgeois. Nous parlons ici de rapports entre les nations, tout en étant conscient que ces rapports passent nécessairement par les hommes.

Section 2 – Les droits acquis en matière économique : un prolongement du *statu quo ante* en matière de pauvreté

Au moment où le travail des indigènes devait être rémunéré après la période précoloniale et coloniale, puis la disparition complète du travail forcé, les puissances économiques qui avaient amassé une partie de leur fortune dans leurs territoires d'Outre-mer surent inventer des compensations à la valeur travail de leurs produits. Ces puissances rédigèrent des codes d'investissement qu'elles imposèrent aux territoires devenus partiellement autonomes ou désormais gérés en apparence par des indigènes ou *gouverneurs indigènes des territoires* prétendument indépendants. Les autorités qui devaient servir de relais de l'administration centrale de la mère patrie étaient donc des indigènes, mais les décisions se prenaient dans les métropoles.

I – Les avantages octroyés aux investissements étrangers contribuent à la paupérisation des petites nations

Les codes d'investissement ainsi que toutes les autres législations sur les investissements dans les petites nations qui en sont dotées ont été inventés au moment des *décolonisations* des territoires administrés par les grandes puissances. Les codes d'investissement avaient officiellement pour objet d'attirer les capitaux étrangers. Ceux des anciens maîtres étaient aussi considérés comme étrangers. Or la réalité était que les anciens maîtres qui venaient d'affranchir (dans les textes) les territoires qu'ils avaient conquis conservaient toujours le monopole en matière économique dans ce qui était considéré comme leur zone d'influence ou leur pré carré. La diplomatie, les affaires économiques, financières et militaires étaient de celles sur lesquelles reposait la coopération. Les colonies d'Afrique devenues *indépendantes* n'étaient pas les seules dans ce cas. Mais les nouvelles législations sur les investissements ne faisaient que confirmer un droit acquis. En quoi ces législations contribuent-elles à la paupérisation ?

Nous avons déjà dit ci-dessus que la valeur travail d'un bien destiné au maître dans les petites nations était quasi nulle par rapport à celle des pays développés dans la période *postcoloniale* où se sont instituées les différentes législations pour attirer les capitaux. Ces législations, contenaient toutes les faveurs inimaginables qui reprenaient la situation de la période coloniale. Nous ne citerons que deux exemples :

a) - *Exonérations d'impôts* pour les entreprises qui s'installent dans les petites nations – Le fonctionnement d'un Etat ne peut faire l'économie de la fiscalité qui constitue la principale source de financement de ses projets. Dans les pays industrialisés, on tente de multiplier les assiettes en matière d'imposition. Et lorsqu'un pays rencontre des difficultés financières, on lui conseille de relever les taux d'imposition (ou l'assiette), même dans un contexte dominé par l'idéologie libérale qui a la fiscalité en aversion. Malgré les tentatives de démonstration qui passent par la théorie des *rendements décroissants* (exemple la courbe de Laffer) et la métaphore « trop d'impôt tue l'impôt », les Etats ont toujours recherché une base d'imposition élargie ou ont commencé à dépérir lorsqu'ils ont voulu appliquer la théorie libérale sur ce point. Or dans un pays déjà appauvri par la gestion antérieure du territoire dont il a hérité, si les travailleurs ne sont pas bien rémunérés, donc ne peuvent s'enrichir par leurs efforts, par conséquent non imposables, et que les entreprises ne sont pas non plus imposables, d'où la petite nation peut-elle *tirer* les ressources financières, autrement dit sa capacité financière (ou capacité de financement) aux fins de financement de quelque projet que ce soit ? Si elle cherche à réaliser quelque progrès, elle n'aura que d'énormes besoins de financement qui conduiraient à l'endettement, puis au surendettement. Il faut rappeler que toutes les sociétés d'Etat lucratives qui ont été financées par la nouvelle entité que nous appellerons *Etat indigène* ont fini entre les mains de grands groupes industriels du maître du pré carré. On peut objecter que même dans les grandes nations, la plupart des Etats sont endettés. Mais n'est-ce pas parce que la libéralisation économique, qui signifie que seul le secteur privé peut conduire à l'équilibre, amène à écarter l'Etat de l'économie et de toute activité lucrative, alors que ce même Etat continue d'être le dernier recours de nos sociétés civilisées ? Le dépérissement de l'Etat voulu par le libéralisme ne concerne que les moyens, pas vraiment les dépenses. La réduction des dépenses publiques conduit à la rupture de la cohésion sociale dans des sociétés pauvres ou inégalitaires (donc à des mouvements sociaux récurrents dans des nations civilisées).

Pour revenir à nos propos, nous pouvons affirmer qu'on n'attire pas des capitaux extérieurs par des faveurs accordées aux entreprises. Prenons d'abord l'exemple d'un pays industrialisé avant de raisonner sur les petites nations. En effet avec la menace des vagues de délocalisation et la compétitivité déclinante, par exemple en France, l'Etat français a quelquefois, on pourrait même dire souvent, chercher à attirer des investissements étrangers par l'octroi de subventions et d'autres avantages fiscaux. L'expérience a montré que beaucoup d'entreprises ou d'investisseurs étrangers, une fois les subventions encaissées, ne sont pas restés plus de cinq ans. Ils ont fermé ou déménagé leurs usines parce qu'ils estimaient que leurs investissements seraient plus rentables ailleurs qu'en France. Ceux qui restent donc ne le font pas parce qu'on leur aurait octroyé des avantages ou plus d'avantages, mais parce que leurs affaires sont rentables en France. Autrement dit, les capitaux auraient été investis en France sans les avantages que l'Etat français leur aurait octroyés.

On peut, au passage, souligner que les vagues de privatisations et les exonérations d'impôt dans les pays industrialisés qui tarissent les finances publiques ainsi que la recherche d'une compensation de ces finances publiques par la taxation des classes moyennes qui subissent aujourd'hui un déclassement et des classes déjà atteintes de pauvreté relative constituent, en grande partie, la cause de la recrudescence de la pauvreté absolue dans ces pays industrialisés.

On apprend aux étudiants et on se convainc soi-même que la délocalisation a des effets positifs pour l'entreprise parce qu'elle constitue une stratégie pour réduire ses coûts de production et des effets négatifs pour le pays d'origine qui perd des emplois. Cette assertion n'est apparemment pas contestable. Quant au pays d'accueil, les effets ne peuvent qu'être positifs parce que la délocalisation créerait des emplois et contribuerait à la croissance et au développement de ce pays. Détaillons quelque peu cette affirmation qui n'existe que dans la théorie pure et qu'il serait bon de nuancer.

1°) Que cherche l'entreprise en délocalisant ? – Nous ne répondrons pas à cette question d'une délocalisation à destination d'un pays dit riche ou industrialisé dans lequel quelques entreprises recherchent la compétence du travailleur et la proximité d'un marché solvable ; mais nous nous arrêterons à celle qui concerne un pays pauvre. La localisation d'une entreprise dans un pays pauvre a pour objet unique de rechercher le moindre coût de production, et le maximum de profit. Nous l'avons déjà dit ci-dessus. Pour les facteurs de production dans un pays pauvre, le coût le plus bas possible ne concerne pas la machine, mais les indigènes qu'on emploiera dans des conditions esclavagistes. Nous avons donné l'exemple de l'emploi de la main-d'œuvre indigène dans l'exploitation du pétrole au Nigeria. Toute entreprise étrangère qui s'installe dans un pays pauvre agit de la même manière.

2°) En quoi la délocalisation profite-t-elle au pays d'accueil qui serait un pays pauvre ? – On estime qu'elle crée des emplois et que ces emplois enrichissent la population indigène. Le capitalisme a toujours recherché la main-d'œuvre servile, même dans les grandes nations ou nations civilisées où les hommes naissent libres et égaux en droit, à plus forte raison là où on a longtemps douté du caractère humain des indigènes. Il en a toujours été ainsi. Au moment où la paupérisation gagne les nations civilisées parce que, non seulement l'utilisation de la machine coûte moins cher à l'entreprise, mais l'on propose des salaires de misère à des ouvriers obligés de l'accepter pour montrer qu'ils recherchent un emploi pour survivre, ce n'est pas dans les pays déjà pauvres qu'une entreprise irait enrichir les travailleurs. Soit, comme c'est le cas de quelques délocalisations, un marché existe dans le pays pauvre et qu'on voudrait exploiter, ce qui permet de produire à *vil coût* et de vendre à quelques élites et étrangers fortunés à des prix supérieurs à ceux du même bien qu'on trouve sur le marché d'une nation civilisée ; soit on produit au coût le plus bas possible pour exporter le bien sur un marché solvable, en l'occurrence le marché du pays d'origine de l'entreprise. C'est l'exemple de ces entreprises de construction d'automobiles qui produisent des modèles à l'étranger, dans un pays pauvre, pour les vendre dans leur pays d'origine. De nombreux économistes parlent avec beaucoup d'enthousiasme de mondialisation bienfaisante pour l'humanité quand la pauvreté s'accroit à un rythme exponentiel dans le monde. La délocalisation a pour résultat de rendre un pays pauvre encore plus pauvre qu'auparavant parce qu'elle détourne la population d'une production locale qui lui permettrait de combattre la famine en rendant cette population captive d'une fausse modernité. Si l'on considère que l'entreprise relocalisée n'est soumise à aucune fiscalité dans le pays d'accueil, on comprend difficilement comment la nation pauvre peut s'enrichir parce que cette entreprise étrangère serait venue s'y installer. On ne peut compter sur d'éventuels impôts des personnes physiques du fait de l'activité de l'entreprise relocalisée en raison de la faible rémunération des travailleurs qui ne permet pas à ces derniers d'être imposables (ainsi que nous avons eu l'occasion de le souligner à maintes reprises).

Remontons à l'histoire économique des petites nations. Les entreprises qu'on y trouve sont celles qui existaient sous le régime de la conquête et qui se sont modernisées. Elles y seraient sans ces avantages dont on prétend qu'ils ont eu des effets positifs sur le volume des investissements. Nous l'avons montré dans des ouvrages précédents (notamment dans « *Idéalité et réalité des relations entre les nations, 2015* »). Toutes les petites nations d'une même zone d'influence ont été dotées du même outil pour attirer des capitaux ; pourtant le constat est flagrant : les investissements, lorsqu'il y en a, ne vont que dans les mêmes pays, ceux où les profits peuvent être élevés sans trop d'effort pour l'investisseur, ou encore ceux qui sont dotés de ressources naturelles facilement exploitables. Par exemple, quand un groupe cherche à exploiter de l'uranium, il ne va pas investir en Côte d'Ivoire ni au Burkina Faso, mais au Niger où les mines sont à ciel ouvert ; pourtant, les pays mentionnés ont été dotés des mêmes législations ayant pour objet la protection et/ou l'attrait des investissements étrangers.

b) - *Les codes d'investissement* stipulent le libre rapatriement des capitaux. Nous avons déjà dit que la sous-évaluation de la valeur travail dans la petite nation n'eût pas constitué un problème pour le développement si la valeur d'utilité qui se détermine sur le marché passait par le profit qui restait dans la petite nation. Or comme nous ne cessons de le répéter, pour les colonies qui n'étaient pas celles de peuplement, toute la *valeur d'utilité* ou *la valeur marchande* du produit se situait sur le marché de la mère patrie, la *valeur travail du bien* étant quasi nulle. Les profits étaient donc réinvestis dans la métropole, ce qui différencie les colonies d'exploitation de celles de peuplement comme les Etats-Unis d'Amérique, le Canada, l'Australie, la Nouvelle-Zélande, etc., même dans la période *postcoloniale*. Dans ces territoires de peuplement, les conquérants qui aspiraient à s'y installer définitivement réinvestissaient leur profit pour contribuer à une accumulation du capital productif, même si le travail, effectué soit par les esclaves, soit par les indigènes, ne leur coûtait rien.

c) - *Le système bancaire* conçu sous le régime de la conquête, puis dans les comptoirs et les colonies, pour faciliter le rapatriement de capitaux vers la mère patrie, est constitué de succursales de grandes banques commerciales européennes pour les ex-colonies européennes d'Afrique ou américaines pour l'Amérique latine, banques qui ont pris des noms exotiques pour paraître de droit local. Comme les petites nations participaient par leur exploitation au commerce international (c'est le rôle des colonies d'exploitation), un commerce demeuré aux mains des anciens maîtres, il a été institué des sous-multiples de monnaies de la mère patrie, créées pour des raisons comptables et apparues comme des monnaies convertibles après la transformation des territoires coloniaux en Etats sous tutelle, une convertibilité qui se circonscrit aux rapports entre les anciennes colonies d'exploitation et leur mère patrie. Certains territoires, demeurés à mi-chemin de l'indépendance pour ce qui concerne la France d'Outre-mer (l'exemple des Territoires d'Outre-mer du Pacifique), utilisent le même type de monnaie que les petites nations auxquelles on a prétendu accorder la qualité d'Etat, et qui sont restées dans la catégorie des *républiques bananières*. Ainsi certaines nations, jusqu'à présent, n'ont pas de monnaie et utilisent la monnaie de l'ancienne métropole pour leurs transactions internationales (voir *L'évolution des règles de participation des pays d'Afrique de l'Ouest à la Zone franc ; Nice-Droit III, 1983*). Pour les entreprises qui vendaient des produits importés, il était donc facile de rapatrier les capitaux dans leur pays d'origine. Par la suite, les quelques entreprises étrangères ne dépendant pas des anciens maîtres pouvaient passer par le pays auquel appartenait la zone d'influence dont la monnaie a cours légal dans les petites nations pour convertir facilement leurs avoirs en la monnaie de leur pays d'origine. Lorsque certaines petites nations, se croyant affranchies de la tutelle, ont créé une monnaie nationale non convertible, la sanction économique a consisté à dresser un cordon sanitaire avec les voisins sous tutelle, sur les recommandations du maître pour l'étouffer et lui montrer qu'une monnaie n'avait aucune valeur si elle n'était pas rattachée à une zone monétaire. Au lendemain de la période dite des *indépendances* en Afrique, combien de spécialistes n'ont pas critiqué les monnaies considérées autonomes (*cf. les travaux mentionnés ci-dessus*). Pourtant les pays à monnaie de zone ou utilisant des monnaies étrangères n'ont pas été plus développés ou plus avancés. Certaines petites nations ont toujours eu une monnaie autonome ; elles n'ont jamais paru moins avancées que les pays à monnaie de zone. Les monnaies dites autonomes des petites nations ou nations pauvres ne sont que des monnaies internes pour affranchir le commerce territorial du troc. Pour leurs relations commerciales internationales, ces nations utilisent des monnaies dites convertibles des grandes nations ou de leurs anciens maîtres (monnaies-devises), grâce aux subsides qu'elles ont obtenus par l'exploitation de leurs ressources naturelles par l'ancien maître et ses alliés ou grâce à la prétendue aide internationale.

Le manque de capitaux serait l'obstacle qui mine le développement des petites nations. Nous expliquerons dans l'accumulation du capital cette fausse idée. En effet, comment des pays aussi riches qui fournissent des matières premières à tout le monde développé, donc des biens, peuvent manquer si cruellement de capitaux, de ressources financières ? Les *Prix Nobel d'Economie* ont-ils recherché les vraies raisons de cette déficience ? Tout laisserait à penser que dans ces pays, personne ne travaille. Les grands théoriciens de la division internationale du travail, que personne ne remet en cause, ont toujours soutenu que les petites nations qui ne disposent pas de capital technique, sont les plus dotées en facteur « travail ». Que les indigènes vivent d'une rente de ressources naturelles, et qu'une telle vie constitue le drame qui plombe l'évolution des petites nations signifierait simplement que leurs ressources naturelles sont cédées à vil prix si ce n'est gratuitement. Quelle personne paresserait parce qu'elle vivrait déjà dans l'abondance ? Si de telles personnes existent, elles ne constituent que l'exception qui ne peut servir à caractériser toutes les nations pauvres. L'abondance ou l'opulence ne serait qu'un rêve dans les petites nations où la plupart des individus ne savent de quoi sera fait leur lendemain lorsqu'ils se couchent. Le bon sens indique que les individus ruinent leur santé à travailler pour gagner davantage en ce monde complètement monétarisé lorsque leurs efforts sont rémunérés à leur juste valeur. Ils ne peuvent se décourager de travailler que si leur travail est très peu rémunéré. Comme le démontraient les libéraux à propos de l'emploi, les individus doivent arbitrer entre l'utilité et la désutilité du travail par rapport au loisir. L'utilité se référant au revenu que lui procurerait le travail, la désutilité s'apprécierait par rapport à la fatigue, au sacrifice du temps de loisir de l'individu. Or l'instinct de survie des travailleurs des nations pauvres, en ce monde où tout s'achète, les oblige à chercher désespérément à travailler pour des *salaires de famine* sans jamais penser au loisir qui serait réservé à une classe fortunée.

Lorsque le fruit du travail et les profits réalisés dans les petites nations sont rapatriés dans l'ex-métropole ou dans le pays d'origine de l'entreprise, pour ce qui concerne le commerce, on comprend mal cette litanie de certains économistes, de certaines éminences arguant d'un manque de capitaux et allant jusqu'au cynisme pour déclarer que le drame de certaines petites nations est qu'elles n'ont pas été assez exploitées parce qu'une exploitation véritable aurait approfondi le système de marché qui les aurait conduites vers le progrès (*Daniel Cohen, La mondialisation et ses ennemis, 2005*).

II – La recherche de nouveaux modes du maintien du *statu quo ante* dans la pauvreté

Lisant des travaux d'une chercheure, nous sommes tombé sur cette question que beaucoup d'intellectuels n'osent poser : « Les pays riches souhaitent-ils réellement le développement des pays pauvres ? » (*Francine Mestrum, Mondialisation et pauvreté – De l'utilité de la pauvreté dans le nouvel ordre mondial ; L'Harmattan, 2002*).Voici quelques éléments de réponse d'un point de vue strictement économique que nous proposons (même si l'auteur y a répondu à sa manière). Les pays industrialisés l'ont été en grande partie par l'exploitation des petites nations ou pays pauvres d'un point de vue du niveau de vie mais très riches en ressources naturelles. Dans les années 1930, un auteur du nom de André Siegfried (une éminence), expliquant la complémentarité économique entre l'Europe et l'Amérique du Sud, affirmait la catastrophe qui surviendrait en Europe si les pays d'Amérique du Sud s'industrialisaient, donnant ainsi une réponse à la question posée (nous y reviendrons dans les pages ci-dessous).

Lors de la crise économique des années 1970 et 1980, les pays industrialisés n'avaient cessé de répéter cet axiome qui consistait à arguer que, pour que les nations pauvres puissent vendre davantage de produits de base, il fallait que les nations riches ou industrialisées qui sont les consommateurs des richesses naturelles des pauvres aient une croissance forte (voir ci-dessus). En un mot, les pays industrialisés constituant le seul marché de la production des pays pauvres, sans croissance des premiers, les pauvres seraient réduits à végéter. Certains rejettent l'idée que cet axiome contient le concept de dépendance en taxant tous ceux qui en font référence de tiers-mondistes attardés. Nous ne parlons pas de la théorie de dépendance économique telle qu'elle a été formulée dans le concept du structuralisme, mais de dépendance des nations pauvres en tant que peuples inférieurs ne travaillant que pour les peuples supérieurs (perception née de la conquête des *terra nullius*). N'est-ce pas la finalité de toutes les théories censées accroitre le commerce international quand on regarde les résultats pratiques *a posteriori*. En effet, si l'on analyse le commerce actuel des nations civilisées entre elles, on ne voit pas où se situent les avantages comparatifs ou la dotation factorielle qu'on glorifie tant. Ces nations civilisées produisent et vendent toutes des biens similaires, voire identiques. Aucune n'est spécialisée au titre d'une théorie qui vaut à son auteur le titre de génie du commerce international. Ces nations civilisées se livrent une concurrence féroce. C'est seulement dans le commerce vertical (pays industrialisés et pays pauvres) que ces théories trouvent leur applicabilité.

Nous ne pensons donc pas que cette perception des relations internationales économiques ait évolué depuis la conquête des *territoires sans maître* parce que les indigènes qui les occupaient étaient considérés comme des êtres à part. On constate que la Chine, qui a en ce début du XXIe siècle une croissance rapide, est devenue un grand consommateur de matières premières et l'on en parle comme si on le lui reprochait. Si donc les pays pauvres ou les petites nations commençaient réellement à se développer, ce développement remettrait en cause l'axiome énoncé par les pays industrialisés et qui consiste en ce que toute survie des pays pauvres dépende de la forte croissance de ceux-là. Autrement dit le développement des nations pauvres entraînerait la consommation de leurs propres ressources naturelles pour élever leur propre niveau de vie, conduisant ainsi à rompre l'idée de spécialisation par dotation factorielle et à renchérir les coûts de ces ressources naturelles que voudraient acquérir les pays riches pour élever leur niveau de croissance. En clair, à défaut de ces ressources naturelles que les riches ont pris l'habitude d'acquérir à vil prix, ces derniers se paupériseraient. Voilà, en toute logique, les raisons qui conduisent les riches à bloquer le développement des nations dites pauvres. Les pays n'ayant pas d'amis, mais des intérêts, les grandes nations qui ne sont grandes que parce qu'elles ont toujours une longueur d'avance dans la technologie guerrière ou militaire trouveraient suicidaire d'affranchir entièrement de leur tutelle les petites nations. Certains pourraient ramener cette réponse à la théorie de la dépendance. Pour notre part, nous parlons de liberté parce qu'en réalité il n'y a jamais eu d'Etat digne de ce nom pour ce qui concerne les territoires dits *décolonisés*. Parler de dépendance, c'est penser qu'il existe des Etats pauvres qui dépendent économiquement des Etats riches. Tout Etat est constitué d'un territoire, d'une population et d'un pouvoir. Quand le pouvoir n'existe pas, c'est le cas des petites nations ou de la quasi-totalité des petites nations, il n'y a pas d'Etat. Certaines entités se bercent ou se sont bercées d'illusions en croyant qu'elles constituaient des Etats souverains. L'histoire montre que la liberté n'existe que lorsqu'on peut la défendre. Quand le territoire est sous la tutelle d'un autre Etat, c'est ce dernier (le maître) qui a un droit sur l'économie. Parler de dépendance, c'est différencier l'économie de l'Etat asservi de celle de son maître. C'est croire que les Etats sont de même nature quelque soit leur niveau de bien-être. C'est pourquoi il convient plutôt de parler de liberté des nations parce qu'ici, il y a des entités juridiques qui remplissent les conditions d'Etat souverain et d'autres qui ne sauraient les remplir, en l'absence de pouvoir libre ou souverain.

Rappelons ce que nous avons déjà répété maintes fois : le développement des petites nations passe donc d'abord par la liberté. Et qu'on ne nous dise pas que la démocratie est le préalable de ce développement par un raisonnement absurde qui consiste à parler de la promotion de la démocratie de nations qui ne sont pas libres de disposer d'elles-mêmes. En 1974, la Charte des droits et devoirs économiques adoptée sous l'égide des Nations Unies résume bien la recherche de cette liberté aux fins d'une promotion économique, charte qu'aucune puissance économique n'a admise (elles se sont toutes abstenues lors du vote) et avait été interprétée comme une simple revendication des petites nations, voire une recommandation au même titre que les positions de l'Assemblée générale des Nations Unies. Quelle différence y aurait-il si les grandes nations l'avaient adoptée quand on sait que celles-ci n'ont jamais honoré leur engagement, ou leur signature apposée au bas d'une convention lorsque ces textes traitent des questions relatives au développement des pays pauvres ou autres textes, sauf ceux qui servent souvent de prétexte à la répression des petites nations (*cf. Idéalité et réalité des relations entre les nations ; 2015*) ? Certes, les juristes ont fait de la Charte des droits et devoirs économiques, comme ils en ont l'habitude, un sujet de dissertation, de rhétorique, la commentant abondamment à cette époque. On fut étonné qu'un texte réservé à la promotion de l'économie des pays pauvres, à la réclamation d'un *nouvel ordre économique internationale*, en appelât autant à la liberté. Ainsi, le chapitre premier de la Charte des droits et devoirs économiques des Etats intitulé *Eléments fondamentaux des relations économiques internationales* disposent : « Les relations économiques, ainsi que politiques et autres, entre Etats, doivent être régies notamment par les principes suivants :

a) Souveraineté, intégrité territoriale et indépendance politique des Etats ;

b) Egalité souveraine de tous les Etats ;

c) Non-agression ;

d) Non-intervention ;

e) Avantage mutuel et équitable ;

f) Coexistence pacifique ;

g) Egalité des droits des peuples et droit des peuples à disposer d'eux-mêmes ;

h) Règlement pacifique des différends ;

i) Réparation des injustices qui ont été imposées par la force et qui privent une nation des moyens naturels nécessaires à son développement normal ;

j) Exécution de bonne foi des obligations internationales ;

k) Respect des droits de l'homme et des libertés fondamentales ;

l) Devoir des Etats de ne pas chercher à s'assurer l'hégémonie et des sphères d'influence ;

m) Promotion de la justice sociale internationale ;

n) Coopération internationale en vue du développement ;

o) Libre accès à la mer et à partir de la mer pour les pays sans littoral, dans le cadre des principes ci-dessus. »

Au moins 95% de cette énumération font explicitement référence à la liberté des Etats. On y trouve même la revendication de la pleine souveraineté, une souveraineté qui serait résiduelle et/ou inexistante pour certains juristes. Plus loin dans ce texte, on rencontre *la souveraineté permanente sur les ressources naturelles* qui autorise les petites nations à la nationalisation contre une indemnisation. Les pays riches ne se sentent pas concernés par cette référence à la liberté, sinon ils ne se seraient pas abstenus de voter le texte ; il s'agit seulement d'une quête des petites nations. Cette charte n'a jamais été appliquée par les pays qui ont toujours cherché à *assurer l'hégémonie sur le monde et détenir des sphères d'influence.* Ce qui ne peut surprendre que quelques juristes et politistes idéalistes et ivres de concept (comme dirait Raymond Aron, *Guerre et paix entre les nations, 1962*) qui chercheraient l'inapplicabilité dans la nature juridique du texte. Le texte ne serait pas juridiquement contraignant parce qu'il serait assimilé à une résolution de l'Assemblée générale de l'ONU, comme nous venons de le souligner, alors qu'au départ, son mode d'élaboration jusqu'à sa conclusion était celui d'une convention internationale.

Pour revenir à nos propos l'énumération de revendications à laquelle les grandes nations ne se sentaient pas liées résume à elle seule les obstacles à lever pour mener les petites nations vers le progrès. Sans parler de liberté, nous souhaiterions que les prétendus spécialistes du développement des pays pauvres se taisent et ne déversent pas leurs incongruités sur la responsabilité des nations non véritablement souveraines quant à leur stagnation économique. Le développement ne doit pas être seulement conçu comme une action que doivent mener les grandes nations au bénéfice de leur zone d'influence. Dans cette charte, on ne trouve aucune trace ou aucune disposition qui en appellerait à la charité ou à l'aumône.

Si nous rappelons la Charte des droits et devoirs économiques des Etats, c'est parce que les puissances économiques ont toujours cherché à protéger les investissements étrangers (IDE) de leurs entreprises surtout dans les petites nations. Or dans une optique de libéralisme, ces mêmes entreprises qui engrangent des milliards d'unités monétaires et dont les grandes nations peuvent être fières ne contribuent même pas au bien-être de la population des pays dont elles ont la nationalité et où elles ont leur siège social. On peut rétorquer que ces entreprises en rapatriant leurs profits dans leur pays d'origine, en investissent une partie pour créer des emplois ; certes ! Mais ce sont des entreprises qui ne paient que très peu ou pas d'impôt à leur Etat d'origine et ne contribue plus à la solidarité nationale.

Les grandes nations, non seulement ne se sont jamais senties concernées par les revendications des petites nations lorsque celles-ci se retrouvent dans le cadre du forum que l'on nomme Assemblée générale des Nations Unies ; dans le cadre de l'Organisation de Coopération et de Développement Economique (OCDE) elles sont allées jusqu'à signer un accord mutuel sur l'investissement (AMI) en 1998, un accord par ailleurs controversé même à l'égard de quelques partenaires membres de cette organisation économique. Cet accord maintient le *statu quo ante* pour les petites nations, mais contient des dispositions qui donnent la primauté aux entreprises étrangères face à l'Etat d'installation (ou de localisation) contre lequel elles peuvent mener des actions devant des juridictions internationales. Alors que la plainte d'une entreprise qui ne passerait pas par la protection diplomatique relève du droit international privé, voici qu'un accord entre quelques puissances économiques met désormais sur le même pied l'entreprise et l'Etat. Certes, on doit reconnaître dans le droit communautaire, qui est un droit particulier et spécifiquement applicable aux Etats membres de l'Union européenne, que les entreprises et les individus ont déjà la capacité d'ester en justice contre les Etats membres. Mais ce type de règlement de contentieux ne s'étend pas à tous les Etats du monde entier et ne constitue pas un principe général de droit des nations civilisées. Or l'AMI, dans la protection des entreprises des puissances signataires, stipule pour autrui, pour ne pas dire pour tous les Etats du monde entier qui doivent accepter un conflit avec une entreprise sur la base d'un texte ou d'un accord auquel ils ne sont pas parties.

La prétendue protection des investissements étrangers que voudraient certains accords entre puissances industrielles est une remise en cause fondamentale de la souveraineté sur les ressources naturelles et l'indépendance économique des nations. Certains diraient que ce concept d'*indépendance économique* est désuet dans un contexte de *mondialisation*. Mais la mondialisation actuelle n'est qu'une manière plus subtile de continuer à exploiter certaines nations (avons-nous dit). En internationalisant donc de tels accords, en les généralisant plutôt que de les circonscrire aux parties, on ne vise en réalité que les petites nations pauvres. Les nations asservies, qui n'ont pas la puissance pour elles, doivent donc appliquer tout accord qui leur est imposé sous peine de sanctions économiques ou d'intervention militaire. Les grandes nations invoquent toujours le principe de réciprocité ou des clauses de sauvegarde, voire simplement la sauvegarde d'un intérêt fondamental pour surseoir à l'application d'un accord, ce que ne peuvent faire les petites nations. On peut donc dire que nous sommes dans une continuité dans le temps comme il est mentionné ci-dessus. Quand certaines petites nations avaient l'audace de revendiquer une quelconque souveraineté, les grandes nations leur opposaient déjà le principe des droits acquis. Il faut rappeler ici que les droits acquis sont des droits que les investisseurs se sont octroyés dans les petites nations sur la base d'un droit international fondé sur le principe du *droit du plus fort* et qui ne sauraient être remis en question par celles-ci. Autrement dit les nationalisations des entreprises seraient interdites aux petites nations sous peine d'indemnisation dissuasive au profit des entreprises étrangères au motif qu'on aurait remis en question un droit immuable, si l'on arrive pas à la guerre ouverte. Pourtant la plupart de ces entreprises bénéficient déjà d'avantages considérables dans le cadre de législations ayant pour objet l'attrait de capitaux ou d'investissements directs étrangers. Ainsi, le principe des droits acquis prédomine sur celui de *la souveraineté permanente sur les ressources naturelles*. Par ailleurs pour invoquer une souveraineté permanente sur les ressources naturelles, il faut pouvoir se prévaloir de la souveraineté comme fondement de l'Etat face à des Etats dominants qui n'ont que des droits (fussent-ils ceux des plus forts), mais jamais d'obligations.

On a connu ou on connaît les contrats léonins au profit des entreprises de grandes puissances dans les petites nations. Quand on exploite du pétrole dans une zone d'influence ou dans un pré carré, que les *royalties* versées à la petite nation équivalent à 5% ou 7% des gains (mais on peut se demander sur quelle base sont calculés les 5%, le prix fixé sur le marché international officiel n'étant qu'une indication, la spéculation pouvant permettre par la suite des profits énormes), et que l'utilisation du carburant tiré de leur sous-sol coûte plus cher aux indigènes chez eux que dans le pays originaire des entreprises d'exploitation, comment peut-on s'étonner que ce pétrole ne rapporte rien à cette petite nation ? En outre, des pays dits riches qui se préoccupent tant de l'environnement dans leurs discours sont ceux-là dont les entreprises vont frelater du carburant pour les exporter à des petites nations elles-mêmes riches en ressources pétrolières, ceci afin de s'enrichir davantage au mépris de l'hygiène et de la santé des indigènes, parce que depuis les *indépendances* ou depuis qu'elles n'ignorent pas les richesses sur lesquelles ces petites nations sont assises, les maîtres interdisent à celles-ci d'entreprendre des efforts d'éducation, de formation aux fins d'une exploitation autonome ou endogène de ces richesses pour leur propre compte (*Pollution - Du carburant frelaté et toxique est exporté en Afrique ; Trouw-Amsterdam, publié le 19/09/2016 à partir du document « A Public Eye investigation, september 2016 : Dirty diesel - How Swiss Traders flood Africa with Toxic Fuels »*).

Aujourd'hui l'application de l'idéologie libérale voudrait que l'Etat n'intervienne plus du tout dans les affaires économiques et bientôt sociales d'une nation. La solution à la croissance passe par l'entreprise privée. Tout doit être privatisé. Les anciennes entreprises et banques coloniales du maître d'une zone d'influence ont donc été privatisées. Il n'en demeure pas moins que ces entreprises contribuent au rayonnement de la puissance dominatrice. Elles continuent de faciliter le rapatriement de leurs profits réalisés dans la petite nation ainsi que l'importation des travailleurs expatriés embauchés dans la mère patrie et rémunérés aux mêmes taux de salaires que leurs collègues restés dans la grande nation (voire beaucoup plus en incluant toutes sortes de primes). Les institutions bancaires constituent, comme les autres entreprises de la mère patrie, des moyens de pression sur le pays d'accueil ou la zone d'influence. Ce sont des institutions financières qui mêlent la politique aux affaires sous l'influence des gouvernements de leur pays d'origine. Comment comprendre que la rémunération des indigènes puisse être bloquée dans des institutions bancaires installées dans le pays de ces indigènes sur la simple injonction d'un gouvernement supposé étranger en droit ? Les sommes ainsi bloquées ne relèvent pas d'un travail futur, d'un prêt, mais d'une rémunération de travail déjà effectué ou accompli dont une partie est constituée de salaires d'administrations et de services publics sous l'autorité de la petite nation qui a versé ces salaires disponibles dans les institutions bancaires. Telle fut la situation en Côte d'Ivoire en 2010-2012, lorsque la France voulait chasser les gouvernants ivoiriens qui avaient proclamé gagner les élections présidentielles ; elle demanda aux entreprises françaises exerçant en Côte d'Ivoire de cesser toute activité et aux banques commerciales quasiment toutes de nationalité française de ne pas ouvrir leurs guichets pour empêcher les indigènes d'avoir accès aux rémunérations qu'ils venaient de percevoir en fin de mois, en espérant occasionner des troubles sociaux qui n'ont pas eu lieu. Mais le pays fut exsangue. Quelle alternative avait présenté le gouvernement ivoirien en question ? Aucune ! Il réalisa simplement la signification de *zone d'influence* qui ne pouvait prendre aucune décision autonome en matière économique, mais qu'on rendait responsable de la mauvaise gestion économique. La situation se débloqua à la suite du coup d'Etat mené par l'armée française qui bombarda la résidence du Président que le gouvernement français ne voulait pas et que cette armée livra à son ennemi rebelle qui avait les faveurs de l'Etat français, après qu'on ait massacré par ces bombardements une foule de jeunes gens qui pensaient protéger à mains nues leur *idole* par leur présence (de ce massacre du 10 et 11 avril 2011, aucune information n'en sortit). Voilà tout le sens de la *république bananière*, dont le développement ne peut s'effectuer que par la conquête d'une vraie souveraineté, autrement dit de la liberté véritable. Il ne s'agit pas ici de prôner la révolution en ce monde à sens unique. Il s'agit tout simplement de rappeler des vérités, avec la naïveté qui caractérise nos réflexions, pour ceux qui le savent mais se voilent la face dans des raisonnements aberrants, ou de relever l'incohérence des raisonnements frappés de cécité qui proclament un déficit de démocratie dans des prétendus Etats qui n'ont pas leur destin en main puisqu'ils appartiennent à des zones d'influence et que le maître et ses alliés détruisent à la moindre contrariété, voire des espaces administratifs avec à leur tête des *gouverneurs de territoires* qui ont succédé aux *gouverneurs des colonies*. Les Etats dont il s'agit ici, qu'ils soient d'Afrique ou d'Amérique du Sud, n'ont pas plus d'importance que les territoires d'Outre-mer du Pacifique tels que la Polynésie française, pour ne citer que cet exemple.

Maintenant, fleurissent les circuits de distribution moderne des grands groupes européens et américains dans les capitales et les grandes villes africaines ou sud-américaines. Ces circuits de distribution ne valorisent que les produits importés des grandes nations pour les fonctionnaires dont certains ne sont payés que grâce aux aides des maîtres des prés carrés et pour les expatriés fortunés par rapport aux indigènes. Ce fut le cas hier sous le régime colonial, c'est le cas aujourd'hui. Mais comme certains intellectuels situent leurs raisonnements dans une illusion d'Etats souverains en ce qui concerne les petites nations, c'est *en faire des victimes pour voiler leur incapacité* que d'en parler.

Ainsi la culture vivrière qui devrait nourrir la ville comme il en est dans tout processus de développement ne paraît pas le souci des *gouverneurs de territoire* (le rôle que les maîtres assignent aux gouvernants des Etats indigènes) parce qu'il ne leur appartient pas de décider du devenir de leur pays sous tutelle ou perçu comme une zone d'influence. Certaines petites nations sont fières de voir une industrie de mise en bouteille d'eau ou d'exploitation de l'eau portant le logo national pendant que la population des grandes villes à laquelle les bouteilles d'eau sont destinées à prix d'or manque de l'eau courante à leur robinet. Nous ne citerons que le Sénégal en Afrique où les *suppresseurs d'eau* ont remplacé les châteaux d'eau dans des quartiers fortunés et le Mexique en Amérique du Sud où le *Coca-cola* s'est substitué à l'eau potable. Ne pas prendre conscience qu'il vaut mieux de l'eau courante pour tous les ménages, plutôt que de l'eau en bouteille pour sauver une apparence de modernité, traduit le degré de servitude d'une nation qu'on souhaite maintenir dans la pauvreté. Il serait absurde de parler de sécheresse ou d'invoquer des raisons injustifiées dans les exemples cités dès lors qu'on trouve facilement de l'eau pour leur mise en bouteille ou associée à des boissons fabriquées dans le pays par des *entreprises étrangères*.

CHAPITRE 2

DOMINATION, EXPLOITATION ET PILLAGE DES RESSOURCES

Les relations des pays industrialisés avec les Etats de leurs zones d'influence ressemblent quelque peu à celles que les parents auraient avec leurs enfants. Les relations familiales ont déjà servi à l'illustration du raisonnement en *Economie politique*. Il ne s'agit pas ici du bon père de famille qui n'aurait pas idée de produire lui-même ce qu'il pourrait trouver moins cher chez les autres (*Adam Smith, 1776*), ni du *théorème de l'enfant gâté* dans lequel Gary Becker énonce que dans une famille de père riche et altruiste et d'un enfant égoïste, ce dernier se conduit dans l'espoir d'obtenir ce qu'il souhaite et le père qui pense que son enfant est serviable agit favorablement à l'égard de ce dernier parce qu'il ferait plaisir aux parents. L'enfant pense que le père est généreux alors que le père juge que c'est l'enfant qui l'est, pour simplifier en quelques mots ce théorème (*Gary Becker, Rotten Kid Theorem, 1974*). Une illustration du libéralisme économique. Dans le cas présent, il est question de parents directifs (les maîtres en matière de macroéconomie, voire de l'économie internationale), autrement dit de parents qui donnent des directives à leur enfant (la nation pauvre) dans le cadre de la gestion de l'argent qu'ils lui ont confié pour effectuer des dépenses. On parle souvent d'*infantilisation* des petites nations teintée d'ethnocentrisme. Ce que nous disons ici participe de la définition de cette infantilisation. Tout en téléguidant donc l'enfant pour chaque action qu'il entreprend, les parents sont les premiers à critiquer la mauvaise gestion de leur progéniture à qui ils n'ont jamais accordé de liberté d'action. On mène l'enfant vers l'échec, du moins on le souhaite, parce que sa réussite constituerait une concurrence à l'ordre supérieur qui est celui des parents dont l'objectif n'est pas de voir l'enfant murir. L'échec permettra de continuer le *téléguidage* alors que par la réussite, l'enfant conclura lui-même à sa maturité et réclamera sa liberté d'action. C'est ainsi qu'il faut traduire, en clair, les relations économiques entre les grandes nations (ou les maîtres) et les petites nations (leur progéniture) à qui les premières ont octroyé un semblant d'autonomie de gestion.

Les guerres exportées dans les pays pauvres ne constituent-elles pas également un des obstacles majeurs au progrès que ceux-ci auraient pu accomplir ?

Section 1 – De l'égalité des chances au développement ?

Chaque pays profite ou devrait profiter des ressources dont il est doté et de son savoir-faire qu'il obtient par l'éducation, la formation et le perfectionnement, les relations marchandes internationales ne devant porter que sur le surplus de la consommation d'une population (surplus nécessaire au bien-être d'autres nations) et non fonder la coexistence de toutes les nations. Il nous paraît toujours absurde, sous le prétexte d'application de quelque dogme en matière économique, de ne produire exclusivement que pour d'autres nations et de prétendre vouloir améliorer concomitamment soi-même son propre bien-être, ce que nous appelons *développement*. Nous reviendrons sur la division internationale du travail telle que la justifie Adam Smith.

Les pays qui se sont sentis libres de toute tutelle ont amélioré les conditions de vie de leurs habitants et tendent vers le développement ou sont déjà développés. Ceux qui sont sous tutelle régressent parce qu'ils ne peuvent faire un pas sans la volonté de leurs tuteurs. En parlant de liberté, nous avons voulu lever un préalable. Le développement n'est pas une question de calcul rationnel qu'on effectuerait pour aboutir à un résultat, sinon toutes les théories qui ont fleuri sur la question depuis les années 1950 auraient permis une amélioration probante ou substantielle du bien-être des populations des petites nations. Le développement est soumis à des conditions qui ne sont pas celles qu'on exhibe sur la démocratie interne, sur l'incapacité des peuples exotiques à se remettre en cause pour entrer dans l'histoire, sur l'absence de capitaux, etc. Le développement tient en un mot « Liberté » au sens de droit des peuples à disposer d'eux-mêmes (faut-il le répéter). C'est cette liberté qui permet à une nation de tenter et de se tromper pour reprendre ce qu'on a essayé dans le sens inverse. On voudrait pour cela occulter les relations en matière de politique internationale en ne retenant que la démocratie qui permet d'incriminer les seules petites nations.

L'idée que des peuples qui se sont déclarés supérieurs doivent soumettre les autres peuples a encore cours de nos jours. Beaucoup d'écrivains et/ou philosophes, avons-nous déjà dit, avaient considéré que les Nègres n'étaient pas des êtres humains au même titre que la race blanche (à peine étaient-ils supérieurs aux animaux). Nous nous situons à une période de l'histoire de la domination pour parler de race et non à la période des pudeurs hypocrites qui est la nôtre. Voltaire écrivait : « Il n'est permis qu'à un aveugle de douter que les Blancs, les Nègres, les Albinos, les Hottentots, les Lapons, les Chinois, les Américains, soient des races entièrement différentes ». Un peu plus loin, l'auteur ajoute en parlant des Nègres : « Leurs yeux ronds, leur nez épaté, leurs lèvres toujours grosses, leurs oreilles différemment figurées, la laine de leur tête, la mesure même de leur intelligence, mettent entre eux et les autres espèces d'hommes des différences prodigieuses. Et ce qui démontre qu'ils ne doivent point cette différence à leur climat, c'est que des Nègres et des Négresses, transportés dans les pays les plus froids, y produisent toujours des animaux de leur espèce, et que les mulâtres ne sont qu'une race bâtarde d'un noir et d'une blanche, ou d'un blanc et d'une noire. » (*Essai sur les mœurs et l'esprit des nations, tome 1, Introduction ; 1756*). D'autres auteurs sont allés dans le sens de ce qui est écrit dans cet essai ou ont écrit des affirmations pires que celles de Voltaire. Nous étions pourtant dans le Siècle des Lumières (le siècle de l'affirmation des libertés et des droits de chaque être humain), mais aussi dans la Révolution industrielle dont Adam Smith recherchait la nature et les causes. Au XIXe siècle on rencontre ces mêmes idées chez des auteurs tels que cet éminent juriste, membre de l'Institut, du nom de James Lorimer (*Principe de droit international ; 1885*) ou chez un homme politique comme Jules Ferry (*Discours du 28 juillet 1885 devant la Chambre des députés ; JORF, Débats parlementaires, 29 juillet 1885*). L'idée de peuples supérieurs s'est perpétué au XXe siècle avec la *mission sacrée de civilisation* qui a traversé plusieurs siècles pour se retrouver dans la Charte des Nations Unies (1945). En ce début du XXIe siècle, un homme d'Etat français rappelait l'irrationalité des Nègres : « Le drame de l'Afrique, c'est que l'homme africain n'est pas assez entré dans l'histoire. Le paysan africain [...] dont l'idéal est d'être en harmonie avec la nature, ne connaît que l'éternel recommencement du temps rythmé par la répétition sans fin des mêmes gestes et des mêmes paroles. Dans cet imaginaire où tout recommence toujours, il n'y a de place ni pour l'aventure humaine ni pour l'idée de progrès. Dans cet univers où la nature commande tout, [il] reste immobile au milieu d'un ordre immuable où tout semble être écrit d'avance. Jamais l'homme ne s'élance vers l'avenir. Jamais il ne lui vient à l'idée de sortir de la répétition pour s'inventer un destin » (*Discours du Président français Nicolas Sarkozy à Dakar le 26 juillet 2007*). Voilà un extrait de la déclaration d'un président de la

République française en ce début du XXIe siècle ! Il dit bien *l'homme africain* même si par la suite il évoque la situation du *paysan africain* à titre d'exemple. Pourtant, ce même personnage est fier du rayonnement du pays qu'il gouverne à cette époque sur des nations dont il parle. Plutôt que de les affranchir, de les libérer, c'est aussi lui qui soutient les guerres ou qui les entreprend dans ces mêmes nations au nom de l'idée qu'il a de la démocratie (une *démocratie-alibi*) pour installer les gouverneurs de territoire de la zone d'influence ou pré carré français, et du développement (qui consiste à soutenir des entreprises qui pillent les petites nations mais ne *développent* pas).

Dans ces vastes conquêtes depuis le XVe siècle qui ont ôté la liberté à de nombreux peuples, on oublie de dire que ce n'est pas leur stupidité, ni leur inintelligence qui en ont fait des *peuples vassalisés* comme on l'écrivait à l'époque du Siècle des Lumières et même aujourd'hui ; beaucoup de ces peuples ont livré bataille jusqu'à être vaincus par les *envahisseurs* de l'époque qui deviendront leurs maîtres. Leur soumission vient de ce qu'ayant inventé la poudre à canon ou sachant l'utiliser, il ne pensait pas à en faire un usage guerrier en y ajoutant des balles à plomb pour tuer les autres. Un peu partout dans le monde, que ce soit en Inde, en Afrique, en Chine, etc., l'on connaissait donc la poudre en ces temps reculés. Que Rome n'ait pas découvert la poudre ne fait pas des Romains des *gens stupides*. Rome aurait découvert en son temps la poudre et l'arsenal qui en découlait, elle aurait soumis le monde entier et ne se serait pas laissée détruire par ceux que la postérité a appelés les *sauvages ou barbares*.

Nous n'avons pas encore d'exemple de pays assujetti qui eût été développé en dehors des colonies de peuplement où les indigènes ont été dépossédés de leurs terres et de leurs biens après qu'une partie eût été massacrée (Etats-Unis d'Amérique, Australie, Nouvelle-Zélande) ou des petits bouts de terre que les anciens maîtres croyaient acquis pour l'éternité (Hong-Kong, Singapour, Shanghai sous l'occupation britannique). Le cas de la Corée du Sud relève de la guerre froide (nous y reviendrons).

Notre intention, ici, est bien de discuter du développement économique et social. Autrement dit, de ce que l'économie politique qui traite de la pauvreté des nations omet de dire à travers les discours formatés et la rhétorique insipide que l'on enseigne à nos étudiants et que ces derniers reprendront ou reproduiront avec le même bonheur de l'homme apparemment instruit, sans discernement, sans esprit critique, parce que le seul nom de l'auteur d'une formulation suffit à sa crédibilité, alors que nous pensons que l'économie politique a pour objectif l'amélioration des conditions d'existence de l'homme. Le développement n'est donc pas circonscrit aux seules relations marchandes mais aux conditions dans lesquelles celles-ci se déroulent. Et à ne le prendre que sous le seul déterminant marchand sans l'approche politique, c'est ne pas approfondir les vraies causes d'une situation qui demeure statique. Certes, certains auteurs tentent de sortir des sentiers battus, mais ils empruntent des voies quelquefois pires que celles qu'ils essaient de quitter.

L'exemple d'un territoire comme la Côte d'Ivoire avec ce qu'on appelait, entre les années 1960 et la fin des années 1970, le *miracle ivoirien* grâce à son taux de croissance qui tutoyait les deux chiffres, était connu de tous les économistes, voire de tout le monde. Les paysans se sont-ils pour autant enrichis ? (Voir notre étude consacrée à ce problème : *La nature juridique de la ristourne à la Caisse de Stabilisation de Côte d'Ivoire ; Revue ivoirienne de droit, n° 1-2-3-4, 1984-1985*). Il s'est avéré quelques années plus tard que ce territoire, qualifié de *béni de Dieu* (il l'est par ses ressources naturelles et sa situation géographique), n'avait traversé qu'un mirage. En effet le gouvernement apparemment autonome ou qu'on croyait comme tel, adulé par les anciens maîtres ou les maîtres pour sa *bonne coopération*, avait encouragé le peuple à poursuivre l'économie extravertie en produisant des biens primaires (café et cacao dont ce pays fut parmi les trois premiers producteurs mondiaux). C'était la bulle des produits de base. Malgré le prix dérisoire versé aux paysans producteurs qui venaient de sortir d'une autre exploitation, les travaux forcés, on assista à cette croissance miraculeuse qui n'en était pas véritablement une. Les institutions financières internationales y ont déversé une pluie d'aides qui a conduit à son surendettement. Même à un prix dérisoire, lorsque la quantité a considérablement augmenté, on aboutit à une relative augmentation de la masse monétaire. La Côte d'Ivoire est devenue aujourd'hui un pays instable, depuis la disparition de celui qui était considéré comme le père de la nation et qui coopérait avec la mère patrie, ainsi qu'il en est de tous les territoires riches en ressources naturelles comme le Congo belge. En effet, le Congo belge, d'une richesse incommensurable en ressources naturelles, vit une perpétuelle instabilité politique depuis la *déclaration d'indépendance* octroyée par la Belgique contre son gré et demeuré la mère patrie. Le Congo belge, devenu République Démocratique du Congo en passant par l'appellation Zaïre, pointe parmi les *pays les moins avancés* du monde, c'est-à-dire les pays les plus pauvres.

La forte croissance d'une petite nation ne signifie ni création de richesse pour elle-même, ni accumulation de capital sur son territoire. A supposer qu'un groupe social d'une centaine de têtes avait l'année précédente un produit intérieur brut de mille dollars (1000 $), et que l'année suivante, il atteint deux milles dollars (2000 $). On constatera de manière superficielle ou statistiquement en valeur relative qu'elle a réalisé une très forte croissance équivalant à 100% ; mais en terme de quantité de production pour améliorer son bien-être, surtout de valeur travail, cette croissance apparente ne constitue que *très peu de chose*. Si on raisonne comme David Ricardo, on dira que cette augmentation de valeur ne signifie pas augmentation de richesse (*Des principes d'économie politique et de l'impôt ; précité*). C'est le cas de ces pays producteurs de cacao, de café, de coton, de thé, en un mot de produits primaires qui sont quasiment partis de zéro et qui, ayant hérité du départ des colons, ont, pendant les années dites d'indépendance, augmenté leur production grâce à l'apport de la population sans pour autant que celle-ci soit réellement rémunérée alors que cette population délaissait les cultures qui lui permettaient de se nourrir. Devenus grands exportateurs, alors que le prix d'acquisition dans le pays est resté quasi statique (c'est-à-dire très bas comme à la fin des travaux forcés), ces pays nouvellement autonomes ont bénéficié d'emprunts qui leur ont permis quelques réalisations qu'on leur reprendra plus tard sous le couvert d'application des dogmes du libéralisme économique conduisant à la privatisation pendant qu'ils régressent à nouveau ou stagnent quand on les compare à d'autres pays émergents. La masse monétaire a légèrement augmenté pour rembourser les services de la dette et continuer à les soumettre, mais le travailleur de ce produit ne bénéficie d'aucun revenu véritable qui lui permette de consommer, puis d'épargner. Il ne s'agit pas de discuter de la controverse entre valeur et richesse, dont David Ricardo reprochait la confusion à son prédécesseur Adam Smith, à laquelle nous venons de faire allusion. Mais nous pouvons ajouter que si la masse monétaire détenue par le paysan producteur a apparemment augmenté depuis la fin des travaux forcés, les dévaluations successives ou la dévalorisation de la monnaie que ce paysan reçoit le ramènent au point de départ au regard de la richesse matérielle ou monétaire réelle. Nous pouvons aussi ajouter que la quantification de la production n'a de valeur ou encore la valeur du produit intérieur brut n'a d'importance que si la quasi totalité de cette production effectuée par des entreprises étrangères n'est pas rapatriée dans les pays d'origine de ces entreprises (nous disons bien *rapatriée* et non *exportée*). Nous ne pouvons omettre ici que les maîtres puis les colons se sont beaucoup enrichis avec les mêmes produits parce que ceux-ci leur appartenaient ; ce sont les maîtres qui les mettaient directement sur le vrai marché de la mère patrie ou à l'étranger avec leur valeur d'utilité ou marchande. Le paysan producteur n'a aujourd'hui pour seul rôle que de produire pour autrui qui sera le vrai propriétaire, celui qui fixera les *subsides* à lui verser pour sa production. On ne peut donc s'étonner qu'une production qui enrichissait énormément les uns puisse constituer une cause d'appauvrissement des autres. Au moment où nous concluons la présente réflexion, nous entendons le cri de désespoir du Représentant permanent de la Côte d'Ivoire auprès des Organisations Internationales de Produits de Base à la cérémonie d'ouverture de la 100ème session du conseil international du cacao le 10 septembre 2019 qui déclarait : « Sur 100 milliards de dollars que génère le cacao seulement 5% reviennent aux producteurs. C'est un scandale, cette donne doit changer » (*Aly Touré, représentant permanent ICCO, publié le 10 septembre 2019*). Le mot *producteurs* doit s'entendre *pays producteurs*, c'est-à-dire les travailleurs qui s'occupent de l'activité et l'Etat. Mais ce personnage oublie qu'il en a toujours été ainsi pour toutes les productions dans les petites nations. Ou alors très peu informé comme la plupart de nos intellectuels qui sillonnent le monde, il ne s'en aperçoit qu'au moment où il lui est donné de s'occuper de cette charge qui lui a été confiée.

Puisque l'Afrique subsaharienne apparaît la référence en matière de pauvreté, nous constatons que sous le régime colonial, la Guinée-Conakry était un territoire d'Outre-mer d'où l'on tirait autant, sinon plus de richesse que la Côte d'Ivoire. Elle produisait donc beaucoup plus de biens primaires pour la mère patrie que la Côte d'Ivoire, et la bauxite était déjà exploitée. Au moment des changements de statut politique, la Guinée décida de ne pas se soumettre à l'ordre nouveau qui différait très peu de l'ancien et crut pouvoir défendre sa pleine souveraineté. Ses anciens maîtres la firent descendre aux enfers comme il en a été d'Haïti et un peu plus tard de Cuba. Malgré son souhait de se tourner vers l'URSS pour substituer une nouvelle tutelle à la tutelle historique, son nouveau tuteur ne répondait pas à l'économie du *pacte colonial*. En effet, les pays de l'Europe orientale, n'ayant pas eu de colonies tropicales et l'Union soviétique combattant la colonisation pour des raisons idéologiques, n'avaient pris aucune habitude de consommation de production tropicale. En outre, l'ex-URSS était plus préoccupée à la préservation des acquis de la révolution communiste qui en a fait l'épicentre de ces satellites proches, au lieu d'adopter la stratégie des Etats-Unis d'Amérique qui consistait à montrer, en développant certains pays limitrophes du monde communiste qu'ils avaient conquis, la supériorité du capitalisme sur le communisme. Cette nouvelle tutelle échoua donc à cause de l'éloignement et de l'inexpérience du tuteur soviétique.

Alors que la production de la Côte d'Ivoire docile poursuivait son chemin vers le marché du maître, le dirigeant guinéen insoumis déclarait : « Nous disons de façon publique que nous préférons la liberté dans la pauvreté à l'opulence dans l'esclavage » (*Sékou Touré, Discours du 25 août 1958*). Pour l'anecdote, on décora le Président guinéen dans l'*Ordre des plus grands dictateurs du monde*. L'Occident a créé la démocratie ; seul l'Occident en connaît le mode d'emploi. Et le monde ne fait que suivre ce que dit l'Occident.

Pour revenir à nos propos, les résultats économiques de la Côte d'Ivoire restée docile au lendemain des *indépendances* de 1960 sont-ils aujourd'hui fondamentalement différents de ceux de ses voisins ? Car derrière l'apparence d'Etat souverain, les chefs d'Etat adulés des petites nations n'ont succédé qu'aux gouverneurs des colonies (nous le rappelons). La succession d'Etats dont on parle tant en droit international se réduit dans les petites nations à l'intronisation de Gouverneurs d'autres types. Nous verrons tout au long de ces quelques lignes comment ceux qui se sont essayés à la liberté ont fini leur vie soit assassinés, soit déchus, ou ont entraîné avec eux le destin de leur territoire dans leur chute.

Voici ce que révèle l'observation économique de la Côte d'Ivoire : « Malgré la croissance soutenue de son produit intérieur brut (8,8% en 2016, 7% attendus en 2017), la Côte d'ivoire demeure sous assistance budgétaire. En décembre, Paris a octroyé à Abidjan un appui d'urgence de 100 millions d'euros réceptionné [...]. Cette aide a en partie permis de faire face au paiement des salaires de fin d'année. En 2018, le volume global d'aides extérieures devrait atteindre 1285,7 milliards FCFA (582 millions d'euros) d'appuis budgétaires. La France apportera 147 milliards FCFA (224 millions d'euros) » (*La Lettre du Continent n° 769 du 24/01/2018*). Depuis la fin du miracle ivoirien ou du mirage ivoirien, la Côte d'Ivoire est donc descendue au rang de pays pauvre et a obtenu avec beaucoup de fierté le statut de *pays pauvre très endetté* (PPTE). Quand nous disons « avec beaucoup de fierté », nous ne sommes pas dans l'ironie, car deux gouvernements successifs se disputent la paternité de ce nouveau statut. Cette nouvelle catégorie dans la stratification des pays pauvres permet de réamorcer le processus d'endettement qui conduit au renforcement de la *vassalisation*. Et voilà comment on actualise la servitude plutôt que de chercher la liberté.

On peut rester en Afrique de l'Ouest pour citer l'exemple du Ghana (ancienne Côte de l'Or ou *Gold Coast* en anglais). Ce pays était bien plus florissant que la Côte d'Ivoire avant les *indépendances* octroyées. La *Gold Coast* était aussi un grand producteur de cacao et de café du temps de la colonisation, mais son Premier ministre devenu premier dirigeant, panafricaniste (Dr. Kwame Nkrumah), ne savait pas que son rôle de dirigeant était de demeurer le *premier ministre particulier* de la couronne britannique (autrement dit Gouverneur de la couronne britannique), confondant l'autonomie à la pleine souveraineté ; il fut déchu par un coup d'Etat et mourut en exil en Guinée-Conakry. Le Ghana tomba dans une succession de coups d'Etat et régressa économiquement avant de retrouver la stabilité politique, dans un contexte de souveraineté résiduelle ou surveillée. Le Ghana ne décolla pas économiquement ; mais la différence de niveau de vie avec la Côte d'Ivoire, autrefois docile et rattachée à la mère patrie, est aujourd'hui imperceptible.

Ces exemples africains montrent qu'une nation sous tutelle a très peu de chance d'émerger économiquement. Certaines petites nations qui pensent recouvrer la liberté et en jouir sont toujours empêchés de mener à bien quelque programme de développement. Le mal du développement de cette époque, la nôtre où les économistes ont tous été formatés selon les préceptes des grands noms classiques dont ils ne peuvent se départir, est de croire qu'en marchant dans les sillons laissés par les maîtres, les petites nations sortiraient de leur pauvreté, occultant la question de l'évolution humaine qui n'est possible que chez les êtres libres. L'on peut objecter que la Corée du Sud s'est industrialisée sous la tutelle des Etats-Unis d'Amérique. La situation de la Corée du Sud s'inscrit dans la guerre froide. Les Etats-Unis d'Amérique voulaient montrer la supériorité du capitalisme sur le communisme alors que l'URSS qui parrainait la Corée du Nord se souciait plus de sa propre défense et de la survie du communisme en produisant des armes plutôt que des biens de consommation courante (nous le rappelons). Le système communiste ne justifie pas le blocage de la Corée du Nord devenue un électron libre et préoccupée par son maintien en tant qu'Etat. Si ces types de pays ont pu maîtriser la bombe atomique et produisent facilement des armes aussi sophistiquées qu'on le révèle, ils peuvent également produire des biens de consommation courante pour élever le niveau de vie de leur population au même titre que le voisin capitaliste du Sud ou le Japon ; ce qu'on appelle le *développement*. Mais ils sont demeurés dans une économie de guerre permanente qu'ils ne cessent de préparer (*cf. La communauté internationale 2 - De la guerre permanente à la paix perpétuelle, 2010*). Au début de ce XXIe siècle, même la Russie capitaliste, avec ses milliardaires qui sillonnent le monde, n'est pas sortie de l'idéologie de puissance militaire. La nouvelle économie cite abondamment les nouveaux pays industrialisés d'Asie du Sud-est tels que Taïwan, Singapour, Hong-Kong. Mais on ne voit que le résultat sans jamais en chercher les causes profondes comme Adam Smith avait tenté de le faire en son temps pour expliquer la Révolution industrielle et justifier la domination de l'Angleterre sur les autres pays occidentaux ; personne ne révèle que les causes du développement de Taïwan et de la Corée du Sud sont les mêmes ; que Singapour et Hong-Kong n'étaient pas des colonies britanniques ordinaires, mais devenus des centres d'affaires avancés du Royaume-Uni en Asie. Certes, le Japon, un pays à l'étroit, a trouvé une terre d'accueil pour ses capitaux non utilisés dans des pays voisins comme la Malaisie et la Thaïlande avec ses investissements massifs dans ces pays. Comme on le rappellera un peu plus loin ci-dessous, le Japon qui exportait énormément dans les années 1980 aux Etats-Unis d'Amérique (et concurrençait ces derniers dans le classement des puissances économiques) a subi des contingentements (ou limitations) de ses produits industriels de la part de l'Etat américain qui pourtant ne jurait à la même époque que par la libéralisation totale des transactions internationales. Le Japon qui voulait continuer son expansion économique a développé des investissements directs étrangers dans les pays solvables, mais aussi dans quelques pays proches qui avaient amélioré la compétence de leurs travailleurs par l'éducation et la formation.

Ces exemples d'Asie du Sud-Est ne sont pas transposables dans les autres pays pauvres qui souhaitent émerger. Pour revenir à l'économie de guerre, il faut se souvenir que la grande Chine n'a commencé à avoir la croissance phénoménale qui en fait aujourd'hui la première puissance économique du monde qu'à partir du moment où, au début des années 1970, *elle a enterré la hache de guerre* avec ses ennemis capitalistes, notamment les Etats-Unis d'Amérique (visite du président des Etats-Unis d'Amérique Richard Nixon en Chine en 1972). La Chine a-t-elle quitté l'idéologie communiste ? Pas vraiment ! Car l'évolution économique n'est qu'un tâtonnement qui ne relève pas des théories formatées ou des dogmes. L'Inde est l'exemple de la plus grande démocratie actuelle de cette région, semble-t-il. Pourtant, ce pays qui était un comptoir de la Grande-Bretagne et de plusieurs pays (disons les Indes), puis est passé sous le régime de colonie anglaise et maintenant une grande démocratie avec ces liens privilégiés avec l'ancienne mère patrie, tarde à devenir une puissance économique. L'Etat indien aurait donc dû être une puissance économique plus importante que la Chine (même morcelée, l'Inde demeure un vaste territoire, et une grande démocratie exemplaire par rapport à la *dictature communiste* de la Chine, telle qu'elle est perçue par l'Occident démocratique). Les anciens territoires qui se sont détachés de l'Inde, mais ont conservé des relations privilégiées avec l'ancienne mère patrie, sont demeurés économiquement quasi statiques en matière de développement. A moins d'omettre le nombre considérable de pauvres, on ne voit pas en quoi cet exemple mondial de démocratie que l'on cite à tout venant est devenu un pays développé. Avant son occupation par des conquérants étrangers, le sous-continent indien était une société duale avec ses palais qui n'avaient rien à envier au monde dit civilisé, voire le même niveau de développement que les pays des conquérants (comme en Europe, la pauvreté relative côtoyait l'opulence ou le faste). Aujourd'hui, ce qui reste de l'Etat indien ne souffre d'aucun déficit de démocratie (à ce qu'on en dit). Pourtant un économiste, prix Nobel d'économie, alléguait que le déficit de démocratie est la principale cause de la famine, c'est-à-dire de la pauvreté (*Amartya Sen, économiste britannique d'origine indienne*). Cette éminence qui garde quelques liens affectifs avec l'Inde dont il est originaire aurait pu nous montrer en quoi la démocratie indienne, maintes fois citée en exemple par les constitutionnalistes et les politistes, a propulsé ce vaste territoire au rang des pays riches ou développés, car sa vraie richesse ressemble à celle de l'Afrique subsaharienne. Or, l'Inde et son voisin, le Pakistan (ancien territoire indien sous la colonisation britannique) sont devenus des puissances nucléaires. En un mot, cette dernière qualité ne les place pas dans la catégorie de pays industrialisés ou pays riches. L'Inde compte des personnalités parmi les plus fortunées du monde ; mais le jour où l'Inde produira pour sa population et non pour l'extérieur et ne vendra à l'extérieur que le *surplus*, ce pays sera une grande puissance économique.

Les pays constituant donc des prés carrés des puissances industrielles et militaires, qui contribuent au rayonnement de ces puissances, ont très peu de chance de se développer, alors que les pays libres et dont les travailleurs bénéficient d'une rémunération décente peuvent émerger après quelques années de tâtonnement, comme l'est l'économie elle-même. A chaque crise économique, l'histoire nous enseigne que les pays, dont la population a pu continuer à consommer, autrement dit qui disposait de pouvoir d'achat, s'en sont sortis beaucoup plus rapidement que ceux dont les travailleurs ne détenaient que très peu de pouvoir d'achat, incapables de soutenir la consommation. Sous le prétexte d'appartenir à une idéologie libérale, certains économistes dénient cette réalité du fonctionnement de l'économie que John Maynard Keynes avait constaté pendant la grande crise du début du XXe siècle qui a été résolue par la politique du New Deal sous le Président Franklin Delano Roosevelt des Etats-Unis d'Amérique (John Maynard Keynes, élève de l'économiste libéral Alfred Marshall, est sorti du dogme libéral à la suite de la crise de 1929). L'industriel Henry Ford avait appliqué en 1914 cette politique dans le cadre microéconomique de son entreprise de construction d'automobiles, en augmentant le salaire de ses ouvriers pour que ceux-ci deviennent des clients de leur propre production. Nous reviendrons sur ce raisonnement dans la situation de l'accumulation du capital.

Doit-on parler de crise pour des petites nations qui, à certains moments, ont connu une forte croissance de la production (dans la relativité) mais très peu de changement dans leur structure économique et sociale ? Nous ne le pensons pas. C'est dans l'ordre de la logique. Comme nous l'avons déjà dit plus haut pour parler de la croissance économique des petites nations, si on réduit l'exemple à un individu qui gagne deux cents unités monétaires par mois de notre époque dans une grande nation alors que le revenu moyen est de 1000 unités, on dira qu'il est extrêmement pauvre. Si l'année suivante, on décide de lui en verser quatre cents, cet individu aura doublé son gain, son revenu ; en terme de statistiques, ce nouveau gain aura augmenté de 100 pour cent (100%). Si on ne raisonne qu'en terme de taux (augmentation de 100%), c'est-à-dire en valeur relative, le gain paraît astronomique. Ce n'est pas pour autant que cet individu est devenu riche ou est sorti de la pauvreté, ainsi qu'il est mentionné ci-dessus. Autrement dit, si la base du calcul est minime, les statistiques en valeurs relatives ne peuvent qu'être trompeuses. C'est la même situation qui prévaut pour les nouveaux pays qui venaient d'acquérir une certaine autonomie, et dont la production était dérisoire ou qui n'avaient fait que succéder à leurs anciens maîtres pour la production des produits de base, comme nous le montrions un peu plus haut. Que l'augmentation de ces productions primaires qui n'ont jamais enrichi les indigènes atteigne sa limite ne fait que confirmer la *loi des rendements décroissants* qui ne peut être contournée par la productivité qui ne se réaliserait qu'avec la modernisation de l'outil de production. Une loi économique observée par les précurseurs de l'économie politique à partir du rendement de la terre, tel qu'il en est des économies dont il s'agit dans la situation que nous décrivons. En effet, avec l'évolution économique actuelle, nous savons que le progrès technique permet de s'affranchir de cette loi. Or l'outil de production des pays pauvres est resté aussi rudimentaire que celui du Moyen-Age (pour rappel). Dans la plupart des petites nations, nous sommes dans une agriculture extensive qui utilise chaque fois plus de terre fertile pour les produits de base ou produits agricoles industriels d'exportation. Là, le travailleur qui s'occupe de tels produits de base ou de produits miniers ne peut à la fois s'investir dans l'agriculture nourricière ou vivrière et dans une agriculture destinée exclusivement à l'exportation. La spécialisation par la *dotation factorielle* rend difficile le contournement de la loi des rendements décroissants puisqu'on apprend que seule l'évolution technologique permet de s'affranchir de cette loi. Tous les économistes de la mondialisation ne se sont pas préoccupés de cette discrimination technologique au nom d'une spécialisation des nations pauvres en facteur travail qui, selon les auteurs de ce théorème, était abondant, sauf lorsqu'il s'agit de se fonder sur l'exemple des nouveaux pays industrialisés d'Asie du Sud-est pour infirmer une telle formulation. Quant aux pays africains et les autres pays pauvres, il semble que la dotation factorielle trouve toute son application. Comment alors s'alarmer de la lenteur du développement de ces derniers pays ? Ceux-là mêmes qui conseillent aux pays pauvres de s'investir dans le *développement durable* devenu *développement soutenable* en prenant soin de l'écosystème ou en préservant leurs forêts sont les mêmes qui ont soutenu et continuent de soutenir le concept de transfert de technologie qui a abouti au *statu quo ante* en matière d'évolution technologique chez les indigènes, donc à l'agriculture extensive qui conduira pour les mêmes produits aux rendements décroissants puisque la terre n'est pas un espace infini. A moins d'éliminer peu à peu une partie de la population dans un système démographique qui continue de croître (comme le soutenait Th. R. Malthus), on pourrait dire ou confirmer l'idée que l'économie actuelle n'est pas faite pour les hommes, mais constitue de la rhétorique sur les statistiques en incluant l'être humain dans les *choses* susceptibles de réduction ou d'élimination facile. Voilà en quoi, pour abréger, des théories économiques formatées peuvent induire à l'absurdité de bonne foi ou à l'hypocrisie de mauvaise foi.

Les petites nations qui étaient dans un tel mirage ont eu les faveurs des institutions financières internationales qui recherchaient des placements de leurs capitaux et qui, pour ce faire, avaient prêté sans limite à ces nouveaux pays ayant ce profil avec la certitude que ces derniers seraient indéfiniment solvables (vraiment ?), et les avaient conduits au surendettement. Prétextant de l'orthodoxie économique, on se préoccupe du surendettement des petites nations comme s'il mènerait à la faillite de ces entités juridiques et à une crise mondiale. Rien de tout cela. A dire vrai, le niveau de la dette d'une petite nation traduit seulement son degré de servitude. A l'exception de la coopération monétaire entre l'ex-métropole et ses anciennes colonies dans certaines zones monétaires que nous expliquerons ci-dessous, le créancier est toujours le maître et le débiteur l'obligé.

Section 2 – Il n'y a pas de développement sans paix, mais la paix et la stabilité politique dans les petites nations conduisent au *statu quo* autant que les troubles

Dans les nations exotiques par rapport aux nations civilisées, pour ne pas dire les *républiques* qualifiées de *bananières*, ou encore d'indigènes, le silence est toujours coupable. Soit c'est la guerre qu'on livre à la petite nation avec le silence de toutes les grandes nations et on pourrait dire : « Silence ! On tue et on pille ! ». Soit c'est la paix surveillée par le maître de la zone d'influence parce que le gouvernement indigène est l'assujetti direct qui veille sur les intérêts de ce maître et on pourrait dire : « Silence ! On pille ! »

1 – Silence ! On tue et on pille !

C'est une évidence que la guerre est tout le contraire du développement. Elle utilise la population active qui pourrait être employée à la production. Elle détruit les infrastructures et le capital qui pourrait être investi dans la production. Il ne s'agirait pas de toutes ces conséquences, même si celles-ci ont leur importance dans la petite nation. Il existe aussi une économie de guerre : on a constaté dans les pays en guerre que certains individus s'enrichissent considérablement grâce à des trafics en tout genre difficilement contrôlables et certaines entreprises tirent grand profit de cette guerre parce qu'elles se spécialisent dans les productions protégées par les maîtres qui très souvent provoquent la déstabilisation, pendant que la grande partie de la population tente de survivre dans la pauvreté absolue. Il arrive que la destruction en temps de guerre participe à un cycle d'expansion grâce à la reconstruction. La fin de la Seconde Guerre mondiale a été suivie d'un boom économique sans précédent depuis le XVIIe siècle dans les nations industrialisées : période dite des Trente Glorieuses. Nous sommes là dans le droit commun de la situation des guerres en général. Mais la guerre conduit, au départ, à une baisse de la production, de la consommation courante, des relations commerciales ; elle favorise le développement d'industrie de guerre qui n'est pas forcément un facteur du maintien de niveau de vie. Il ne suffit pas d'occuper un emploi suffisamment rémunéré ; il faut que cette rémunération serve à acquérir des biens de consommation courante dont la production est rendue difficile par le drainage de la population active vers l'industrie de guerre et vers la guerre elle-même. Mais dans les grandes nations, les activités repartent à la fin de la guerre lorsqu'elle a lieu entre elles. Il arrive qu'après la signature de paix, les nations qui ont détruit aident à la reconstruction de celles qui ont été détruites. C'est le cas des Trente Glorieuses que nous venons d'évoquer.

Pour les petites nations, la guerre ne contribue pas à un cycle de croissance et/ou de développement, car son objectif étant déjà la prédation des richesses du pays auquel on fait la guerre, ce dernier met du temps à atteindre le niveau de survie qui le caractérisait. Cette guerre le paupérise davantage et le remet quasiment à la *case-départ*. On parle souvent de reconstruction après des guerres de prédation. On y pense et les grandes nations se répartissent même d'éventuels contrats avant d'aller détruire la petite nation à laquelle on entreprend de faire la guerre. Au terme de la guerre, on constate seulement la poursuite de l'exploitation de la petite nation cible qui n'a pas été interrompue par cette guerre et qui l'a par ailleurs motivée. On voudrait percevoir cette reconstruction à l'époque contemporaine, dans les périodes d'après-guerre de l'Irak, de la Libye, de la Côte d'Ivoire, etc., pour ces guerres de prédation.

S'agissant toujours des petites nations, on constate que la guerre qui rend le pays ingouvernable n'a aucun impact sur la quantité des productions destinées à l'exportation. Tout au contraire, pendant que les canons tonnent, les sites de production des matières premières à destination de l'étranger (ou des pays qui ont initié la guerre) deviennent les lieux les mieux sécurisés du territoire. Les productions agricoles peuvent quelquefois souffrir dans une moindre mesure, mais les entreprises étrangères ne sont nullement atteintes dans leurs transactions qui deviennent beaucoup plus florissantes qu'auparavant. Pendant que les indigènes s'entretuent ou se font tuer, le pillage des produits de base ou des ressources naturelles se poursuit dans la quiétude ou s'intensifie. Il arrive qu'elles s'acquièrent soit à un coût encore plus bas des mains du paysan ou du travailleur indigène par rapport au prix d'acquisition initial qui n'était déjà pas très élevé, soit gratuitement par des circuits détournés. Cet exemple n'est un secret pour personne : en Côte d'Ivoire, de 2002 à 2010, lorsque le pays était coupé en deux parties et qu'une garnison de l'armée française s'était installée dans la partie nord occupée par la rébellion, du bois de teck était exploité gratuitement et exporté en France. Mais avec beaucoup d'hypocrisie, on déconseillera aux nouveaux investisseurs de s'implanter dans la petite nation en guerre. L'occasion permet ici de souligner qu'on n'a pas trouvé beaucoup d'entreprises déjà installées dans une petite nation qui réinvestissaient leurs profits pour s'agrandir. Pour une même activité, la concurrence ne paraît pas non plus très rude. On rencontre très souvent des monopoles d'entreprises dites historiques lorsque l'activité n'est pas nouvelle. Dans les prés carrés de certaines puissances, celles-ci peuvent recommander à leurs ressortissants de fermer temporairement leurs entreprises pour contribuer à la déliquescence de l'économie locale lorsque les maîtres combattent les gouvernants institués dont ils veulent la chute parce qu'ils sont devenus incontrôlables et oublient de jouer leur rôle de « *Gouverneurs de colonie ou de territoire* ». Mais les secteurs stratégiques, trop importants pour ces maîtres, bénéficieront d'une protection et d'une sécurisation renforcées, ainsi qu'il est souligné ci-dessus. Il faut rappeler que lorsque les médias d'une grande nation, au nom de leurs gouvernants, commencent à désigner un chef d'Etat exotique de dictateur sanguinaire pour quelqu'un dont on ne sait pas qu'il a commis des crimes dans son pays, on ne peut que suspecter la grande nation de son refus d'accepter que ce dit dictateur sanguinaire ait porté à la connaissance du monde un désaccord sur une question précise. Pourtant les enfants face à leurs parents ont le droit de donner leur opinion sur quelques questions familiales. Il n'y a que dans les rapports entre grandes nations et petites nations qu'il est interdit à celles-ci de manifester un désaccord aussi minime soit-il parce que, comme dans le cas d'un gouverneur de colonie ou d'un préfet du territoire, ce dernier doit obéir et non tergiverser ; il n'est autonome que dans la gestion courante et la répression des individus qui contestent une gestion qui dessert la nation.

Dans les petites nations (pour revenir à nos propos sur la guerre), la destruction des infrastructures et du capital acquis par le biais de l'endettement les amène à *faire un grand bond en arrière*. Ce qui permet de les assujettir davantage. Du temps où certaines nations industrialisées avaient des capitaux à placer ou à rentabiliser, la reconstruction donnait une nouvelle occasion d'avoir des obligés par le surenchérissement de la dette, ainsi qu'il est noté ci-dessus. Mais on détruit aussi le capital (très souvent acquis par le biais de l'endettement) pour qu'une petite nation ne puisse prétendre à l'autonomie ou à la liberté. La destruction d'une Libye au niveau de vie très élevé (ce pays était l'un des rares sur le continent africain à ne pas être endetté), voire supérieur à certains pays occidentaux, et devenue un électron incontrôlable à un moment de l'existence de cette nation, en est une illustration. Ce n'est pas le dictateur qui bombardait son peuple, même si certains politiques occidentaux, à cours d'argument, prétendaient « qu'il s'apprêtait à massacrer sa population ». L'intention n'a jamais été l'action ; c'est pourquoi l'on surveille de très près ceux qui émettent une intention. On n'ignore pas la théorie de la guerre préventive des Etats-Unis d'Amérique. Mais aucun juriste de bon sens n'accepte un tel raisonnement et c'est aux Etats-Unis d'Amérique que ce concept de « guerre préventive » est le plus critiqué (*cf. Idéalité et réalité des relations entre les nations, 2015*). Ce sont donc les membres de l'Organisation du Traité de l'Atlantique Nord (OTAN) ou quelques membres de cette organisation, agissant au nom de leur « communauté internationale », qui ont bombardé la population civile et décimé une partie de la famille du *dictateur-cible*. Pendant ce temps, l'exploitation du pétrole (une des causes de ce conflit) ne s'était pas arrêtée dans la zone pétrolifère où la rébellion a été créée, profitant des troubles engendrés dans d'autres pays de la région. Il est par ailleurs curieux qu'une prétendue rébellion ait débuté dans la région pétrolifère de Libye et qu'aucune infrastructure d'exploitation de cette ressource ne fût atteinte par la guerre. Le conflit aurait été une guerre civile, pendant que les indigènes s'entretueraient, aidés des prédateurs, ceux-ci continueraient à piller gratuitement les ressources naturelles comme il en fut dans la guerre d'Irak où les champs pétroliers étaient mieux gardés par l'armée américaine et ses alliés que les êtres humains. Il est également curieux que nos guerres actuelles et autres conflits permanents n'aient lieu que dans les territoires riches en ressources naturelles. « Ils se battent parce qu'ils sont sauvages », dira-t-on. Mais ils se battent aussi pour des postes d'administration par lesquels ils pensent s'enrichir quand leurs protégés les poussent à la bataille pour que ces asservis se désintéressent de leurs ressources naturelles et que devenant plus pauvres, ils les consentent à vil prix.

Dans les pays de consommation des produits de base ou ressources naturelles, la spéculation répandra la nouvelle faussement alarmante des difficultés de leur acquisition ou de probable pénurie à cause d'un conflit sans conséquence sur l'exploitation de ces ressources naturelles. Cette nouvelle fera flamber le *prix d'utilité* et le *vrai prix marchand* par lequel les profits se multiplieront pour augmenter le capital dans la mère patrie qui n'a pas cessé de l'être ou chez les maîtres d'une communauté internationale. Dans l'intervalle de temps, les spéculateurs auront fait d'énormes réserves qu'ils chercheront à écouler à des prix les plus élevés possibles. L'exemple de nos guerres de reconquête dans le monde entier à la fin du XXe et au début du XXIe siècle confirme bien nos propos pour peu qu'on s'y intéresse.

Certaines tranches de population, notamment rurales, sont contraintes de se déplacer, et lorsque la guerre vise à la conquête du pouvoir, ce sont les cadres dont on trouve des affinités avec les gouvernants indésirables qui prennent le chemin de l'exil, conduisant ainsi au ralentissement de certains services publics tels que l'éducation et/ou la formation qui n'ont aucune incidence sur l'exploitation des produits de base destinés à l'exportation chez le(s) maître(s).

Si l'on ne considère que l'aspect juridique, on pourrait clamer que la paix est essentielle à l'exercice du droit au développement. Or ces guerres qui détruisent souvent les efforts entrepris par la petite nation sont des guerres pour le contrôle économique de la part des grandes nations dont les indigènes qui s'entretuent ne constituent qu'un écran. On comprend que dans cette situation, ceux dont on a programmé la victoire pour continuer à veiller sur les intérêts du maître bénéficient d'une totale impunité, quelque soit le crime qu'ils ont commis alors que les autres qu'on voulait éliminer sont accablés de tous les maux par les maîtres et envoyés devant des juridictions des vainqueurs, même lorsqu'elles prétendent être internationales.

2 – Silence ! On pille dans le calme !

En temps de paix, l'essentiel n'est pas d'énoncer l'existence d'un droit au développement ; encore faut-il pouvoir l'exercer. La capacité à exercer le droit au développement procède, non pas de directives que donneraient d'autres Etats pour choisir en lieu et place des petites nations le chemin qui mène à ce développement, ainsi qu'il en est de toutes les puissances qui, tout en contribuant à la ruine de ces petites nations, se transforment en maîtres d'école pour professer le savoir sur le développement, mais non la liberté pour les nations pauvres de choisir leur propre voie sans interférence ni contrainte. En un mot, ce qu'apporte la guerre de plus en abomination, c'est la destruction du peu de biens matériels acquis par les petites nations et les indigènes pour vivre, mais elle favorise la prédation des ressources naturelles dont l'exploitation est sécurisée pendant les conflits, ainsi qu'il est souligné ci-dessus. De quel développement parle-t-on dans ces théories économiques qui invectivent les petites nations ? De celui de la petite nation ou de celui du maître ?

La paix et la stabilité (les deux vont de pair) sont aussi suspectes que la guerre. Lorsque les gouvernants d'une *république bananière*, pour pasticher nos éminents intellectuels, sont l'objet d'une admiration sans faille, ne sont taxés de dictateurs malgré leurs exactions et la durée de leur présence à la tête de leurs entités humaines, c'est que ces gouvernants sont complices du pillage de leur peuple. Sinon aucune grande nation n'accepte que son comportement soit critiqué dans son pré carré par ceux qu'elle considère comme un peuple inférieur (*voir discours de Jules Ferry en 1885 à la Chambre des Députés*) à qui le pouvoir a été délégué. Qu'on nous indique un gouvernement stigmatisé pour son déficit de démocratie qui n'ait eu auparavant un petit mot indécent à l'égard de ses maîtres ! Si l'on pense que ce mot n'existe pas, c'est qu'on n'a pas approfondi la recherche. Tout le problème de liberté, de souveraineté qui conditionne la lutte contre la pauvreté dans les *républiques bananières* part de ce constat. Le développement se conçoit dans la liberté d'une nation et non dans la soumission ou l'idée perpétuelle de se défendre et de fonder l'économie politique sur cette défense parce qu'on est menacé de destruction. L'exemple de la Chine est là pour l'attester. Ce pays, ainsi qu'il est déjà souligné, a amorcé son virage industriel actuel, au début des années 1970, lorsqu'il a fait la paix avec l'Occident, et non pas parce que la Chine aurait adopté un système économique capitaliste, alors que les pays prétendument capitalistes depuis des siècles commencent à couler et ne tiennent pour certains leur survie qu'à l'exploitation des petites nations. Ce qui provoque les guerres que nous venons d'évoquer. Nous le répétons : la gestion économique d'un pays est faite de tâtonnement des hommes politiques dont les résultats sont repris pour formuler des théories économiques. Il en résulte l'idée d'économie politique. Que certains spécialistes cherchent à expliquer ces théories par des formules mathématiques ne fait que participer au caractère transversal des disciplines supposées scientifiques ; ce qui n'enlève rien à ce qui est dit ici. Qu'on prenne les premiers ouvrages d'Economie politique. On n'y trouvera rarement une mathématisation des explications qui sont données des faits économiques. Il y a certes des calculs élémentaires de quantification, mais rarement des formules complexes de mathématiques.

En un mot, en temps de paix, un pays ne peut lutter contre la pauvreté que lorsqu'il est libre : on est libre parce qu'on est pas sous la tutelle d'une autre nation ; on est libre parce qu'on n'est plus dans un contexte où d'autres nations cherchent à nous détruire quand on n'appartient pas à une zone d'influence d'une puissance supérieure.

TITRE 2

LA PAUVRETE N'EST PAS UNE FATALITE

Dans la période d'entre la colonisation sous la forme de travaux forcés et l'octroi de la souveraineté surveillée ou apparente qui pourrait être assimilée à l'affranchissement de l'esclave (pour ne pas remonter plus loin), la famine dans les petites nations paraissait une situation rarissime, voire inexistante. Sauf lorsque les maîtres privaient les indigènes de toute activité indépendante en les utilisant comme des bêtes de somme dans leurs plantations. Mais comme l'esclave a su se nourrir lui-même alors qu'il travaillait pour son maître, le travailleur forcé a pu, sur sa terre natale, trouver de quoi satisfaire ses besoins primaires. La vraie famine est apparue dès lors que les paysans ont succédé aux maîtres dans la production de biens agricoles d'exportation dont leurs anciens maîtres étaient devenus des acquéreurs en les achetant à des prix dérisoires, produits que ces paysans ne consommaient pas et ne consomment toujours pas. Ainsi faiblement rémunérés à travers un prix d'acquisition que les anciens maîtres étaient les seuls à déterminer et qu'ils continuent de déterminer, les producteurs croyaient pouvoir utiliser le fruit de leur travail en monnaie pour obtenir d'autres biens de consommation importés. On rappellera que le prix d'utilité de toutes ces productions destinées à l'exportation, qui ont contribué à affamer les paysans, est déterminé sur les marchés des pays industrialisés qui les consomment et non pas dans les pays d'origine de ces produits. Ainsi, dès leur autonomie en tant qu'Etats fictifs, non véritablement souverains (ce que certains appellent *républiques bananières* et d'autres des *Etats à souveraineté résiduelle*), les petites nations étaient déjà dans la mondialisation économique telle que celle-ci est perçue de nos jours. Mais on constate aussi que certains pays se réveillent. L'Afrique continue la léthargie forcée dans laquelle des siècles d'exploitation et d'oppression l'ont plongée. Cependant il n'y a pas que l'Afrique qui se présente comme la vedette de la pauvreté, il y a aussi l'Amérique latine qui a remplacé la tutelle de l'Europe par celle des Etats-Unis d'Amérique depuis le XIXe siècle.

Comment comprendre que dans les années 1960 et 1970, un

pays comme la Côte d'Ivoire, dont on vantait le miracle pour ses performances économiques grâce à la production du café et du cacao et autres produits de base, ait eu besoin, à la même époque, du Programme alimentaire mondiale (PAM) destiné à lutter contre la faim, pour nourrir les enfants ou les jeunes ivoiriens dans les internats des collèges et lycées qu'elle venait de construire alors que le pays ne rencontrait aucune difficulté alimentaire ou nutritionnelle ? Une politique au-dessus de tout entendement pour un pays qui se proclamait « à vocation agricole » ! La réponse peut pourtant être tirée de la critique de la France et de ses alliés à l'égard du programme AGRIPAC initié par le gouvernement ivoirien à cette même époque (*voir infra, partie 2, titre 1, chapitre 1*). Ainsi on apprenait à la jeunesse à se nourrir de produits que le pays ne produisait pas alors que le territoire regorgeait de denrées alimentaires diverses qu'on interdisait de valoriser pour qu'elles n'entrent pas dans la modernité. Sans aller plus loin, c'est comme si le maître conseillait à la nouvelle nation de s'occuper à produire pour lui pendant qu'il s'emploierait à nourrir la population qui fournit les produits dont il a besoin. Voilà une belle manière d'endormir, de gré ou de force, un pays naissant. Comme on le verra ci-dessous, cette politique n'était pas un choix délibéré des gouvernants ivoiriens de l'époque. Mais c'était une belle leçon d'économie politique génératrice d'une éventuelle famine ou de la pauvreté.

CHAPITRE 1

LES NATIONS PAUVRES PEUVENT-ELLES TOUTES SE RÉVEILLER ?

L'Afrique est le continent qui renferme les Etats les plus déshérités du monde d'un point de vue du développement ou du niveau de vie. Le problème du développement ne se limite certes pas à ce continent, mais son cas mérite une attention particulière. Alors que les pays africains, comme nous le soulignions ci-dessus, cumulent des taux de croissance du produit intérieur brut phénoménaux, l'observation générale amène à une impression de régression économique et sociale. C'est que le continent, qui paraît le plus riche du monde en ressources naturelles, continue de végéter sur les conseils d'économistes dits libéraux qui, occultant des solutions à rechercher dans la sphère des relations économiques internationales fondées sur la servitude volontaire, ne voient le développement qu'à travers la complémentarité économique par la spécialisation ainsi que le dépérissement économique de l'Etat, et voudraient faire croire que ce continent (l'Afrique) porte les pires malédictions du monde.

Depuis la conquête de l'Amérique, la partie qui n'est pas devenue une colonie de peuplement vit les mêmes blocages économiques que le continent africain. Après des siècles de pillage des ressources naturelles, notamment l'argent et l'or, puis l'appropriation des terres fertiles des indigènes qui ont été massacrés et le reste repoussé dans des régions arides, des terres fertiles appartenant aujourd'hui à des descendants esclavagistes et dont une grande partie est en friche, non exploitée, l'indépendance des Etats-Unis d'Amérique a engendré la doctrine Monroe qui a remplacé le colon espagnol ou portugais par celui de l'empire américain devenu maître de son propre territoire en éliminant l'autorité de la mère patrie, la Grande-Bretagne. Tout libérales qu'on prétendait que les colonies anglaises nord-américaines étaient, elles n'ont pas suivi les conseils qu'on trouve dans l'ouvrage d'Adam Smith (*Recherche sur la nature et les causes de la richesses des nations, 1776*) au moment de leur indépendance à cette même époque (1776), sur la spécialisation qui en aurait fait de perpétuelles colonies productrices de produits primaires pour la mère patrie (l'Angleterre). Les colonies espagnoles et le Brésil (colonie portugaise) sont donc devenus indépendants depuis le XIXe siècle et aujourd'hui sous la surveillance permanente de l'empire américain. Si on y parle de famine *grâce* à la mansuétude de l'empire américain, ces pseudo-Etats qui, après avoir conquis leur liberté face au vieux continent (l'Europe), ont confié la protection de leur indépendance aux Etats-Unis d'Amérique devenus puissants en raison de leur statut de colonie de peuplement (les conquérants européens qui ont fait travailler les esclaves noirs avant que l'Angleterre y exporte la Révolution industrielle), demeurent des pays pauvres parce qu'à nouveau privés de liberté et exploités. Ces nations sud-américaines ont donc perdu leur liberté pour devenir des entités autonomes non véritablement souveraines. Autant les Nègres, même en plein *Siècle des lumières*, étaient perçus comme des êtres inférieurs (à peine supérieurs aux animaux, sinon des animaux selon les propos de Voltaire) par ces philosophes que l'école a fait admirer comme les *défenseurs de la veuve et de l'orphelin* avec leur encyclopédie prétendument humaniste et leur rhétorique séduisante sur la liberté, autant l'Amérique du Sud est demeurée de population à majorité indienne qu'on n'a pas achevée de massacrer. Ce sont des êtres qu'on considérait comme sans âme et qui ont fait l'objet de longs débats pour savoir s'ils méritaient d'être baptisés pour en faire de bons chrétiens soumis (voir la *Controverse de Valladolid*). Les peuples inférieurs d'Afrique ont-ils changé de statut ? Les indiens d'Amérique qu'on nommera plus tard des Amérindiens ont-ils retrouvé leur âme ? Ils ne sont pas devenus des esclaves au même titre que les Nègres parce qu'après qu'on les eût massivement massacrés pour accaparer leurs terres et poussés dans des régions le plus souvent arides, les conquérants les considérèrent très peu productifs par rapport à l'image qu'ils se faisaient du Nègre aussi robuste qu'une bête de somme, à la faveur du commerce triangulaire. On oublie souvent de dire qu'en Afrique, sur le continent des Nègres, il existait de prestigieux royaumes à cette époque comme on en trouvait dans des contrées dites civilisées. Et que, s'il y existait aussi de l'esclavage, cet état de fait était connu depuis l'Antiquité (la Grèce et la Rome antiques) et considéré comme une sorte de correction infligée à des prisonniers de guerre.

La Seconde Guerre mondiale à laquelle les Nègres et d'autres peuples inférieurs participèrent rappela à ceux qui différenciaient les êtres semblables qui n'avaient de différence que la couleur de leur peau, que même les animaux ont besoin d'un peu de considération et de liberté. Dans un contexte de lutte hégémonique entre deux idéologies que l'on a nommé « la guerre froide », les premiers peuples affranchis ont cherché à s'unir pour préserver leur liberté, mais aussi lutter pour améliorer leur bien-être qui n'a jamais été la préoccupation des maîtres et combattre la famine qui s'installait peu à peu à cause de l'orientation de la production que ces maîtres leur avaient imposée.

Section 1 – De l'union de certains peuples dans la lutte contre la pauvreté

Comme le dit un adage populaire : « Après la pluie, le beau temps ». La pluie symbolise tous ces siècles de vassalisation alors que le beau temps fut cet espoir que nourrissaient les peuples soumis de sortir de cette situation de servitude. Mais pour les nations pauvres, le beau temps fut de courte durée. A la fin de la grande guerre (la Seconde Guerre mondiale) qui ne concernait que les grandes nations qui se battaient pour le partage du monde, celles-ci promirent aux peuples des *territoires sans maître*, qu'elles avaient conquis, une évolution vers l'affranchissement. Dans un laps de temps très court, alors que certains peuples se battaient pour tenter de recouvrer la liberté, la mère patrie proposa à d'autres des statuts successifs pour montrer, aux quelques rares individus dont on voulait faire des exécutants indigènes de l'administration coloniale, qu'on tendait vers une certaine évolution ; on passa pour les indigènes francophones de l'*Union française* à la *Communauté française*, et chez les anglophones au *Commonwealth.* Ces différents statuts précipités pour éviter la révolte des indigènes ne mirent pas fin à la servitude. En effet, les territoires qui ne pouvaient être peuplés par les conquérants, après le massacre des peuples autochtones, ou l'élimination partielle de ces derniers, furent érigés en colonies d'exploitation. La plupart de ces pays qui ont accédé au statut d'autonomie appelée *décolonisation*, ou à l'indépendance illusoire après tant d'années de privation totale de liberté, sont tombés dans une léthargie d'admiration du maître qui a su sceller leur sort par des artifices juridiques qu'il a nommés *accords de coopération* ou *d'indépendance* dans tous les *domaines existentiels* des affranchis, car dans les colonies d'exploitation, les indigènes n'avaient pas de statut qui les différenciait fondamentalement des esclaves. Sous le régime des travaux forcés, dont on ne parle pratiquement pas parce qu'il n'y avait pas de commerce d'hommes ou de *commerce triangulaire*, les indigènes qui se révoltaient contre leurs conditions d'exploitation, aussi difficiles que celles des esclaves, étaient déportés dans d'autres territoires lointains pour les couper de leur origine ethnique aux fins d'une soumission dans des situations plus rudes. Aussi, en Afrique, des habitants de la Côte des Dents (actuelle Côte d'Ivoire) furent-ils transplantés au Congo français, en Oubangui-Chari (actuelle Centrafrique), etc. Au Congo belge, les colons amputaient les mains des jeunes gens dont le travail paraissait insuffisant, une *punition légale et civilisatrice* puisque de telle sanction était exercée sous l'autorité de l'administration officielle ; ils pendaient sur la place publique pour punir les parents récalcitrants (*voir Archives belges de l'occupation du Congo*). Certes à la fin des travaux forcés, abolis en Afrique parce que la participation de ce continent à la Seconde Guerre mondiale avait obligé les pays alliés à promettre plus de liberté aux indigènes, puis la fin du régime colonial en sa forme véritablement esclavagiste, ainsi qu'il est mentionné ci-dessus, ces indigènes ou certains indigènes étaient devenus des travailleurs rémunérés, mais une rémunération qui ne permettait ni de se nourrir convenablement, ni de transformer l'habitat. Nous sommes au cœur de la problématique de l'accumulation du capital que nous traiterons plus tard. La diplomatie ou la force dans les zones d'influence ou prés carrés *ont fait le reste*. C'est donc à partir des vagues de décolonisation que les institutions internationales qui s'étaient fondées, pour les peuples dits non civilisés, sur la *mission sacrée de civilisation* qui ne différait pas de l'exploitation et des massacres de population autochtone (comme le disait Georges Clémenceau devant la Chambre des Députés le 30 juillet 1885), que l'on inscrira le développement dans les objectifs des relations internationales. Ainsi qu'il a été déjà dit ci-dessus, si l'on parlait de développement à cette époque, notamment à partir de la décennie 1960, il paraissait difficile de préciser les contours de ce terme pour les petites nations. De populations sauvages, devenues des peuples sauvages, puis des nations sauvages ou petites nations, on ne savait plus si l'on combattait la pauvreté, ou si l'on luttait pour le développement.

I – De quoi parle-t-on à travers le *sous-développement* ?

Le sous-développement est-il synonyme de pauvreté ? La pauvreté absolue et généralisée que l'on rencontre actuellement dans la plupart des pays dits sous-développés (une pauvreté qui frappe la grande partie de la population de certains pays du monde) est un phénomène relativement récent (avons-nous dit). Il convient donc de rappeler les distinctions entre les différentes manières dont la situation de bien-être était appréhendée dans les petites nations qui stagnent en matière d'évolution économique pour comprendre les difficultés entretenues par les politiques et les confusions d'appréciation de cette même situation par les économistes à travers les raisonnements formatés.

Distinguer sous-développement et pauvreté - Le sous-développement tel qu'il est conçu au regard du début des conquêtes des *territoires sans maître* est une vision européocentrique. Il est d'abord synonyme d'absence de civilisation. Tout peuple qui n'avait pas le mode de vie européen était non civilisé, donc sous-développé. Sinon à partir de quels autres critères peut-on assimiler les Incas ou les Mayas (pour ne prendre que cet exemple) à un peuple à la fois non civilisé et sous-développé ? Avant la conquête des sauvages qu'il fallait donc civiliser au nom d'une *mission sacrée de civilisation*, d'un devoir moral ou intéressé de civilisation, les petites nations semblaient riches de leur *sous-développement* si on les compare à la richesse des conquérants qui sont allés les soumettre par la force armée. C'est leur argent et leur or qui ont enrichi l'Europe d'abord par le commerce qui a énormément contribué à l'accumulation du capital nécessaire à la construction des grands palais et autres édifices, et plus tard à la Révolution industrielle. En Inde par exemple, faut-il le rappeler, les palais qu'on y avait construits déjà au XVe siècle ou XVIe siècle, au moment où certains peuples allaient à la conquête des non civilisés et sous-développés, n'avaient rien à envier à ceux des nations qui l'avaient conquise et soumise à la civilisation occidentale du XVIIe au XXe siècle en commençant par l'installation de comptoirs, puis la colonisation complète par les Anglais. On citera, entre autres, ce qu'on appelle aujourd'hui le *City Palace* qui est le plus grand palais de l'Inde, construit en 1559 par le Maharana ou Maharaja Udai Singh. Les princes ou rois du sous-continent indien n'avaient pas inventé d'arme à partir de la poudre à canon pour défendre leur souveraineté. La Chine qui l'inventa de son côté, semble-t-il au VIIe siècle de notre ère, ne s'en servit pas pour conquérir le monde.

Lorsque les Européens ont foulé le sol du Mexique, pour revenir à cet autre exemple, il existait une population qui ne connaissait pas la famine, une population qui n'était pas moins gouvernée que sur le vieux continent et qui avait ses palais. Certes toute la population ne vivait pas dans ces palais. Mais nulle part il n'a été révélé que la famine existait. En Afrique les *sauvages* ne connaissaient pas non plus la famine. Il existait des royaumes et des empires qui ont été détruits par les conquérants. Certes, leur évolution ne pouvait commencer par la Révolution industrielle qu'a connue le vieux continent de l'hémisphère nord. Mais la découverte de ces populations exotiques a largement contribué à cette Révolution industrielle, comme le montre Adam Smith dans son ouvrage *Recherche sur la nature et les causes de la richesse des nations.* On peut donc dire que la pauvreté au sens où elle est appréhendée à travers la famine a été introduite dans les petites nations par le mode de production qui leur a été imposé par l'Occident qui a conquis les territoires sans maître (*terra nullius*). Certes, comme partout ailleurs avant la Révolution industrielle, on ne rencontrait pas d'usines dans des nations que les conquistadors ont rendu petites, mais les techniques de fabrication de biens divers conduisaient la plupart d'entre elles à l'autosuffisance (nous citerons le métier à tisser connu dans le monde entier avant les conquêtes et qui n'était donc pas une technique importée d'Europe). On n'a pas conquis l'Amérique, l'Afrique, les Indes pour nourrir les indigènes qui y vivaient, mais pour se nourrir soi-même. Ce sont les différentes conquêtes des indigènes, leur mise en esclavage ou sous tutelle, qui en ont fait des affamés (faut-il y insister). Et c'est cette même tutelle qui les maintient aujourd'hui dans la famine et la pauvreté, après qu'ils aient été spoliés de leurs biens. La *mission sacrée de civilisation* invoquée par la suite n'avait été qu'un des prétextes de la poursuite du pillage des peuples dominés grâce aux armes qu'on détenait. Ainsi qu'il est noté ci-dessus, chaque peuple avait sa civilisation qui ne ressemblait pas à celle des autres. Mais, comme la question de la démocratie sert d'alibi à la vassalisation, ou à la destruction actuelle d'autres nations, la proclamation d'un devoir de civilisation des peuples inférieurs (*Jules Ferry, Discours ; 1885*) pouvait justifier la domination qui conduisit à la famine, car à cette époque de conquête et de vassalisation, la pauvreté et la modernité étaient des notions relatives. Par exemple, un peuple était, pour un habitant français, un sauvage parce qu'il n'avait pas de Palais de Versailles (par ignorance). Il n'était pas moderne parce qu'il ne vivait pas au quotidien comme dans les nations européennes qui se sont combattues parce que certaines trouvaient d'autres inférieures (*Voir réponse de Georges Clémenceau à Jules Ferry devant la Chambre des députés ; 1885*). Nous n'allons pas nous attarder sur la question des anciens et des modernes qui est un thème de philosophie générale. Alors que la Conférence de Berlin (du 15 novembre 1884 au 26 février 1885) fixa les contours de l'organisation et la collaboration de la domination européenne sur les peuples d'Afrique et de son partage, ceux qui voulaient s'unir pour s'affranchir de la servitude au milieu du XXe siècle n'eurent pas les moyens de leur politique parce qu'ils étaient dans une fiction de liberté. Le monde vit le présent comme si le futur était dans le passé. Adam Smith recherchait la nature et les causes de la richesse des nations européennes. Ici, il est question de trouver les causes de la pauvreté des nations que l'Economie politique a sciemment occultées parce que le bien-être des peuples inférieurs, qu'on continue de traiter comme tels, n'était pas la préoccupation des siècles passés. Mais l'est-il devenu derrière les discours pléthoriques des politiques qui nous servent de vecteur d'analyse et de formulation de nos théories ? On commettrait un crime de *lèse majesté* en soulevant la question du développement dans l'une de ses rationalités, pour reprendre encore René Descartes qui disait que « la raison est la chose la mieux partagée au monde » (*Discours de la méthode, 1637*).

La plupart des nations soumises par la *mission sacrée de civilisation* n'étaient donc ni beaucoup plus sous-développées, ni beaucoup plus pauvres que l'Europe au moment où celle-ci décrétait cette mission. Alors que les paysans européens depuis le Moyen-Age n'avaient souvent pas droit à leur terre et devaient travailler pour les seigneurs en tant que serfs, dans beaucoup de nations exotiques celui qui cultivait la terre ou était propriétaire de son cheptel en tirait la substance de sa vie avant que les conquérants ne vinrent leur imposer le mode de vie esclavagiste grâce à la maîtrise des armes à feu, en les soumettant à des systèmes de relations de production qui enrichissaient l'extérieur et non pas pour élever le niveau de vie des indigènes de territoires exotiques considérés comme sans maître. Cette perte de liberté les fit passer à la famine, puis de la famine à la pauvreté et de la pauvreté au sous-développement.

Les nations pauvres sont d'abord celles qui ne disposent pas de ressources matérielles pour assurer leur avenir (car le vrai présent n'est que le futur proche, et au moment où nous le vivons il est déjà dans le passé), ensuite ceux qui disposent de ressources dont l'accès leur est impossible parce qu'elles sont contrôlées par d'autres nations.

Sous-développement par le niveau de vie - En 1990, le Programme des Nations Unies pour le développement (PNUD) a créé l'indice de développement humain (IDH) qui est un indicateur composite pour mesurer le niveau de développement et par récurrence le sous-développement. Jusqu'à cette date, le niveau de développement était mesuré à partir du produit national brut par habitant (PNB/habitant) ou son origine, le produit intérieur brut par habitant (PIB/habitant). Or le PNB/habitant est une moyenne qui donnait l'impression que chaque habitant avait une part de la richesse nationale que constituait ce PNB. L'indicateur de développement humain (IDH) est un outil de statistique qui prend en compte le PIB, mais aussi l'espérance de vie à la naissance, l'hygiène, la santé et l'éducation, l'instruction (chaque paramètre étant lui-même détaillé). Cet indicateur continue d'être affiné, ce qui le complexifie au fil du développement de ce concept. A partir du *Rapport du PNUD de 2010*, le calcul de l'IDH tient compte des inégalités. Du calcul de l'IDH qui détermine le niveau de vie de la population comme critère de développement, on pourrait dire que cet indicateur créé à partir des travaux de l'économiste britannique d'origine indienne Amartya Sen et de l'économiste pakistanais Mahbub ul Haq, en mesurant le niveau de développement, permet une comparaison des pays à haut niveau de développement et les pays à bas niveau de développement, c'est-à-dire le sous-développement. L'indice de chaque pays doit être interprété, car sans analyser chaque paramètre, il est difficile, en se référant au point d'indice, de savoir à partir de quel niveau un pays peut être considéré comme sous-développé ou émergent. Si l'indicateur de développement humain apparaît donc intéressant pour avoir une approche du niveau de développement puisque depuis sa création il n'a cessé de s'agglomérer d'autres paramètres, c'est surtout à travers l'ensemble de l'œuvre d'Amartya Sen qu'il faut rechercher les causes du sous-développement pour l'auteur, ce que nous rappellerons dans les lignes à venir.

Le PNUD par le biais de l'IDH qui, même en tenant compte des inégalités, ne constitue qu'un conglomérat d'éléments de statistiques, n'a pas la prétention d'expliquer les causes de la pauvreté. On ne voit donc nulle part la question de savoir pourquoi dans des pays qui réalisent un taux de croissance énorme (d'où part le calcul du PNB), taux que les grands pays industrialisés peuvent leur envier, le PNB par habitant semble le plus faible du monde. Ce qui paraîtrait intéressant n'est donc pas l'analyse, du moins l'interprétation fondée sur les statistiques dans les commentaires sur la pauvreté, mais les raisons qui permettent d'expliquer le faible niveau de richesse palpable restant dans le pays, niveau insuffisant pour construire des écoles afin d'élever le niveau d'instruction, et des hôpitaux pour améliorer la santé et l'hygiène. Il apparaît le plus souvent - pour ne pas dire toujours - que l'idée de répartition inégale de richesse ne soit pas opérante. Car pour être distribuée, la richesse qui permet la consommation doit d'abord exister. Or le constat affligeant est que l'Etat dit pauvre, dans une situation normale de fonctionnement sans confiscation de richesse par une classe sociale, se trouve dans l'incapacité de payer des salaires qu'il doit à ses fonctionnaires, c'est-à-dire *service fait*. Dans ce cas, c'est tout le *pseudo-Etat* qui est pauvre. Les inégalités, si elles existent, ne sont pas le fait des pouvoirs publics de l'Etat exotique. Elles résultent surtout de l'exploitation du travail des indigènes qui ne profite pas non plus à l'Etat dit exotique. Nous rappelons que ce ne sont pas les royalties de 5 à 7% sur l'exploitation des ressources naturelles ou la rémunération du travail du paysan producteur de biens primaires d'exportation dont l'Etat lui-même ne tire que très peu de taxes parafiscales qui conduiraient à créer des inégalités. On ne peut nier des privilèges dont jouissent certains individus dans un tel Etat. Mais la réalité des inégalités sied plus aux pays industrialisés ou riches qui ont d'énormes unités monétaires à gérer que les pays matériellement pauvres. Dans les pays riches qui vivent dans l'opulence (sinon on ne les nommerait pas ainsi) pendant qu'une partie de la population végète, l'on peut *disserter* sur les inégalités. Il semble que dans ces pays riches, on lutte hypocritement contre ces inégalités pendant le dépérissement de l'Etat en matière économique né d'un libéralisme dogmatique qui crée les conditions de ces inégalités. C'est ce raisonnement qui est transposé dans les petites nations où aucune action n'a jamais été jugée positivement, mais tout est regardé négativement. Ce qui montre qu'en appliquant la question des inégalités aux pays dits pauvres, on raisonne par mimétisme. Certes, Amartya Sen, sur la pauvreté et l'inégalité, cite sa propre expérience (*Poverty and famines : An essay on Entitlement and Deprivation ; 1981*). Mais l'analyse des deux expériences, que l'éminent économiste décrit dans son étude, sont liées à la domination d'un territoire des indigènes affamés par des groupes extérieurs, domination du Royaume-Uni sur le sous-continent indien. Quand les Anglais raffolent du thé indien que leurs parents ne connaissaient pas avant l'occupation de l'Inde, le sous-continent indien est fier de perpétuer la tradition de leur fournir abondamment du thé qui n'est pas la nourriture de base de la population indienne (nous le rappelons). Pour détourner des solutions introuvables de la vraie problématique, on servira le même raisonnement sur le déficit de démocratie et la corruption comme si les petites nations ou nations pauvres sont les seules dans lesquelles la corruption a fait son nid. Si la corruption empêchait donc le développement d'un pays, aucun pays en ce monde ne serait devenu une puissance économique et industrielle, comme nous l'avons dit dans les pages précédentes. La pauvreté (ou la famine) peut donc être combattue par un changement de méthode, de mode de production, de relations économiques, et surtout de mentalité : le rejet de la servitude volontaire.

On objectera que le changement de mode de cultures et de relations économiques ne modifiera pas le comportement des individus corrompus au sommet de l'Etat. Nous avons dit que le poste de ministre ou directeur des finances peut constituer le lieu d'un enrichissement rapide. Une telle affirmation s'inscrit dans le contexte de la servitude où le dirigeant n'a de compte à rendre qu'au maître extérieur. Nous raisonnons ici dans l'hypothèse d'une nation libre, affranchie de toute tutelle, dans laquelle les individus libres auront le droit de choisir librement leurs dirigeants. Admettons que quelques individus d'une nation arrivent à confisquer la richesse créée dans une nation, aujourd'hui, où va cette richesse de la corruption, aussi minime soit-elle ? A la mère patrie ! Là où l'indigène corrompu a conservé les biens mal acquis et où, pour une raison ou une autre, ces biens dits mal acquis sont interceptés au bénéfice de cette mère patrie plutôt que d'être restitués à l'Etat exotique qui en est le propriétaire initial, en cas de destitution de l'indigène *délinquant* dans son pays. On agit ici comme si la mère patrie était complice du vol ou de la prédation des biens en question, puisque c'est elle qui en bénéficiera en dernier ressort. L'on parle pourtant très peu des corrupteurs. Puisque nous sommes dans les anecdotes, un chef d'Etat africain nouvellement en poste en 2000 racontait que dès sa prise de fonction, il reçut de la part d'un collègue (du moins un supérieur) de *pays développé* une forte somme d'argent qui lui était personnellement dédiée. Il aurait pu la conserver dans le secret que souhaitait son maître, mais considéra que cette somme devait appartenir au pays tout entier dont il était apparemment le représentant et la remit au Trésor public de son Etat (demeuré sans le savoir une *République bananière*). Dans une entité sous tutelle, un tel comportement est un crime à l'égard du maître. Pour chercher à devenir un dirigeant indigène intègre (entre autres raisons), il s'attira l'inimitié de ses maîtres coalisés dans une certaine communauté dite internationale et fut combattu jusqu'à sa chute. Le maître et ses alliés omirent de l'assassiner comme ce fut le cas d'autres assujettis ; on l'envoya en transplantation à l'étranger devant une *cour pénale internationale* instrumentalisée. Mais faute de charge probante, la communauté dite internationale cherche toujours comment ne pas perdre la face en le maintenant en détention en dehors de toute logique juridique dans une procédure judiciaire sans fin (au moment où ces quelques lignes sont rédigées). Pour revenir à la corruption ou aux inégalités dans les pays pauvres, elles sont toujours présentées superficiellement selon un schéma formaté, un stéréotype ou un cliché dispensé d'analyse, comme si le mépris pour les *peuples inférieurs* rendait aveugles de ce qui se passe réellement dans les pays vertueux.

Pour être sincère, ce ne sont pas ces types d'inégalités qui empêcheraient qu'un Etat puisse établir un budget et payer ses fonctionnaires. Sinon aucun Etat, aussi puissant soit-il, ne pourrait fonctionner.

II – La désunion des nations pauvres dans la recherche des causes de la pauvreté

Rappelons qu'en pleine révolution industrielle de l'Angleterre, Adam Smith recherchait donc les causes de la richesse des nations européennes. La problématique paraissait simple, car une fois qu'on a trouvé ces causes de la richesse de certaines nations, on essaie de les généraliser aux autres nations ou de les extrapoler. C'est d'ailleurs ainsi que procèdent souvent les économistes libéraux en partant de la microéconomie pour aboutir à la macroéconomie. Ici, il s'agit de répertorier les causes de la pauvreté des nations. Autrement dit, tenter de savoir non seulement les raisons qui ont conduit à l'arrêt de l'évolution économique et sociale ou au ralentissement dans cette évolution, mais aussi au déclin inavoué d'autres nations. Sans y consacrer de développement spécifique, on peut dire que la solution se trouve dans la détection des causes qui empêchent un phénomène de se réaliser. Nous venons de dire qu'il s'agit d'un rappel.

Le développement ne peut se réaliser que dans un contexte de liberté d'une nation, avons-nous tenté de montrer jusqu'ici. La liberté dont nous parlons n'est pas de prime abord la liberté en matière économique qui pourrait se confondre, dans sa formulation, à la théorie de la dépendance d'un point de vue de la pauvreté ou à la théorie générale du libéralisme qui s'exprime dans l'individualisme, voire l'égoïsme selon les précurseurs de l'économie politique. La dépendance économique suppose des Etats souverains qui ne peuvent s'auto-suffire économiquement ou ont avec d'autres Etats de même nature des relations économiques inégales, ou contraintes (exemples : les contraintes économiques extérieures qui obligent un Etat souverain à adopter une politique économique qu'il n'aurait pas souhaitée, mais constitue la solution à son problème conjoncturel). Or ce dont il est question ici ne s'apprécie pas dans le cadre des Etats souverains ou de l'égalité souveraine, parce que la souveraineté de la nation soumise n'existe pas. En dehors des colonies de peuplement qui pouvaient être considérées comme des excroissances de la mère patrie avant leur indépendance, aucun pays soumis à un autre peuple ne peut prétendre au développement. C'est dans ce contexte que se réunit la Conférence de Bandung qui allait forger le concept de *tiers-monde* dans un monde divisé entre le bloc capitaliste et le bloc communiste.

A – De l'espoir de l'unité du tiers-monde à son éclatement

A la conférence de Bandung (Indonésie) du 18 au 24 avril 1955 à laquelle assistaient la République populaire de Chine et la République fédérale de Yougoslavie, l'illusion de l'unité des pays pauvres qu'on appellera plus tard *tiers-monde* (terme d'Alfred Sauvy, démographe français) se manifesta par la décision des participants de ne soutenir aucun des deux blocs en guerre froide. D'un point de vue politique, il s'agissait pour les participants d'une part de se démarquer de la division du monde en deux blocs sur le fondement de la démonstration de puissance et d'idéologie, d'autre part de rechercher les causes du sous-développement et pour combattre la pauvreté. Dans ce contexte, si la participation de la Fédération de Yougoslavie était motivée par la contestation exclusivement idéologique à l'égard de l'Union soviétique, celle de la Chine contenait les deux assertions. Les deux pays communistes cherchaient à se défaire de la tutelle de l'Union soviétique pour trouver leur propre voie idéologique du communisme. Le monde désigna les participants de la Conférence de Bandung de pays non-alignés.

Dans son discours d'ouverture, le Président Soekarno d'Indonésie (pays hôte) souhaitait un nouveau monde bâti sur les souverainetés politique, économique et culturelle pour les peuples d'Afrique et d'Asie et la nécessité de l'autosuffisance. Il prônait une solidarité par des actions concrètes de développement et de construction entre les Etats afro-asiatiques par l'investissement plutôt que de laisser les multinationales dominer leur économie. Nous n'insisterons pas sur l'histoire des non-alignés qui a fait l'objet de nombreux ouvrages. Nous ne retenons que la question de la liberté des Etats, fondement du développement. Car quelques années plus tard, les leaders de ce mouvement qui prônait la liberté des petites nations avaient quasiment tous été éliminés. Ainsi, le Président Soekarno qui avait convoqué la Conférence de Bandung (pays non alignés) a été renversé par le Général Soeharto avec le soutien du bloc occidental. D'autres comme Patrice Emery Lumumba du Congo, Modibo Kéita du Mali, Kwame Nkrumah du Ghana (pays participant), Gamal Abdel Nasser en Egypte, etc., qui allaient dans le sens des préconisations de Bandung ont connu le même sort à cette époque : certains destitués par un coup d'Etat, d'autres assassinés. Les pays pauvres participants ou ayant rejoint les vraies idées préconisées à Bandung n'eurent pas la liberté pour laquelle la Conférence de 1955 a été tenue. Et l'on revint à la *case-départ*. Mais les idées développées à cette conférence stimulèrent les *indépendances* qu'il ne faut pas confondre avec la liberté. On s'aperçut que les *indépendances* octroyées que l'on continue de fêter comme la liberté ne furent qu'un aménagement dans la servitude.

Il paraît qu'il existe encore un Mouvement des non-alignés qui comporte environ 120 Etats membres. Le rêve du Président Soekarno serait-il devenu une réalité, lorsqu'on continue d'assassiner des chefs d'Etat qui manifestent des velléités de souveraineté, ou de détruire des petites nations en organisant des *rébellions-alibi* pour les déstabiliser et les maintenir dans la pauvreté pour mieux les spolier de leurs richesses naturelles ? Alors qu'il existe des organisations économiques internationales à vocation universelle, comment interpréter ces nombreux accords économiques qui se nouent entre des grandes nations et dont certaines, tout en parafant ces accords, doutent de la sincérité à résoudre les problèmes urgents qui se posent à leur propre population. Que l'on comptabilise réellement les pays qui ne sont pas alignés sur une grande puissance, des pays dont la plupart constituent des zones d'influence ou des prés carrés des grandes puissances ! Le Mouvement actuel des non-alignés se résume donc à un forum de discussion (un de plus), forum dont les nations pauvres sont friandes à défaut d'un vrai combat pour une réelle liberté qui leur permettrait de sortir de la pauvreté.

Existe-t-il encore des non-alignés lorsque certains pays

utilisent la monnaie des grandes puissances comme monnaie nationale ? La question de l'utilisation de la monnaie d'un autre pays ou groupe de pays physiquement éloignés ne sera peut-être dans quelques années, dans quelques décennies, que de lointains souvenirs. C'est du moins l'espoir que nous nourrissons. Mais alors que certains pays se sentent vassalisés ou asservis, d'autres pensent être détachés des chaines qui les liaient à des puissances. Dans un monde où les relations internationales ont toujours été celles de la force (*Raymond Aron, Paix et guerre entre les nations ; 1962*), il ne faut compter que sur soi-même, pour se libérer de ses chaînes et non sur la magnanimité de celui qui a enchaîné. A la rigueur, les pays enchaînés peuvent agir de concert comme des anciens esclaves ont jadis maronné parce qu'ils refusaient l'esclavage.

Les zones d'influence d'une puissance se trouvent très souvent à proximité de cette puissance. Celles, très éloignées, qui ne sont pas de petits territoires ou territoires de petites superficies, ni des îles ou des archipels peuplés de quelques âmes, mais constituées de vastes territoires très peuplés, sont très difficiles à *télégouverner*. Mais il suffit d'y installer une base militaire par le biais d'accords de défense pour y parvenir.

Les guerres impérialistes ou de reconquête actuelles des Etats-Unis d'Amérique sur d'autres continents se sont toujours soldées par un échec quant à l'idée de faire de ces territoires éloignés des zones d'influence, synonyme de zones d'exploitation. Par contre les installations de bases militaires issues de différents accords de coopération militaire sur les différentes parties du monde constituent un des facteurs de domination économique des petites nations. C'est pourquoi La Boétie disait que l'oppression qui s'exerce sur une population provient des moyens que celle-ci donne à l'oppresseur (*Discours de la servitude volontaire*). Par ailleurs, ces accords militaires contribuent au commerce des armes qui est devenu très lucratif pour les grandes nations et qui empêche les petites nations de se construire des industries d'armement, ne serait-ce que pour leur propre défense. Quand on dit à des petites nations qu'elles n'ont pas besoin d'armées et que par des accords de défense, elles sont protégées par le maître ou l'ancienne mère patrie, c'est nier leur souveraineté. Une forme rénovée de les maintenir sous domination. Les coups d'Etat récurrents, l'instabilité politique quasi permanente, qui règnent dans les petites nations et qui résultent de ces accords de défense où le maître se substitue au pseudo-Etat exotique pour le maintien de l'ordre interne véritable, ne font que contribuer à la spoliation de ces petites nations. Car l'instabilité politique amène à penser les problèmes en terme de paix sociale et à incriminer les troubles qui freinent le développement, alors que ces troubles sont orchestrés par le maître aux fins de la prédation des ressources naturelles.

Ainsi, en paupérisant de force la population, les colonies devenues des *nations indépendantes* (avec à leurs têtes des *gouverneurs de territoire* restés liés à l'ex-mère patrie et au nom lénifiant de *dictateurs* parce que récalcitrants à certains moments) ne peuvent évoluer et tombent dans un cercle vicieux, un recommencement ininterrompu, où la croissance démographique aidée du maintien d'un système économique extraverti aujourd'hui revêtu du sceau de la *mondialisation* affame cette population qu'on a habituée à perpétuer la production des anciens maîtres et leurs successeurs. En un mot, on produit dans ces pays pauvres exclusivement pour l'extérieur et non pour subvenir à ses propres besoins (nous le rappelons).

Pour vaincre un tel système qui paraît une fatalité, mais qui en réalité est savamment entretenu pour un pseudo bien-être de la population de l'ex-métropole, il faut rompre avec l'économie extravertie, c'est-à-dire penser à produire d'abord pour soi-même en préparant les conditions de cette production, une rupture qui donnerait un peu plus de liberté aux petites nations, la servitude n'existant que par l'exploitation aux fins d'une croissance économique des maîtres. L'autosuffisance alimentaire est un refrain qu'on entend depuis des décennies, voire des siècles, mais qui n'est jamais entrée dans les habitudes de production de certaines petites nations, notamment celles qui sont restées à l'état de sous-développées. Quand certaines grandes nations se considèrent comme des pays à économie basée sur l'agriculture de subsistance ou se revendiquent comme la première agriculture du monde dont seulement le surplus est exporté, dans les petites nations où l'on continue de mourir de faim, faute de biens agricoles pour la consommation interne ou locale, la culture de produits locaux est considérée comme arriérée ou suscite le déchaînement, voire le courroux des maîtres des prés carrés. Ainsi les préconisations, des Occidentaux constitutifs des seuls marchés des petites nations, qui consistent à obliger ces petites nations à produire pour l'extérieur pour que ce soient les maîtres qui les nourrissent ne font que perpétuer la pauvreté. On ne pouvait s'unir en dehors de ceux dont on continuait de dépendre pour la satisfaction des besoins de la vie.

B – Le renforcement des intégrations verticales aux fins d'une pérennisation de l'exploitation des petites nations : une des causes de la pauvreté

Les nations demeurées économiquement pauvres se caractérisent par leur soumission à un maître qui joue le rôle du tuteur qui décide soit d'en faire des exemples de progrès en matière de développement, soit pour leur exploitation ou leur pillage. Mais il arrive que quelques-unes prennent conscience de la servitude dans laquelle d'autres souhaitent les maintenir. Voici quelques exemples de coopération économique et politique.

a) – L'OEA ou la confirmation de la doctrine Monroe

En Amérique, l'Organisation des Etats Américains, créée le 30 avril 1948 et regroupant tous les Etats du continent américain (la suspension de Cuba n'est que provisoire), est soumise à la doctrine Monroe. Lorsque le président républicain James Monroe, dans son discours à la nation du 2 décembre 1823, déclarait que *toute intervention européenne dans les affaires du continent américain serait perçue comme une menace à la sécurité et la paix et qu'en contrepartie, l'Amérique n'interviendrait pas dans les affaires européennes*, il entendait faire du continent américain la chasse-gardée de la nouvelle puissance qu'étaient devenus les Etats-Unis d'Amérique. Aux premières heures du XXe siècle, un autre président (Théodore Roosevelt) chercha à justifier l'expansionnisme de l'empire vers le sous-continent sud-américain en déclarant que *son pays ne souffrirait pas que l'on s'oppose directement à ses intérêts.* C'est donc pour ses seuls intérêts que l'empire américain a la mainmise sur le continent américain. Les sanctions économiques de l'Etat américain dans sa zone d'influence ou son pré carré sont fondées sur cette *coopération verticale*. Parler de domination économique régionale de l'empire sur ses sujets du sous-continent austral est un euphémisme. Chaque fois qu'un pays de la région a souhaité se libérer de ses chaînes qui le lient à l'empire, ou simplement les desserrer, il s'est formé un cordon sanitaire autour de lui pour étouffer ses velléités indépendantistes, disons souverainistes pour nous départir des *indépendances*. Beaucoup de pseudo-spécialistes de l'Amérique du Sud nieront cette évidence relative à l'affaire Manuel Noriega qui fut traqué et capturé dans son propre pays par l'armée américaine au motif qu'il était devenu le plus grand président trafiquant de stupéfiant du continent américain, alors que la vraie raison de cette capture était la suggestion de Noriega de faire participer son *Etat fictif* (l'Etat du Panama) à la gestion du Canal de Panama qui traverse son pays et que les Etats-Unis d'Amérique considéraient comme leur propriété. Cette affaire a quelques points de similitude avec la crise du Canal de Suez qui dégénéra en guerre en 1956 entre l'Egypte et une alliance secrète constituée d'Israël, de la France et de la Grande-Bretagne à la suite de la nationalisation du Canal par l'Etat égyptien, guerre qui se solda par la reddition de l'alliance.

La Charte de l'Organisation des Etats américains qui traite des questions relatives à tous les domaines de la vie d'un Etat (droit international, domaine économique, souveraineté, non intervention dans les affaires internes, développement, promotion de la démocratie, règlement pacifique des conflits, etc.) ne paraît pas régir, dans la réalité, les *relations internationales* de l'empire à l'égard de ses sujets de l'Amérique du Sud. Sinon on comprend mal que les Etats-Unis d'Amérique proclament ne soutenir que leurs intérêts et qu'ils regardent avec un *œil débonnaire* toutes les dictatures qu'ils ont engendrées mais cherchent à punir d'autres pays de la zone qui tentent d'instaurer la démocratie parce qu'ils se proclameraient indépendants au titre des dispositions de la Charte de l'OEA. Nous ne reviendrons pas sur le refus des grandes nations civilisées de régler tout contentieux avec leurs sujets sur un pied d'égalité. Exemple, quand le Royaume-Uni dépose sa *déclaration facultative de juridiction obligatoire de la Cour internationale de Justice*, il exclut les Etats qui ont appartenu au Commonwealth, autrement dit ses anciennes colonies (*cf. Idéalité et réalité des relations entre les nations*). Les Etats-Unis d'Amérique n'ont pas pris de demi-mesure en retirant leur déclaration à la suite de l'affaire *Activités militaires et paramilitaires au Nicaragua et contre celui-ci* qu'ils ont perdue (*K.B. Kouassi, Précis de la jurisprudence de la Cour internationale de Justice, 2004*).

Pour revenir à nos propos, Panama est devenu, après son contrôle total par l'empire américain, le territoire du gangstérisme financier, du blanchissement d'argent, du trafic en tout genre, un territoire où fleurissent des gratte-ciel sans habitants ; il est également devenu un territoire sans Etat, une colonie américaine en attente de peuplement de bons citoyens américains. C'est donc peu dire que de rappeler que l'économie de la zone d'influence américaine est dominée par les Etats-Unis d'Amérique dont les entreprises ont envahi le continent sud-américain demeuré pourtant sous-développé. L'on ne peut montrer que la pauvreté de cet espace vital américain résulte d'une insuffisante exploitation. Certains rétorqueront que ce n'est pas le lieu le plus connu d'exercice de la démocratie, comme si des pays d'Asie du Sud-Est en voie d'industrialisation sont des modèles en la matière. Dès lors que la monnaie américaine (le dollar) domine le monde entier, ce qui permet aux Etats-Unis d'Amérique de *vivre sur le dos* de la planète avec, malgré tout, leur déficit financier abyssal, il n'est pas besoin de parler de zone monétaire ou de coopération monétaire. Ailleurs, comme en Afrique, la coopération monétaire est imposée par l'ex-mère patrie. Ici, la coopération monétaire qui permet de rapatrier les profits n'est pas imposée (nous y reviendrons). Elle est simplement une pratique coutumière qui participe de l'hégémonie américaine en matière de relations économiques internationales. Si tous les pays du monde souhaitent être payés en dollar américain, ce ne sont pas ceux qui en ont le privilège (même les pays réclamant l'impossible liberté) qui vont le rejeter.

b) La coopération politique et économique avec l'Afrique : continuité du pacte colonial

A la veille des années 1960 qui semblaient marquer un tournant dans les relations internationales de l'Afrique, la plupart des ex-colonies n'avaient pas rompu leurs liens avec leurs métropoles européennes : elles étaient liées à celles-ci, soit par la Communauté française avec ses multiples institutions qui couvraient toutes les compétences étatiques (diplomatie, économie, monnaie et défense) pour les colonies françaises, soit par le Commonwealth pour les colonies britanniques avec des relations plus lâches mais assujetties à la couronne britannique (*cf. supra p. 101*). La Belgique, plus directive ainsi que le Portugal n'avaient pas consenti à faire évoluer leurs colonies vers l'autonomie politique. Le premier nommé qui possédait un territoire étendu (le Congo) avait créé des troubles internes au moment où les *indigènes* réclamaient leur autonomie (des troubles qui se perpétuent jusqu'à présent), en se fondant sur ce vieil adage : « diviser pour régner ». Les colonies portugaises luttaient aussi pour recouvrer une certaine autonomie. Aux premières heures de la décennie 1960, beaucoup de territoires se sont donc vus octroyer une indépendance sous conditions avec de nombreux accords d'assujettissement à l'ex-métropole. En Angola, la désertion de la mère patrie qui avait ses propres problèmes internes à régler (*Révolution des Œillets, 25 avril 1974*) abandonna le territoire aux mains de deux partis politiques ennemis qui prétendaient se battre pour l'accès au trône laissé vide (*guerre civile d'Angola de 1975-2002*), mais qui en réalité ignoraient qu'ils se battaient pour le pétrole dont était doté leur territoire, une faction étant soutenue par la France par l'entremise de la Côte d'Ivoire, tel qu'il en fut dans la guerre de sécession du Biafra (Nigeria), l'autre faction ayant la sympathie de Cuba qui prolongeait sa résistance au capitalisme symbolisé par les Etats-Unis d'Amérique. Le pétrole de l'Angola aurait constitué une continuité territoriale de celui du Congo-Brazzaville d'autant que l'enclave portugaise, le Cabinda, sur la côte du Congo était déjà réputée pour ses réserves pétrolières.

La population mal informée de ce statut dit d'*indépendance* qui pour elle signifiait *souveraineté* était satisfaite de la passation du pouvoir à celui qu'elle appelait le *père de l'indépendance*, ignorant que les vrais pères de cette évolution inachevée avaient été décimés dans l'anonymat parce qu'ils s'étaient présentés comme des ennemis de l'esclavage et de la colonisation ou d'un néocolonialisme qui se préparait, et que la mère patrie cherchait à substituer des Gouverneurs indigènes de territoires aux Gouverneurs des colonies. Lorsqu'on ne pouvait pas les oublier, on associait les noms de ces disparus mystérieusement à la veille des *indépendances*, à celui du *nouveau père* de la nation en tant que compagnons de lutte pour la *décolonisation*. Les esprits pernicieux diront que les indigènes ou les sauvages se sont entretués. En Occident où chaque universitaire se proclame spécialiste de telle région ou telle autre sans jamais y avoir mis les pieds, on ignore souvent que les vrais combattants, chez les peuples qui réclamaient leur liberté, étaient traqués comme des bêtes et abattus pour avoir osé, et qu'il existait plusieurs partis politiques qui auraient pu conduire à la construction de la démocratie alors que la mère patrie soutenait le parti unique qui veillerait sur ses intérêts dans ses prés carrés. C'est dans ce contexte qu'on parlait de la recherche d'indépendance économique. Quel sens pourrait-on donner à l'expression « indépendance économique » ? Celle-ci n'était qu'un programme idéologique qui permettait de maintenir le peuple, qui avait mis tant d'espoir dans une indépendance réelle qui aurait permis une évolution vers un *mieux-être* (ce qu'on appelle le développement économique), dans l'illusion. Car les dirigeants qui proclamaient la recherche de l'indépendance économique venaient de signer des accords dits de coopération qui dépouillaient l'Etat nouvellement indépendant de toutes ses prérogatives en matière économique, pour ne parler que de ce domaine, dirigeants qui se substituaient aux anciens gouverneurs des colonies au titre de premiers ministres, puis de présidents, mais dont beaucoup ignorent, jusqu'à présent, qu'ils sont demeurés dans le rôle assigné à ces gouverneurs des colonies. Les nouveaux *gouverneurs de territoires* étaient-ils de bonne foi pour croire que la mère patrie que certains venaient de contrarier était prête à subvenir au besoin d'un territoire qu'elle exploitait, du seul fait d'un régime nommé *indépendance* ? Au début des indépendances (inachevées), les peuples ne consommaient pas de produits de luxe européens en masse, mais ils ne mourraient pas de faim parce que la disette n'existait pas comme il en est aujourd'hui. D'ailleurs l'*indépendance* eût-elle été totale qu'on ne parlerait pas d'indépendance économique.

Les pays africains dits indépendants intégrèrent les Non-alignés en pleine Guerre froide sans pour autant rompre le cordon ombilical qui les liait à leurs mères patries qui avaient promis de les aider financièrement, sachant que leurs anciens maîtres appartenaient à un bloc, des aides qui allaient très tôt les étrangler et les vassaliser davantage. Certains chefs d'Etat africains considérés plus radicaux, tels que Dr. Kwame Nkrumah dont le pays avait participé à la Conférence de Bandung, militaient pour le panafricanisme qui amena à la création de l'Organisation de l'Unité Africaine le 23 mai 1963 à Addis-Abeba (Ethiopie) avant leur disparition de la scène politique (comme nous l'indiquions ci-dessus), poussés de force vers la sortie ou assassinés. Toute la population africaine crut à la solidarité des Etats du continent pour le développement. Mais comme chaque dirigeant luttait pour sa propre survie et non dans l'intérêt véritable des peuples africains, la vraie solidarité fut celle que les *pères de l'indépendance* avaient maintenu avec leurs anciens maîtres, et l'influence qu'ils avaient subie de quelques panafricanistes se dilua après que les anciens maîtres eurent donc destitué ces derniers par des coups d'Etat successifs et des assassinats, ainsi qu'il est mentionné ci-dessus. En Afrique, aucun dirigeant institué au départ avec l'aide de l'ancienne mère patrie ne pouvait réclamer une part de l'identité de son peuple aussi minime fût-elle sans qu'il fût taxé de dictateur par l'Occident qui a créé la démocratie sous laquelle nous vivons tous et dont lui seul est capable d'en déterminer le contenu (voir l'ouvrage « *Idéalité et réalité des relations entre les nations ; 2015* »). On pourrait comprendre que l'Organisation de l'unité africaine de 1963 soit devenue aujourd'hui la copie conforme de l'Union européenne et que les grands Etats qui étaient ou qui sont les maîtres des indigènes l'aient rachetée (ces grands Etats sont les *bailleurs de fonds* de l'institution dite africaine) ; on peut dire que les membres de l'Union européenne, par leurs contributions salvatrices au financement de l'Union africaine sont devenus membres officieux de celle-ci. C'est souvent que des dirigeants des grandes nations s'invitent aux Sommets annuels des chefs d'Etat et de Gouvernement de l'Union africaine. En effet, à l'occasion d'une conférence de presse du président du Conseil économique, social et culturel de l'Union africaine, tenue à Douala (Cameroun) le 10 mars 2015, celui-ci révéla que 93% du financement de l'organisation africaine provenait de l'Occident. Pour « le budget 2016-2017 de l'Union Africaine qui s'élève à 781 millions de dollars, hors opérations de maintien de la paix, les Etats membres ne financent que 212 millions de ce montant contre 569 millions de dollars par les donateurs étrangers (Union européenne, Etats-Unis, Chine, Banque mondiale), soit près de 73% du budget. Quelques 15% sont le fait des pays comme l'Egypte, l'Algérie, l'Afrique du Sud et le Nigeria » (*Financial Afrik, 16 juillet 2016*). Comment une telle organisation qui fondait l'espoir de s'occuper des questions africaines peut-elle se prétendre libre, sachant que celui qui détient la bourse a le dernier mot, autrement dit on ne peut attendre *grand-chose* des pays membres de l'Union africaine qui ont pris l'habitude d'être soumis au diktat des contributeurs externes. En matière de diplomatie internationale relative aux questions concernant l'Afrique ou dont des pays africains constituent l'épicentre, certains intellectuels citent naïvement des décisions de l'Union africaine sur la base de l'unanimité comme si cette organisation, devenue la courroie de transmission des idées ou des *exigences* des pays qui la financent contre les Africains eux-mêmes, a une existence propre. Ceux-ci tiennent leurs raisonnements sur la base de la théorie pure du droit qui n'est qu'une fiction avec l'invocation des souverainetés africaines qui demeurent elles aussi fictives et que, par pudeur, d'autres désignent sous le terme de *souveraineté résiduelle* (pour rappel). C'est donc peu dire qu'il ne saurait y avoir de solidarité entre les Etats africains à partir du moment où leur propre survie en tant qu'entité autonome ne tient qu'à la bourse de ceux qui ont semblé leur accorder cette autonomie qu'on a appelée *indépendance.*

Dès lors on ne pourra facilement nous contredire lorsque nous affirmons que l'UA est soumise à l'UE et aux *bailleurs de fonds.* C'est donc celui qui finance qui a le dernier mot, pour nous répéter sciemment. On a vite fait de simplifier les relations économiques en parlant d'une aide des pays riches à des pays pauvres. Il faut répondre à ceux qui le penseraient que les sommes qui sont ainsi déboursées aux organismes africains, pour ne se limiter qu'à cet exemple, proviennent de l'exploitation de l'Afrique. John F. Kennedy, président des Etats-Unis d'Amérique, disait dans les années 1960 que son pays, en investissant 1.700 millions de dollars dans le Tiers-Monde, en retirait 2.300 millions (*G. Turin, Indépendance dans la domination ; Economie et Humanisme n° 147, supplément annuel 1963, pp.5-18*). Cette augmentation d'environ 35% de profit constituait un pourcentage extraordinairement élevé pour cette époque, et largement satisfaisant pour l'Etat américain. Ce profit paraîtrait dérisoire à notre époque. Dans ce cas, quelle puissance *résisterait* à aider un pays dit pauvre qui en réalité lui sert de pompe aspirante de capitaux, en l'endettant pour mieux l'asservir ? L'organisation qui se voulait panafricaine avec l'appellation d'*Organisation de l'Unité Africaine* (OUA) poussa donc le mimétisme jusqu'à emprunter le nom d'*Union africaine* parce que la Communauté Economique Européenne (CEE), puis la Communauté européenne (CE) venait de passer à l'Union européenne.

En un mot, si l'on ne prend que l'exemple de l'Afrique qui est facilement généralisable à toutes les petites nations, chaque pays n'est pas libre du fait de son inféodation à une métropole qui était la mère patrie et qui demeure toujours le maître de son ancienne colonie ou au nom d'une *mission sacrée de civilisation* persistante qui n'est que la couverture de la prédation et de la répression (*explication de Jules Ferry, 1885*) ; mais l'Afrique réunie n'est pas non plus libre parce qu'elle est économiquement appauvrie par ceux qui prétendent financer ses institutions. Les décisions prises, les hésitations, ne sont pas celles des Africains, mais celles des pays qui détiennent le pouvoir d'anéantir ces peuples au gré de leurs intérêts. Or le développement implique la liberté de décisions tellement agglomérées que le décideur a le droit de commettre des erreurs, l'erreur étant humaine, d'après ce qu'on en dit. Dans les conflits importés qui secouent les petites nations, et particulièrement l'Afrique, celle-ci n'a jamais rien décidé : il est triste que, considérant superficiellement les relations internationales selon le canon occidental, on rebatte les oreilles de ceux qui s'y intéressent pour en appeler à la liberté par laquelle tout pays souverain décide de sa destinée, et conclure que les petites nations endossent la responsabilité de leurs déconvenues.

L'Afrique noire semble l'espace le plus pauvre parce qu'elle est le territoire où l'on a beaucoup plus longtemps confondu l'esclavage et la colonisation. Lorsqu'en Occident l'on parlait de *mission sacrée de civilisation*, l'on ne visait pas, *prima facie*, l'Asie et l'Amérique ; on pensait surtout au continent africain (*voir la Conférence de Berlin, précité*). Pourtant ceux qu'on a baptisés « les Indiens d'Amérique » paraissaient aussi sauvages que les indigènes d'Afrique, puisqu'à leur découverte, les conquistadors avaient douté de leur qualité d'être humain au même titre que l'Européen. Quand nous utilisons l'attribut de *sauvages* pour ces peuples, nous nous référons à la vision qu'on avait d'eux pendant la *conquista* et qui leur est collée à la peau (lire les *Essais de Michel de Montaigne, 1580, dans lesquels l'auteur défendait ces peuples*). Le statut de tutelle et autre mandat contenus dans le Pacte de la Société des Nations et dans la Charte des Nations Unies ne pouvaient s'appliquer, *prima facie*, au continent américain dont la doctrine Monroe avait fait une chasse-gardée, ni à l'Asie dont la plupart des peuples avaient acquis leur autonomie, à l'exclusion de quelques territoires sous administration française (l'Indochine), britannique (l'Inde pratiquement indépendante), et portugaise (Timor oriental séparé de l'archipel indonésien). Aussi l'Afrique, beaucoup plus que n'importe quel territoire non occidental, continue-t-elle ce que l'on nommait naguère le *pacte colonial.*

Au moment où l'Europe se reconstruisait au milieu du XXe siècle et cherchait à éviter d'autres guerres destructrices par la création d'institutions d'intégration économique et politique, les Etats qui participaient à la recherche de cette union posèrent la question de la situation des colonies dont les plus nombreuses étaient demeurées des possessions françaises et anglaises d'Afrique. Les articles 131 à 136 du Traité de Rome du 25 mars 1957 instituèrent un régime particulier pour les territoires d'Outre-mer. Le premier alinéa de l'article 131 dispose : « Les Etats membres conviennent d'associer à la Communauté les pays et territoires non européens entretenant avec la

Belgique, la France, l'Italie, et les Pays-Bas des relations particulières. Ces pays et territoires, ci-après dénommés « pays et territoires », sont énumérés à la liste qui a fait l'objet de l'annexe VI du présent traité ». Rappelons que le Royaume-Uni qui avait lui aussi des territoires sur le continent africain n'est devenu membre de la Communauté économique européenne qu'en 1972.

La question de l'intégration des T.O.M. français dans la Communauté Economique Européenne, communauté à objet économique, s'est donc très tôt posée au Traité de Rome. Sans nous étendre sur les négociations, on rappellera que les territoires d'Outre-mer qui entraient donc massivement dans le régime de l'association étaient les territoires français d'Afrique. La Constitution française de 1958, qui baptisait ces territoires du nom de Républiques dans la Communauté française (la France et ses colonies africaines) sans réels pouvoirs, a contribué à l'institution de ce régime d'association. Les pays d'Outre-mer français étant quasiment les seuls membres associés à cette date, rien ne pouvait surprendre que la Convention de 1962 qui confirme ce régime avant l'extension de l'association fût signée à Yaoundé (Cameroun). Les pays ou territoires associés à la Communauté économique européenne de l'époque n'avaient pas eu le choix de leurs partenaires européens. La plupart de ces pays n'étaient pas sortis du statut de colonies. Pour les territoires français, l'ensemble dénommé *Communauté française* était constitué d'Etats (au sens générique) en devenir qui n'avaient pas encore de compétence internationale, laquelle compétence était détenue, dans les accords avec les territoires morcelés, par la métropole (mais peut-on dire qu'ils l'ont aujourd'hui dans la réalité ?). Rappelons que les mêmes compétences de ces territoires étaient dévolues à l'administration coloniale. Et si après la période de décolonisation, ils siègent aux Nations Unies, à défaut d'une souveraineté réelle, ils ne peuvent décider sur la scène internationale que ce que leurs maîtres désirent. Par exemple en France, même si le ministère de la coopération (créé en 1959), qui s'occupait spécifiquement des anciennes colonies a peu à peu disparu (fusionné le 1er janvier 1999 avec le ministère des affaires étrangères), il a toujours existé une *Cellule africaine* au plus haut niveau des institutions de l'Etat qui continue, jusqu'au moment où nous rédigeons cette réflexion, de décider de la politique à l'égard de l'Afrique francophone et pour celle-ci. Les critiques de ces relations du maître et ses sujets parlent de France-Afrique (ou *Françafrique*).

Officiellement les relations économiques internationales de la seconde moitié du XXe siècle (période postcoloniale pour un grand nombre de pays tropicaux), entre les maîtres et leurs anciennes colonies, étaient fondées sur le postulat des exportations de *produits de base* qui constituaient le secteur dominant de l'économie et déterminaient, semble-t-il, le rythme de croissance économique des pays maintenus dans le pacte colonial. L'idée qui sous-tendait cette doctrine était que le secteur des exportations des produits de base serait comme un pôle de croissance, c'est-à-dire que l'activité exportatrice aurait des effets de diffusion sur l'économie nationale.

Au moment de l'orientation d'une partie des activités coloniales des TOM français vers la Communauté économique européenne devenue Union européenne en ce XXIe siècle, il ne s'agissait pas d'aider au développement des indigènes comme le prétendaient certains hommes politiques occidentaux, mais de poursuivre d'une certaine manière le *pacte colonial*. Autrement dit, le destin de ces territoires, considérés au départ comme sans maître et au début de l'octroi de l'autonomie comme espace à souveraineté surveillée ou résiduelle, se résumait toujours à fournir des produits de base à la mère patrie, philosophie des relations économiques étendue à la construction d'une Europe économiquement intégrée.

L'élargissement du *pacte colonial* qui devait s'étendre aux pays qui participaient à la construction européenne et qui avait abouti à la création du système de stabilisation des exportations de produits agricoles (STABEX) et système minier (SYSMIN) pouvait-il se percevoir comme une générosité ou le maintien du *statu quo* du fonctionnement du marché colonial ? Seules les petites nations, habituées à la tutelle, peuvent croire que d'autres s'occupent d'elles par humanité.

- Un dispositif post colonial bâti sur le pacte colonial : le STABEX et le SYSMIN

Le pacte colonial a été élargi aux Etats qui n'avaient pas ou plus de colonies en Afrique noire et à quelques îles des Caraïbes et du Pacifique. Ces dernières îles, faut-il le préciser, avaient été autrefois des colonies et déjà imprégnées du pacte colonial. Comme ce pacte n'était pas fondé sur le droit (sous quelques réserves relatives aux accords de coopération qui le prolongent dans certains pays) mais sur une situation de fait pour certaines entités, les accords qui suivaient donnaient un cadre institutionnel aux nouvelles relations entre les ex-colonies et leurs anciens maîtres.

Alors que dans les Conventions de Yaoundé (Yaoundé I de 1963-1969 et Yaoundé II de 1969-1975), les accords de coopération entre les pays nouvellement indépendants et la CEE portaient sur les relations économiques générales afro-européennes ayant pour fondement l'ouverture du marché européen aux produits tropicaux de base et non aux produits manufacturés pouvant concurrencer ceux de l'Europe (exemple : suppression progressive des droits de douanes), la Convention de Lomé signée le 28 février 1975 et entrée en vigueur le 1er avril 1976 prévoit un régime particulier pour la stabilisation des recettes d'exportation des produits de base (STABEX), régime qui s'inscrivait dans la recherche d'un supposé nouvel ordre économique international. Quelles différences pouvait-il y avoir entre l'ouverture du marché européen aux produits de base tropicaux (Conventions de Yaoundé) et la promotion des produits de base tropicaux qui devaient être exportés sur le marché européen (Convention de Lomé) puisque la stabilisation des recettes d'exportation n'est pas, en général, gratuite ?

En effet, selon les experts de la Commission de la Communauté Economique Européenne, l'instabilité des recettes d'exportation des pays en voie de développement n'est pas essentiellement due à la fluctuation des cours des produits de base. Il ne suffirait donc pas de stabiliser les cours pour stabiliser les recettes d'exportation, car cette stabilisation des cours serait préjudiciable au développement des pays pauvres en limitant, au détriment des exportations *les possibilités de compensation qui pourraient leur être offertes dans le temps* (par pudeur, on ne parle pas de hausse de prix ou des cours qui serait préjudiciable aux pays consommateurs). On se situerait dans la théorie pure du fonctionnement du marché dont les fluctuations des prix sont conjoncturelles et peuvent quelquefois dépasser le prix d'équilibre naturel lors d'une hausse des cours des matières premières, hausse favorable aux producteurs. Or comme l'on sait, les prix des produits de base ou exotiques sont fixés sur le marché des consommateurs et ne dépendent pas de la loi de l'offre et de la demande, mais très souvent de la spéculation ou du bon vouloir des pays importateurs ou consommateurs. Comme les organismes publics qui servaient d'intermédiaires entre les paysans producteurs et l'exportateur ou les exportateurs ont été supprimés lors de la libéralisation des marchés, disons des vagues de privatisation résultant des politiques d'ajustement structurel pour les pays africains, le prix aux paysans producteurs est déterminé pour chaque pays par négociation entre les acquéreurs et les gouvernants. On a pu constater qu'alors que les difficultés d'approvisionnement supposées de certains produits comme des guerres civiles ou autres troubles pouvaient réduire l'offre et faire "hausser" les prix, ceux-ci restent stables ou relativement stables parce que le marché de ces produits qui se trouve dans le groupe de pays de consommation en a décidé ainsi ; alors qu'en temps normal, les comportements spéculatifs dans les pays de consommation peuvent conduire à des fluctuations très importantes de prix soit à la hausse, soit à la baisse sur ces mêmes produits, et qui ne sont expliquées par aucune loi de l'offre et de la demande. En clair, le vrai marché des produits exotiques ne se trouve pas dans les pays de production, mais dans les pays de consommation (ainsi qu'il est rappelé tout au long de cette réflexion) ; les fluctuations qui peuvent avoir lieu dans les pays de production ne sont pas contingentes au fonctionnement rationnel d'un marché. C'est dans ce contexte qu'a été créé le système de stabilisation des recettes d'exportation (STABEX) qui constitue le volet le plus important de la Convention de Lomé de 1975, voire de la coopération économique entre les petites nations et la CEE devenue Union européenne. Nous soulignons, pour ceux qui pensent au développement des petites nations, que depuis l'association des pays d'Outre-mer jusqu'aux Conventions de Lomé, il n'a jamais été question de produits manufacturés des pays associés, mais toujours de produits de base ou primaires consommés (à vrai dire transformés) par l'Union européenne. On n'invoque les produits manufacturés des pays associés que pour insister sur leur exclusion à tout système de coopération entre les petites nations et l'Europe.

Le STABEX, auquel il a été ajouté le SYSMIN, se présenterait comme une *assurance contre les mauvaises années*. Il s'appliquait, à sa création, aux recettes d'exportation de vingt-neuf produits dès lors qu'elles constituaient plus de 7,5% des recettes totales du pays A.C.P. (Afrique-Caraïbes-Pacifique) considéré. Ce seuil de dépendance de 7,5% est ramené à 2,5% dans le cas des pays les moins développés, enclavés, ou insulaires préalablement déterminés. La deuxième condition est que la C.E.E. (aujourd'hui U.E.) ne garantit que les recettes provenant des exportations qui lui sont destinées et pour autant que les produits soient consommés ou transformés en Europe ; cette condition ne s'applique pas à quelques pays pour lesquels la faiblesse des exportations vers la C.E.E. aurait retiré tout intérêt au système, le STABEX s'appliquant dans ce cas à tous les produits primaires.

La consommation et la transformation du produit en Europe inscrivent ce dispositif dans le pacte colonial. Les seuls produits pour lesquels l'Europe semble *aider* ses anciennes colonies sont donc les produits tropicaux qui ont motivé la conquête des *terra nullius* pourtant organisés en royauté comme ce fut le cas dans toutes les évolutions institutionnelles du XVIIIe et XIXe siècles. Nul ne peut contester l'idée que l'encouragement des produits de base d'exportation (non transformés) à destination de l'Europe et de l'étranger dont les petites nations ont hérité des anciens maîtres et qui ont durablement marqué l'économie de ces nations tropicales est l'une des causes de la pauvreté de ces nations. Nous rappelons que jusqu'à présent, ces produits tropicaux qui ont considérablement enrichi certains individus et des nations européennes s'acquièrent à vil prix chez les indigènes qui cherchent à entrer dans la mondialisation moderne (mais en sont-ils une seule fois sortis depuis leur conquête ?) parce qu'ils ignorent peut-être qu'ils sont toujours assujettis et que les produits que des nations étrangères les encouragent à produire sont la cause de la *perpétuation* de leur condition d'esclave affranchi qui ne peut vivre que grâce à son ancien maître demeuré son maître sous une nouvelle forme de liberté qu'il n'a toujours pas dans la réalité. Lorsque les statistiques internationales insistent sur la marginalisation des petites nations en matière de transactions internationales courantes évaluées en monnaie, les nations dites pauvres ne comprennent pas que la monnaie n'est qu'un voile et que le volume de la monnaie ne traduit pas le volume des biens qui font l'objet de transaction. Si un produit s'acquiert à bas prix, exemple un dollar l'unité et qu'on en vend mille unités, le vendeur ne récoltera que mille dollars ; si le même produit se vend à cent dollars l'unité pour la même quantité, c'est-à-dire mille unités, le propriétaire récoltera cent mille dollars. Ce sont les mêmes statistiques internationales des grandes organisations mondiales qui par la suite proclameront que le taux de croissance a battu des records dans les pays pauvres alors qu'on ne constate aucun développement. Ces éminences en sont réduites à commenter la marginalisation des pays africains dans la mondialisation en ne s'attardant que sur la valeur en terme monétaire pour des nations qui fournissent d'énormes quantités de produits de base divers au monde. Ainsi, un produit qui s'acquiert à bas prix ne générera qu'un faible revenu, alors qu'une faible quantité du même produit qui s'acquiert à un prix élevé ou avec une très forte valeur ajoutée conduira à un revenu élevé. Nous n'avons pas inventé cette idée qui relève de l'évidence et déjà énoncée par Adam Smith lors de sa critique aux Physiocrates (*Richesse des nations, Ch. IX*). Nous répétons donc ce principe qu'un étudiant de première année d'étude économique peut facilement comprendre et qu'on ne lui apprendra jamais parce qu'il dévoilerait les injustices faites aux pays pauvres pour les maintenir dans la pauvreté. Les produits primaires exportés, à supposer qu'on démontre que le salut des petites nations dérive uniquement de ces transactions entre anciens maîtres et anciennes colonies, n'auraient donc pas besoin d'un dispositif tel que le STABEX si, à la base, ils étaient bien rémunérés. Pourquoi le pétrole des pays arabes du Golfe n'a pas besoin d'un système de soutien qui permette à ces pays de s'enrichir actuellement alors que celui des pays africains par exemple en aurait-il besoin ? Il faut rappeler que les transactions commerciales entre les maîtres et les assujettis ne s'inscrivent pas dans la théorie de la loi de l'offre et de la demande, ou loi du marché. C'est ici une nouvelle occasion de rappeler que chaque fois qu'un *gouvernant indigène* a demandé avec beaucoup de courtoisie une petite augmentation du pourcentage de royalties qui résultent de l'exploitation des ressources naturelles de son pays, il a été combattu et destitué par ses maîtres, quand il a eu la chance de ne pas avoir été assassiné.

Pour chaque produit et pour chaque A.C.P., il est donc établi chaque année un *niveau de référence* qui n'est autre que la moyenne des recettes d'exportation des quatre précédentes années. Lorsque les recettes d'une année donnée chutent d'un certain pourcentage par rapport à ce niveau de référence, le pays touché demande à la C.E.E. (Union européenne) de lui accorder un transfert financier correspondant à la différence (nous nous référons souvent aux noms des parties à la Convention de Lomé qui institue le système quand nous parlons de la C.E.E.). Si toutes les conditions sont remplies, la Communauté verse ainsi au pays la valeur de son *manque à gagner*. Le pays remboursera lorsque le mouvement s'inversera dans ses recettes, sauf s'il appartient aux vingt-quatre Etats A.C.P. les moins développés, lesquels sont exemptés de remboursement. Nous ne reviendrons pas sur les recettes d'exportation qui entrent dans le raisonnement sur la valeur du travail. Comme nous le soulignions ci-dessus, on voudrait des produits au coût le plus bas possible et pour ce faire, on combat, on destitue, on assassine des dirigeants qui osent demander l'enchérissement des prix de produits qui sont fixés par les acquéreurs ou sur le marché des consommateurs et qui en retour instituent des *systèmes* pour maintenir un niveau appréciable des recettes d'exportation ! Nous ne sommes pas à un paradoxe près avec cet *acte caritatif*. Nous voulons des produits primaires à bas coût, mais nous réconfortons l'offreur en feignant de soutenir les recettes tirées de ces produits que nous lui achetons.

La prévision d'un remboursement en cas de rétablissement des recettes d'exportation ne constitue-t-elle pas un endettement *ex post* à taux préférentiel ou à taux zéro ? On a présenté ce dispositif comme une faveur. Mais il faut le savoir, tout ce qui vient du maître est une faveur ; alors que ce qui vient de l'esclave est un dû, un droit pour le maître. Sinon où trouve-t-on la faveur dans un dispositif qui tend à perpétuer l'acquisition des produits qui permettent jusqu'à présent la croissance des grandes nations (ce que certains qualifient de prédation), qui plus est, conduit à la paupérisation des *nations riches en ressources naturelles* dont la population meurt de faim ? Une somme qui doit être remboursée n'est pas non plus une faveur dès lors que le remboursement est doublé d'un profit à long terme pour le créancier, l'acquisition de produits à vil prix.

Par le STABEX, la C.E.E. a attiré les regards affables de ceux qui étaient à la recherche d'un nouvel ordre économique international ou mondial. Sans pour autant constituer une innovation majeure dans les relations économiques internationales, le STABEX a pu paraître comme une première réponse partielle au problème de l'instabilité des cours des produits de base. Volet principal de la Convention de Lomé, il a été favorablement accueilli par les pays A.C.P. à la recherche de moyens de financement de leur développement, financement qu'ils auraient pu trouver chez eux sans quémander s'ils étaient maîtres de leurs productions et s'ils les vendaient au prix où ils achètent les produits importés de leurs anciennes mères patries.

A l'exception de certains pays dits *les pays moins avancés* dans la stratification de la pauvreté, lorsque la chute des recettes devient exponentielle sur une longue durée, il peut y avoir un cumul de dette au titre du STABEX. Si le système contribue à stabiliser les recettes d'exportation pour les produits auxquels il s'applique sur le court terme, il ne résout pas le problème de la baisse des cours. Ce qui explique que les dispositions relatives au principe de remboursement des transferts financiers (article 21) soient le résultat de longues négociations entre d'une part la C.E.E. qui s'inquiétait de l'éventuelle insuffisance des ressources disponibles et qui voulait assurer la pérennité du système de stabilisation, d'autre part les Etats A.C.P. qui s'opposaient à tout remboursement de ce qui, pour eux, ne représentait que la stagnation des ressources disponibles pour le développement de leurs pays.

Le STABEX ne s'applique pas aux exportations qui se sont récemment développées et notamment celles des produits transformés (nous le rappelons). Ce qui ne privilégie que les produits primaires qui présentent un intérêt pour l'Europe et n'aide pas à l'industrialisation. Le STABEX donne l'*impression* dans sa conception que la recherche de devises pour le financement des importations doit se réaliser dans le seul cadre des produits de base. C'est là, faut-il le rappeler, l'esprit du pacte colonial qui se perpétue sans dire son nom.

Le bilan du fonctionnement du STABEX ne suscite pas le même enthousiasme qui avait conduit à son institution, même s'il a été reconduit en 1980. D'un point de vue des objectifs théoriques l'apport positif envisagé et pas forcément réaliste est la stabilisation des recettes d'exportation des produits de base. Ce qui encouragerait l'offre de ces produits alors qu'une baisse tendancielle de ces recettes détournerait les producteurs de ceux-ci. L'on n'ignore pourtant pas que tout encouragement de l'offre, en économie, aboutit sur le long terme à la surproduction sur le marché, sauf si cette offre paraît au départ insuffisante. Ce qui conduit à un effet *boomerang* qui est la baisse de prix déjà bas à long terme, car il est illusoire d'attendre d'un tel dispositif une augmentation substantielle de prix dans un monde où un léger frémissement des prix à la hausse des produits de base est vécu par les grandes nations industrielles comme la cause de tous leurs maux en matière économique, ou comme un drame. Autrement dit, la baisse de prix des produits de base conduirait à la baisse des recettes ou à leur stagnation si cette baisse de prix n'est pas compensée par la quantité produite. Mais pour les grandes nations dont les monnaies servent de devises, de réserve à des petites nations (voir les zones monétaires verticales dans lesquelles les petites nations sont dépourvues de monnaie d'échange international), un tel dispositif permet de ne rien débourser en payant les matières premières en monnaie de réserve qui en réalité n'est que de la monnaie nationale des maîtres ou de conserver les devises pour des échanges hors C.E.E. en contrepartie de cette monnaie nationale ou de la monnaie sans valeur que ces maîtres créent eux-mêmes exclusivement pour leurs assujettis. En dehors des accords qui tendent à soumettre certains pays à l'autorité des puissances, nous n'avons trouvé de conventions fondées sur un système économique de type vertical (groupement de *grandes nations* et de *petites nations*) qui auraient produit des résultats économiques satisfaisants à l'égard des petites nations. En outre dans les pays ACP (Afrique-Caraïbes-Pacifique) où la croissance démographique n'est pas compensée par une recherche de diversification en matière de production, le surplus de population consacré aux mêmes types de produits de base ne fera qu'augmenter l'offre destinée aux nations développées. Même lorsque de nouveaux produits sont apparus, il n'a jamais été question de production que les indigènes peuvent consommer, mais toujours de produits d'exportation.

Les fondamentaux de l'économie politique nous apprennent que sur le marché, une augmentation perpétuelle de l'offre d'un produit sans moyen de la réduire conduit à une baisse naturelle du prix du bien offert lorsque la demande ou le nombre de consommateurs reste stable (comme nous le disions dans les lignes qui précèdent). Ainsi, alors que la production des matières premières ou de produits de base, de ressources naturelles, augmente, la population à laquelle cette production est destinée (la demande) reste quasi stable. Les produits transformés étant exclus, il faut exporter le produit brut sans valeur ni valeur ajoutée sur le marché du consommateur où il acquiert une valeur d'utilité et de la valeur ajoutée. Une fois transformée, le surplus reviendra chez les indigènes qui l'acquerront en tant que produits finis, par l'endettement. Et l'on parlera de biens d'équipement alors qu'il s'agit des mêmes biens de consommation tels qu'on aurait pu les trouver dans la nation qui les avait produits et exportés.

Nous vivons dans un monde gouverné par des principes libéraux ; l'Occident (à sa tête les Etats-Unis d'Amérique) a désorganisé le monde d'après Seconde Guerre mondiale en soutenant les pires mouvements réactionnaires et meurtrières qu'ils ont créés (ce n'est pas nous qui le disons, mais certaines autorités de ces nations lorsqu'elles veulent régler leurs propres comptes dans l'optique de faire disparaître l'idéologie, selon les propos de Zbigniew Brzezinski, ancien Secrétaire d'Etats aux Affaires étrangères des Etats-Unis d'Amérique, mais aussi dans l'optique de redessiner la carte du Moyen-Orient ainsi que le déclarait Donald Trump, en tant que candidat aux élections présidentielles américaines de 2016) ; et nous voilà dans un système de fonctionnement où les Etats puissants interviennent sous de nouvelles formes pour financer la prédation des richesses des nations indigènes de la part de leurs entreprises à leur bénéfice, autrement dit pour alimenter leur croissance au détriment des nations dites pauvres ou des populations considérées inférieures.

Avant de se préoccuper, à cette époque, de la stabilisation des recettes d'exportation des nations productrices de produits de base, il aurait fallu se poser la question du pouvoir *des faiseurs de prix*. Autrement dit, par qui sont fixés les prix des produits primaires ? - Par le marché de Londres, de New-York, d'Amsterdam, d'Anvers, etc. En un mot, par le marché de ceux qui émettent le désir de stabilité des recettes d'exportation et non forcément du prix. Conformément aux relations économiques classiques qui ont cours depuis l'apparition des échanges entre les êtres humains, la fixation du prix d'un bien relève de l'offreur ou des offreurs de ce bien, même si la consommation est un déterminant incontournable. Le consommateur peut négocier un prix, peut influencer le prix selon cette loi dite universelle de l'offre et de la demande, mais le dernier mot revient à l'offreur ou vendeur qui cherche à se dessaisir du bien au meilleur prix possible. Car malgré tout, la liberté dont dispose l'offreur peut le conduire à renoncer à l'offre du bien pour diverses raisons. Mais ici l'habitude a été prise de ce que le producteur, apparemment vendeur, n'a jamais été le vrai propriétaire du bien produit. Il le produisait pour le maître à un prix d'acquisition nul du temps de l'esclavage et des travaux forcés, puis quasi nul au moment de l'abolition de ce mode de relations de production. En outre, c'est le maître qui détermine ce dont l'assujetti a droit. Comme nous l'avons déjà dit plus haut, le prix réel n'est pas fonction du travail, de la difficulté de production par le travailleur, de l'habilité dans le travail, mais de l'utilité du bien produit que seul le maître connaît sur son propre marché (celui du pays d'où il ressort). Voilà comment les prix des produits de base ont toujours été déterminés sur des marchés de Londres, d'Amsterdam, de New-York, d'Anvers, etc. Dans le système mis en place par les accords CEE-ACP, l'on raisonne comme si le seul déterminant de la baisse de recettes d'exportation est la réduction de la quantité produite ; or ce dernier phénomène (la réduction de la quantité) qui se produit sur le territoire des producteurs est très rare alors que la fluctuation des prix du bien produit qui a lieu sur le marché des consommateurs (dont nous avons cité quelques-uns ci-dessus) est légion. D'ailleurs l'économie des relations entre les petites nations et les grandes nations (comme nous ne cessons de le répéter) n'est-elle pas de permettre à ces dernières d'obtenir des produits à vil prix ? Aussi le STABEX et le SYSMIN parlent-ils de rétablissement de la situation initiale avant la baisse des recettes.

Quand nous discutons d'augmentation du prix des produits dont on encouragerait la production, nous nous situons dans la théorie pure de l'économie libérale, une fiction puisque l'offre et la demande ne sont pas ici des fonctions déterminées par le prix du marché. Nous ne faisons que mimer ce type de raisonnement pour en révéler le caractère absurde ou l'absurdité d'un raisonnement pur, détachable de la réalité.

Nous parlons donc de prix et non souvent de recettes d'exportation. Car, comme il est mentionné ci-dessus, c'est rarement que les recettes ne dépendent pas des prix. Il y a des cas rarissimes où la quantité produite a baissé pour entraîner une chute des recettes. Par contre dans les années 1980, la Côte d'Ivoire (premier producteur de cacao et troisième producteur de café entre autres) a vu ses recettes de cacao baisser pour des raisons de spéculation. La spéculation, ainsi qu'il a été déjà dit dans les pages qui précèdent, est la principale cause d'une baisse de prix conduisant à celle des recettes d'exportation. Si cette baisse de prix dépendait d'une augmentation trop importante de l'offre, ce ne serait pas de recettes d'exportation qu'on se préoccuperait, mais de *surproduction* et donc de *diversification de la production* au lieu de s'installer dans la monoculture qui est la caractéristique des économies des petites nations, en dehors des ressources naturelles.

Les causes de la fluctuation des prix qui conduisent souvent à celles des recettes se trouvent donc sur les marchés des anciens colonisateurs ou les anciens maîtres des relations économiques et financières, demeurés aujourd'hui les maîtres (toujours par la force des armes et non par la persuasion comme on pourrait le croire). Toute manufacture nécessite des matières premières qu'on trouve dans les petites nations, lesquelles matières premières ont conduit et conduisent toujours à la servitude (ou à l'assujettissement), au massacre des populations qui n'ont rien demandé, mais qu'on prétend vouloir aider, civiliser, démocratiser. Si les relations économiques se réalisaient entre des peuples égaux, les vrais maîtres du commerce international seraient lesdites petites nations qui détiennent la clé de la production, la source de la production, c'est-à-dire les matières premières. Ces dernières nations qui détiennent donc des ressources naturelles à profusion n'iraient pas quémander quelques subsides chez ceux qui leur doivent leur survie, pour survivre elles-mêmes. Beaucoup de chercheurs, conscients du marché de dupe, invitent les chefs des Etats que d'autres intellectuels nomment des *Républiques bananières* à prendre leurs affaires en main, à rechercher l'autonomie de décision pour leur peuple, comme si ces chefs avaient la réalité du pouvoir en dehors de celui de la répression qui peut servir d'argument sur la démocratie, une argumentation qui participe de l'incapacité des *indigènes* à s'autogouverner.

Pour revenir à l'économie politique, nul n'ignore donc que les fluctuations des prix des produits primaires procèdent en grande partie de la spéculation pour ce qui concerne les prix dits internationaux sur la base de laquelle sont déterminées les miettes à octroyer aux producteurs indigènes, donnant ainsi l'illusion d'entretenir leur force de travail. Ces fluctuations qui résultent donc souvent de la spéculation servent d'effet psychologique pour déterminer le prix d'achat au paysan producteur. Pour le convaincre du bas prix qu'on lui propose, on lui parlera des cours mondiaux qui sont en baisse sans autre forme d'explication.

Ne pas pouvoir entretenir la force de travail et avoir un logement décent, n'est-ce pas cela la pauvreté de certaines nations ? Car analysée de très loin dans l'ornière de l'économie politique formatée de la loi de l'offre et de la demande, la pauvreté de ces nations laisserait croire que ces *peuples démunis* travailleraient moins que ceux des nations riches. Parler de stabilisation des prix des produits de base ou des recettes d'exportation n'est qu'un marché de dupe, comme il est signalé ci-dessus. Les concepteurs de l'économie des petites nations dont ils sont les maîtres réels préfèrent parler de stabilisation des recettes d'exportation qui constitue leur meilleure méthode d'aide, comme si les produits d'exportation sont ceux dont la production nourrit la population. La persistance de la pauvreté résulte donc de ce marché de dupe. Car dans une économie qu'on a voulu civilisée par le biais de la monnaie et qui continue de drainer la population vers la production héritée du passé (esclavagiste, colonial) grâce à des dirigeants et des élites indigènes qui n'ont pas changé leur comportement en matière de politique économique ou ne peuvent le faire sous peine de sanctions qui vont jusqu'à la destruction de leur pays tout entier aux fins de poursuivre la soumission, cette population ne trouve pas d'autre issue que de continuer la *vie de l'esclave affranchi* que nous décrivions dans les pages qui précèdent. Nous disons ironiquement « *grâce à* » et non « *à cause de* » pour situer l'appréciation du côté des auteurs et non des victimes de la pauvreté.

Tous les territoires qui sont passés par ce stade de *processus de civilisation* continueront pour longtemps à récolter les miettes de leurs propres efforts qui ne peuvent leur assurer de sortir de la pauvreté quasi absolue. Lorsque nous faisons allusion à l'esclavage et à la colonisation, nous nous situons bien dans le présent, car ce présent ressemble bien au passé. Et les prétendus intellectuels, formatés dans les moules de la pensée unique, qui rendent coupables les dirigeants indigènes présumés corrompus et dictateurs que les puissants ont eux-mêmes installés au pouvoir ou contribué à l'accession au pouvoir (dans le rôle de gouverneur de territoire) et qui ne peuvent par conséquent s'émouvoir autrement que ce que le maître dont ils souhaitent s'éloigner exige, doivent s'y prendre à deux fois pour critiquer. Ceux-là doivent se cultiver un peu plus pour cesser de qualifier les autres de *tiers-mondistes arriérés*, tout en étant assis dans leurs bureaux confortables de puissances exploitantes ou en sillonnant les hôtels de luxe dans les pays soumis ou vassalisés. Car la corruption des gouvernants (que ceux-ci ressortissent des grandes puissances ou des petites nations) est la chose la mieux partagée en ce monde mercantiliste (pour pasticher encore le philosophe français René Descartes à propos de la raison dans son ouvrage *Discours de la méthode*).

Nous serons tous pour longtemps des enfants du *Siècle des Lumières* par l'idée que leurs auteurs ont apporté à la démocratie et aux libertés dont le Monde est si fier. Mais qu'on fouille un peu plus, comme nous le disions, leurs écrits sur les autres peuples, notamment les Nègres, pour savoir la vraie liberté qu'ils préconisaient pour ceux-ci (la négation de la qualité d'être humain, de simples interrogations sur cette qualité loin des combats sur la liberté). En signalant ce que tout vrai intellectuel sait et n'ose dire parce que certains peuples se sont établis dans un schéma immuable de domination, ou doit savoir, nous ne faisons que notre travail de chercheur. Et sur ce point, personne ne nous contredira, sauf à s'installer dans l'inculture, une situation confortable, qui caractérise un grand nombre de critiques.

L'aide financière est l'aspect émergé des relations entre les nations apparemment riches dont une grande partie de la population se paupérise et les nations pauvres mais riches de leurs ressources naturelles à qui l'on conseille de n'entreprendre aucun effort en matière d'éducation, d'instruction, de formation et de recherche aux fins d'une maîtrise de ces ressources. Qu'on sillonne les pays assujettis aux ajustements structurels, on constatera que l'école est si chère que l'éducation, l'instruction, la formation, tout cela est devenu un luxe pour une grande partie de la jeunesse. Certains gouvernants de petites nations déclarent de vives voix ne pas disposer de moyens pour assurer l'éducation de leur jeunesse. Que deviendra alors cette jeunesse, sinon des adultes affamés dont une partie ira chercher l'*eldorado* dans les pays qui se sont investis de *la mission sacrée de civilisation.*

L'aide financière qui permet d'obtenir en contrepartie immédiate des produits primaires à bas prix et qu'il faudra rembourser plus tard (une espèce de double peine) constitue lui aussi un aspect de ce système que l'économie politique a confondu à l'orthodoxie économique qu'aucun pays civilisé ne pratique. Les relations dans ce cas se traduisent ainsi : « On vous donne un peu de devises pour nous acheter nos produits manufacturés, devises qu'il faudra nous rembourser sur les « *sous* » *symboliques* que nous vous octroyons et qui constituent les recettes de la vente de vos produits primaires ». Nous ne faisons pas de ce raisonnement une certitude irréfragable. Nous pouvons nous en départir en tentant de faire preuve d'honnêteté et d'objectivité si tel n'est pas le cas, car on a souvent montré par des arguments divers (déficit de démocratie, corruption, mauvaise gestion, etc.) que les pays pauvres sont responsables de leur pauvreté. Nous avons à maintes reprises répondu à ces arguments très peu convaincants. Nous voudrions cependant qu'on nous fasse la démonstration des aspects erronés de nos propos sur le volet économique des accords C.E.E.-A.C.P., non pas avec un vocable teinté d'ethnocentrisme politique, mais avec des arguments crédibles, sur le fondement de l'économie politique qui ne serait pas que des formulations, mais basée sur la pratique universelle des nations.

Malgré le glissement des pays africains vers des relations économiques internationales plus vastes, ils n'ont pu trouver la solution aux problèmes de la dégradation de leurs recettes d'exportation des produits de base dans le cadre de ces relations internationales, que ce soit au sein de l'association C.E.E.-A.C.P. ou au sein des organismes mondiaux, recettes sur lesquelles l'économie politique actuelle fonde le développement des petites nations. En dehors de la *valeur travail* et du prix d'utilité, un produit n'acquiert de valeur supplémentaire que par la valeur ajoutée qui résulte de sa transformation. Les produits de base ou produits primaires qui sont au stade initial de leur production, à défaut du prix résultant du travail, du prix d'utilité qu'ils n'ont pas sur le territoire de production puisqu'ils n'intéressent pas la consommation locale, n'acquièrent donc aucune valeur supplémentaire en tant que produits bruts non transformés à ce stade.

c) La coopération économique, politique et culturelle entre les petits territoires d'Asie du Sud-Est (ASEAN)

En Asie du Sud-Est constituée notamment de petits territoires, certains pays occidentaux ont tenté de réinitialiser leur expansion à partir des exigences nées de la Seconde Guerre mondiale. C'est ainsi que les Etats-Unis d'Amérique ont aidé à la création de groupements tels que l'ASEAN (Association of South East Asian Nations) en Thaïlande le 8 août 1967 dans un contexte de guerre froide. L'objectif était de contrer les mouvements communistes ou révolutionnaires et de promouvoir le développement des pays membres de ces associations pour montrer la puissance, du moins la supériorité du capitalisme sur le communisme. Les pays fondateurs étaient : Indonésie, Malaisie, Philippines, Singapour, Thaïlande. A sa création, l'ASEAN apparaît comme une association politique, économique et culturelle. A un moment où l'on venait de neutraliser le Président Soekarno de l'Indonésie en 1965 (par un coup d'Etat avorté mais qui rendit quasi inexistant l'homme de la Conférence de Bandung de 1955, l'anticolonialiste qui perdit définitivement le pouvoir le 12 mars 1967 par la force d'une main invisible de l'Occident), les pays membres installèrent le Secrétariat général de ladite association à Jakarta (Indonésie). D'autres Etats d'Asie du Sud-Est les ont rejoints (Brunei en 1984, Vietnam en 1995, Laos en 1997, Birmanie en 1997, Cambodge en 1999, le Timor oriental en 2005). Mais l'esprit de la Conférence de Bandung n'avait pas complètement quitté ces petites nations ou nations morcelées par les conquérants européens : l'esprit de liberté.

En dehors des liens noués avec d'autres Etats du Pacifique, on constatera que les membres de l'ASEAN qui ont décollé économiquement sont ceux qui jouissent d'une véritable liberté ou les appendices de l'Occident dans lesquels celui-ci a investi ses capitaux à la recherche de profits ou de blanchissement. Ainsi, les Philippines sous domination des Etats-Unis d'Amérique qui voulurent en faire un territoire américain dans le Pacifique après le départ forcé des Espagnols (voir la révolution philippine aidée des Américains contre l'Espagne, puis la guerre des Philippins contre les Américains), et dont la situation est plus proche d'une zone d'influence latino-américaine des Etats-Unis d'Amérique, stagnent économiquement et ne se manifestent que par le taux de criminalité élevé. Les Philippines, bien qu'éloignées géographiquement du sous-continent sud-américain, rejoignent donc économiquement les Etats d'Amérique du Sud ou latine caractérisés par la stagnation en matière économique alors que Hawaï dans le Pacifique est devenu une excroissance américaine au détriment des peuples premiers.

Section 2 – Un réveil collectif souhaitable pour les petites nations

Tout peuple qui n'a pas encore pris conscience de son existence reste l'esclave de ceux qui l'ont asservi. Cette prise de conscience doit être collective et se perpétuer dans l'union des petites nations proches.

Lorsque les pays arabes producteurs de pétrole ont provoqué le choc pétrolier de 1973, c'est par leur union qu'ils ont gagné leurs revendications. Aujourd'hui ils sont devenus les financiers du monde. Signalons que la nature des régimes politiques de ces pays ne permettait pas la manipulation politique d'une opposition inexistante. Paradoxalement, leur souveraineté tient à l'absence d'opposition. A bien observer leur régime, on dirait que l'absence d'une démocratie de type européen les protège de toute critique de totalitarisme ou de dictature.

Aucune bombe n'est donc tombée sur la tête d'un Etat du Golfe malgré le déficit de démocratie, comme il est devenu coutumier de le dire à l'égard d'autres petites nations. Si l'Irak a été détruit beaucoup plus tard, c'est à cause de l'isolement de son régime qui souhaitait s'imposer en tant que *leader* dans la région et de l'existence d'une fracture sociale sur fond religieux, autrement dit d'une opposition manipulable, alors que d'autres lui disputaient ce leadership et se réjouissaient à mot couvert de cette destruction. L'Irak n'est pas le premier ni le dernier à tenir tête à l'empire américain ; mais il est celui dont le peuple vivait sur les germes d'une division religieuse trop profonde. Donc l'isolement de l'Irak par rapport à ses voisins qui lui vouaient la même haine que celle de la *Sainte-Alliance* en a fait une proie facile. Pourquoi les Etats-Unis d'Amérique hésitent-ils tant à attaquer l'Iran malgré l'humiliation qu'ils ont subie en 1979 de ce dernier pays alors que la Russie n'était pas encore présente dans la région ?

Les Etats du Golfe, petits par leur superficie, mais avec une surface financière large, se font aujourd'hui courtiser par les grandes nations civilisées. Ce n'est donc pas à leur égard qu'on parle de démocratie et de droits de l'homme (que les pays qui apprécient n'appliquent même pas), ni de libéralisme économique ou de désengagement de l'Etat en matière économique. L'économie pétrolière dépend directement des rois et des émirs sans qu'aucune théorie économique n'en fasse un sujet de dissertation.

On entretient une déstabilisation de la Syrie pour l'affaiblir face à Israël. La Syrie n'est certes pas démocratique selon le canon occidental ; mais quel pays du Golfe persique l'a une fois été ? Nous voulons dire que tant qu'un pays reste isolé par rapport à ses voisins ainsi qu'il en est de la Syrie avant l'intervention russe, il devient la proie facile de la *mission sacrée de civilisation* ou *de démocratisation.* Ce n'est pas dans ces conditions qu'un pays peut financer son bien-être parce que le pas qu'il fera en avant, à moins d'être assujetti à une grande puissance qui partage avec lui ses richesses ou a la mainmise sur celles-ci, ce pas sera repoussé en arrière par une guerre civile qu'une communauté dite internationale lui imposera au nom d'une *démocratie-alibi*, car la démocratie ne se décrète pas, elle se construit par le développement. Au début de la déstabilisation de la Syrie, on parlait beaucoup de la communauté internationale qui y intervenait contre le dictateur (dont, sans diplomatie, certaines hautes autorités de l'Occident disaient qu'il n'avait pas le droit de vivre). Après le soutien de la Russie à la Syrie, la communauté internationale s'est liquéfiée. L'isolement du chef d'Etat syrien, au départ de la création de la rébellion, paraissait le même que cet autre chef d'Etat qui n'avait pour seule appellation en Occident que le *dictateur libyen.*

En Afrique donc, la Libye a été détruite parce que son chef d'alors était trop tournée vers le continent africain pour l'aider à sortir de la pauvreté à la place des maîtres des zones d'influence. Mais chaque pays africain appartenant à une zone d'influence d'une grande nation, autrement dit rattaché à celle-ci, et l'Union africaine étant soumise à l'Union européenne, aucun *gouverneur de territoire* n'a pu élever quelque protestation. Maintenant que leurs maîtres reconnaissent leur erreur, certains de ces gouvernants assujettis expriment à mots couverts leur désapprobation *ex post*.

On entend toujours dire que tel pays par son comportement met en danger « nos intérêts ». Quelle est cette loi divine qui a proclamé que certains pays avaient des droits sur les autres et des intérêts ailleurs que chez eux. Aucun pays détenteur de la bombe atomique n'osera détruire un autre avec cette bombe sans se détruire lui-même. Par contre une petite nation désarmée depuis qu'elle est sous tutelle et isolée, peut se faire plier les genoux par une coalition de puissances qui ont les mêmes intérêts. La Libye isolée n'a donc pas été détruite par un pays mais par une coalition ; l'occupation actuelle d'Haïti n'est pas le fait d'une seule puissance, mais d'une coalition de pays qui ont intérêt à laver l'affront d'anciens esclaves qui se sont affranchis eux-mêmes et qui ont continué leur acte depuis des siècles. La Côte d'Ivoire dans la décennie 2000 ne s'est pas trouvée face à son seul maître, le maître de la zone d'influence (certains disent la *France-Afrique ou Françafrique*), qui devait réprimer les écarts de langage de l'*Etat indigène* sur la liberté en infligeant des punitions aux gouvernants qui *avaient commis ce crime de lèse majesté*. Il a fallu en appeler à une certaine communauté internationale ; notamment tous les Etats de l'Europe unis sous la bannière de l'Union européenne pendant que l'Union africaine financée par celle-là relayait chaque mot, chaque chef d'Etat indigène tremblant pour *se terrer sous la table*. Emmanuel Kant disait en son temps : « Paresse et lâcheté sont les causes qui font qu'un si grand nombre d'hommes, après que la nature les eut affranchis depuis longtemps d'une conduite étrangère (*naturaliter maiorennes*), restent cependant volontiers toute leur vie dans un état de tutelle ; et qui font qu'il est facile à d'autres de se poser comme tuteurs. » (*E. Kant, Vers la paix perpétuelle ; traduction de J.-F. Poirier et F. Proust*). Nous n'ignorons pas les abominations que Kant a dites sur d'autres peuples, et qu'il situait ses propos dans le cadre des peuples européens. Cependant sa déclaration vaut aujourd'hui pour toutes les sociétés qui se reconnaissent humaines. Beaucoup plus tôt, Etienne de La Boétie avait souligné : « Il est vrai qu'au commencement on sert contraint et vaincu par la force ; mais les successeurs servent sans regret et font ce que leurs devanciers avaient fait par contrainte. Les hommes nés sous le joug, puis nourris et élevés dans la servitude, sans regarder plus avant, se contentent de vivre comme ils sont nés et ne pensent point avoir d'autres biens ni d'autres droits que ceux qu'ils ont trouvés ; ils prennent pour leur état de nature l'état de leur naissance » (*Discours de la servitude volontaire*). Il n'y a pas de peuple qui ne se comporte pas ainsi face à la servitude. Mais il arrive un jour où quelques membres en prennent conscience et enseignent que le bien le plus précieux que tout peuple doit revendiquer est la liberté. Un peuple qui n'est pas libre ne peut engendrer des individus libres. Quand bien même l'on persisterait à penser que les petites nations sont indépendantes, donc libres de leur choix, on ne saurait admettre que d'autres nations disent sauvegarder leurs intérêts ailleurs que chez elles. C'est seulement dans l'union que ces peuples, qui constituent des *intérêts à sauvegarder* d'autres nations, ou des prés carrés, peuvent s'affranchir de la servitude dans laquelle ils vivent en étant considérés comme des choses (des intérêts) et retrouver la liberté qui permet un vrai développement.

CHAPITRE 2

DE LA SOUVERAINETÉ RÉSIDUELLE OU DU MAINTIEN DU STATU QUO EN MATIÈRE ÉCONOMIQUE

La liberté de l'Etat est au centre de l'essor économique et social. Nous ne voulons pas dire que l'Etat qui domine un autre ou les autres, ou qui se rend maître des ressources naturelles ou confisque les biens des autres ne peut pas gagner en prospérité. Mais il arrive quelquefois que cette prospérité soit artificielle, c'est-à-dire ne bénéficie qu'à la classe dominante ou à une infime partie de la population de l'Etat prédateur. C'est ce qui arrive aujourd'hui à nos grands Etats lorsque ce ne sont pas les populations de ces derniers qui se réapproprient des biens qui ont été acquis ou pris aux autres à moindre coût. On a pu constater que l'or pris aux nations sud-américaines à l'époque de la conquête de leurs territoires a permis la construction de grands édifices en Europe et notamment de grands palais. Ces palais ont fait et continuent de faire la fierté des pays développés ; mais ce n'est pas ce qui conduit au bien-être de toute la population. Cependant la partie de l'or en particulier et des ressources naturelles en général, acquise par certaines nations qui ont su en faire un capital productif, a enrichi ces nations.

Lorsque beaucoup de pays ont rêvé d'une certaine autonomie et non forcément de l'indépendance totale au moyen de lutte acharnée, ils ont cru pouvoir défendre la souveraineté que leurs leaders promettaient de recouvrer. Peu de temps après, ils se sont retrouvés comme des sous-régions de leurs anciens conquérants sous des formes de coopération dont ils ne maîtrisent toujours pas les tenants et les aboutissants.

Section 1 – De la souveraineté défensive à la souveraineté limitée

A chaque époque des *indépendances*, les intellectuels des pays concernés associaient l'autonomie qu'on octroyait à chacun de ces pays à *l'indépendance totale* y compris *l'indépendance dite économique*, autrement dit à la souveraineté. Paradoxalement, l'enjeu était de parvenir à l'autosuffisance alimentaire, autosuffisance en matière de production et de consommation, pour des pays qui fondaient leur participation aux relations économiques internationales sur la continuité des productions dictées par le *pacte colonial*, c'est-à-dire la spécialisation en produits primaires d'exportation dont certains *savants* ont tiré des théories économiques. Les petites nations ont la terre en abondance qu'elles cèdent maintenant à des pays étrangers ; elles ont toujours eu de la main-d'œuvre héritée d'un système esclavagiste qui n'a pas beaucoup évolué puisque, comme nous n'avons cessé de le dire, la *valeur travail* des produits primaires d'exportation est quasi nulle. Ces petites nations doivent se spécialiser dans le domaine des produits primaires et/ou ressources naturelles selon le théorème d'HOS de la première moitié du XXe siècle, une aberration que nous n'avons cessé de dénoncer, mais qui constitue pour la doctrine libérale la meilleure démonstration de l'évolution et de l'intégration dans les relations internationales économiques. Nous disons ici, comme nous l'avons déjà répété à maintes reprises, qu'il n'y a eu aucune appropriation des outils d'un véritable développement après les périodes d'*indépendance*, même si au départ, les indépendances octroyées ont donné l'illusion d'une lutte pour l'égalité entre les hommes qui conduirait à l'égalité entre les nations. Vattel écrivait au XVIIIe siècle : « Puisque les hommes sont naturellement égaux, et que leurs droits et leurs obligations sont les mêmes, comme venant également de la nature, les Nations composées d'hommes et considérées comme autant de personnes libres qui vivent ensemble dans l'état de nature sont naturellement égales et tiennent les mêmes obligations et les mêmes droits. La puissance et la faiblesse ne produisent, à cet égard, aucune différence. Un nain est aussi bien un homme qu'un géant ; une République n'est pas moins un Etat souverain que le plus puissant Royaume » (*M. de Vattel, Le droit des gens ou principes de la loi naturelle appliqués à la conduite et aux affaires des Nations et des Souverains ; 1758*). On pensait que l'indépendance était le gage de l'égalité souveraine. Une souveraineté dite défensive qui consisterait à défendre l'existence même de l'Etat, comme le droit des gens en avait fait le principe fondateur de cet Etat. Comme, selon Vattel, un homme nain est l'égal d'un géant, une petite nation serait l'égale d'un vaste Etat puissant. Or le droit international a été façonné dans un environnement spécifiquement européen qualifié aussi de « pays civilisés ». Le respect mutuel n'avait pour champ qu'un nombre restreint d'Etats. Il était fondé sur le principe de la non-ingérence et l'immunité juridictionnelle qui conduisait au principe de l'unanimité, mais seulement dans l'environnement européen.

Principe de non-ingérence – Depuis la conquête des territoires dits sans maîtres (parce que les armes qu'utilisaient les indigènes n'avaient pas la même efficacité que celles des conquérants, sinon tous les peuples soumis ont livré bataille avant leur défaite) jusqu'à la période d'*indépendance*, il n'y avait pas d'égalité concernant les petites nations. Celles-ci étaient peuplées originellement d'êtres dont on avait dénié la qualité d'êtres humains et l'égalité ne se réalisait qu'entre ceux qu'on considérait comme des hommes à part entière. De la conquête des *terra nullius* à notre époque, les petites nations ne connaissent que l'ingérence qui résulte de leur position inégalitaire. Maurice Flory écrivait : « Pour les juristes de la fin du XIXe siècle, il apparaît donc que seuls les membres du Club européen ou assimilés ressortissaient du postulat d'égalité » (*Droit international du développement ; PUF, collection Thémis, 1977, p.16*). Des territoires qui constituaient des possessions des puissances européennes ne pouvaient prétendre, une fois l'autonomie politique octroyée, bénéficier d'immunité relative à la souveraineté.

Souveraineté résiduelle ou souveraineté limitée – Faut-il aller chercher si loin quand nous savons que l'éminent juriste anglais James Lorimer, membre de l'Institut (le pendant de l'Académie française en matière de Droit au niveau international), affirmait au XIXe siècle, par des explications qui paraîtraient très peu convaincantes en ce début du XXIe siècle, mais que le comportement des Etats confirment, que l'inégalité entre les hommes résulte de leur « origine raciale » et de leur civilisation, étant entendu que les seuls civilisés étaient constitués des membres du Club européen et assimilés (*J. Lorimer, Principe de droit international ; traduit de l'anglais par Ernest Nys, Ed. Macquardt, Bruxelles 1885*)

Sur le plan de la pratique entre les Etats, le problème des inégalités se pose lorsque de nombreux nouveaux Etats apparaissent sur la scène internationale à partir des années 1950 en tant qu'acteurs autonomes mais toujours revendiqués par quelques grandes nations comme zones d'influence. C'est la situation de l'esclave affranchi qui demeure affectivement et pratiquement l'esclave de son ancien maître, alors qu'auparavant il luttait pour recouvrer la liberté comme nous l'avons déjà maintes fois souligné.

Alors que ceux qui étaient responsables de la gestion de ces pays colonisés n'avaient entrepris aucune action économique pour l'amélioration des conditions d'existence des populations autochtones, parce que les indigènes ne comptaient que pour le travail quasi gratuit qu'ils devaient fournir aux fins d'exploitation des richesses des territoires occupés, c'est au moment où l'on confère à ces indigènes quelques pouvoirs politiques que les anciens maîtres, mués en vrais maîtres d'une autre nature avec les mêmes objectifs (l'exploitation des richesses de la zone d'influence) vont esquisser une apparente prise de conscience du sous-développement dont ils sont responsables. L'idée de sous-développement n'avait pour objectif que d'introduire une autre perception de l'inégalité entre les Etats à partir de leur niveau de développement. Si le juriste est parti des principes fondateurs de l'Etat tels que l'égalité souveraine et a parlé des inégalités de fait en se référant à l'économie, tout en étant conscient de la puissance que le niveau de développement économique induit, c'est bien à partir de la problématique du sous-développement qu'a germé et s'est répandue l'idée de *souveraineté résiduelle*. Comme nous l'avons expliqué dans quelques ouvrages, ce concept traduit l'idée que la souveraineté défensive (ou l'égalité souveraine) qui interdirait à tout Etat tiers d'intervenir dans les affaires d'un autre Etat est désuète. Mais cette désuétude s'applique à quel type d'Etat ? On n'imagine pas une petite nation, voire une nation d'égale importance, intervenir dans les affaires d'une grande puissance. La souveraineté résiduelle n'est donc qu'une thèse au soutien de l'idée qui a toujours prévalu et qui a de tout temps dénié la moindre application de la souveraineté aux petites nations. C'est à l'égard de celles-ci que le juriste invoque la souveraineté résiduelle pour des Etats qui n'ont qu'une souveraineté apparente et qui portent le nom de mépris de *Républiques bananières*. Ainsi, comme auparavant les accords avec les autorités des peuples qu'on allait coloniser, ou celles de ceux qu'on allait soumettre au statut de protectorat, autrement dit des accords entre les maîtres et leurs obligés, étaient considérés comme appartenant au droit international et étaient revêtus de toutes les obligations juridiques, les relations économiques avec tous les contrats léonins qu'elles engendrent parce que signés entre les acteurs apparemment inégaux, entrent aujourd'hui dans le cadre général du droit international, et sont interprétés comme tels par les économistes qui s'intéressent à la question du sous-développement.

Section 2 – La coopération économique internationale met-elle fin à la souveraineté des Etats ?

La coopération économique est un terme générique qui a prévalu au moment des *indépendances* pour signifier que la domination légale prenait fin, et que désormais d'autres types de relations économiques allaient être inventés. La coopération économique semblait aussi signifier que pour tout ce qui les concernait, on demanderait désormais l'avis des *peuples inférieurs*. Cependant, on ne saurait donner beaucoup de crédit à une telle idée dès lors qu'on se situe dans une zone d'influence dans laquelle le maître est dominant et dicte les décisions à ses sujets de nouvelle nature. Dans certains Etats qui octroyaient l'indépendance, des ministères de Coopération ont été institués pour s'occuper des relations particulières avec les anciennes colonies. Entre Etats de même puissance, ou Etats occidentaux, les accords économiques appartiennent aux relations internationales générales. Et même si on peut être amené à parler de « coopération », ce terme très usité serait considéré comme un abus de langage. L'existence d'un ministère des affaires étrangères pour s'occuper des relations internationales ou avec les Etats du monde donne tout son sens au ministère de la Coopération. Il est arrivé que le ministère de la Coopération soit associé à celui de l'Outre-mer (ministère de la Coopération et de l'Outre-mer). Lier le régime d'Outre-mer à la coopération signifierait que la situation des pays pour lesquels ce nouveau ministère a été créé n'a pas changé ; ces pays étaient auparavant régis par le statut de territoire d'Outre-mer. Dans la coopération dont il s'agit ici, nous sommes donc dans un droit particulier ou une situation économique particulière entre entités d'inégal statut (l'ancien maître demeurant le maître et ses sujets ayant changé de dénomination). Ce n'est pas la première fois qu'un Etat qui soumet une autre entité à un régime de protectorat par un accord invoque le droit international (*R. Pinto, Les conventions du 3 juin 1955 entre la France et la Tunisie ; A.F.D.I. 1955 pp. 53-66*). Dans un autre registre, quand les Etats-Unis d'Amérique veulent instituer un protectorat sur les Philippines quasiment débarrassées de l'Etat colonisateur, l'Espagne, c'est avec ce dernier qu'ils signent cet accord de protectorat que l'entité philippine va combattre.

Nous n'allons donc pas parler de tous les domaines de coopération économique, car ceux dont nous discutons depuis le début de cette réflexion s'inscrivent en partie dans cette coopération économique. Beaucoup d'Etats indigènes coopèrent puisqu'ils sont sous tutelle, et comme nous l'avons signalé, ce n'est pas le cadre qui change la nature de la coopération. Mais alors que tous les domaines de coopération paraissent imperceptibles, il en existe un qui focalise l'attention : c'est la coopération monétaire institutionnalisée dans certaines anciennes colonies quand ailleurs d'autres liens monétaires relèvent d'une simple domination impérialiste.

1 – La coopération monétaire

L'utilisation permanente de la monnaie d'un autre Etat, ainsi qu'il en est des zones monétaires attelées aux grandes puissances, engendre les mêmes rapports que ceux qui existent entre le créancier et son débiteur. Dans les rapports financiers normaux, le principe est que le créancier est toujours le maître et le débiteur l'obligé. Le premier impose ses conditions, et si le second devient débiteur, c'est bien parce qu'il s'y est soumis. Dans le cas des zones monétaires entre l'ex-métropole et les ex-colonies fondées sur la protection monétaire, les pouvoirs sont inversés. Le créancier apparent est celui qui doit ; mais du fait de sa puissance supposée, il ne doit rien parce que c'est lui qui, par la confiance en sa monnaie de la part de ses pairs, doit soutenir celui qui remet entre ses mains ce qu'il a gagné et qu'il ne reverra peut-être plus une fois la remise effectuée. Le débiteur apparent est donc celui qui va remettre son trésor à son supposé bienfaiteur qui ne le rémunérera pas, ne le lui remboursera pas, mais dont le bienfait se résume à l'idée que le propriétaire qui se sépare de son trésor pourra compter sur la confiance qui lui permet l'utilisation d'une monnaie dont il n'est pas l'émetteur, autrement dit une monnaie sur laquelle il n'a aucune prérogative. Ce dernier nous apparaît comme débiteur alors que c'est le fruit de son travail qu'il remet à son maître comme le serf affecte à son seigneur sa récolte en contrepartie de la protection de ce dernier. En effet le serf a travaillé pour produire une quantité de bien qu'il doit remettre en partie à son seigneur qui le protège ; donc du seul fait de cette protection, lui qui remet un bien au seigneur n'est pas un créancier, mais un débiteur, et le seigneur qui reçoit le bien qu'il ne rémunère pas ou qu'il ne restituera pas devient le créancier apparent. En fait, tout se passe comme si le bien en question ne sert qu'à payer la protection du sujet ou son manque de confiance en soi. Dans les transactions internationales, on doit tout à celui qui détient les devises de l'autre et qui s'affranchit de les rémunérer et paie ses propres achats en provenance du débiteur apparent avec la monnaie que ce dernier lui a remise. Nous le répétons : ce dernier ne peut être créancier pour un dépôt qu'il ne reverra plus grâce à des conventions qui le lient à son bienfaiteur moral, le créancier apparent (qui attend son dû comme le seigneur attend sa partie de récolte de son serf), un créancier qui brandit la menace de retirer sa confiance à la monnaie-papier qu'il émet lui-même pour son débiteur apparent, monnaie qui n'est valable que sur le territoire de ce dernier. Cette menace, le créancier apparent ne la mettra jamais à exécution puisqu'il est le bénéficiaire de ce contrat et celui que nous désignons le débiteur apparent (en fait le vrai créancier) n'a qu'un intérêt moral ou psychologique qui est du domaine de la fiction. En quoi consiste cette confiance ? Au seul fait que l'on peut convertir la monnaie émise par le maître pour sa zone en vraie monnaie du maître à parité fixe en cas de nécessité. La parité fixe n'est qu'une illusion, puisque sur le moyen et le long terme, la monnaie émise pour les indigènes subit par à coup de forte dévaluation décidée par le maître. Ce rôle inversé ressemble à celui de la monarchie absolue ou à l'esclavage. Celui qui prend et qui ne remboursera pas est le bienfaiteur parce qu'il paraît un protecteur et celui qui donne son bien à garder et qui devrait en réclamer le remboursement est fier de se présenter comme l'éternel débiteur parce qu'il se sent moralement protégé. C'est la traduction de ce que nous avons toujours appelé *l'inégalité protectrice* dans des précédentes études.

Même si le pays qui dominait économiquement a imposé au monde le change flottant à partir de 1971 pour contourner ses difficultés économiques et financières (il s'agit des Etats-Unis d'Amérique), la gestion de la monnaie nationale est d'abord une affaire nationale. Une monnaie sert avant tout aux transactions à l'intérieur du pays où elle a cours légal. Si l'on conçoit la monnaie seulement pour les transactions internationales, c'est que les transactions internes sont inexistantes, autrement dit, comme tous les peuples travaillent, ce travail ne sert pas à subvenir aux besoins de la population, mais destiné au commerce international qui nécessite l'utilisation de cette monnaie. Certes, la zone euro offre un exemple d'absence de souveraineté monétaire nationale. Cette absence de souveraineté en matière monétaire serait la contrepartie de l'intégration économique. La zone euro est donc avant tout fondée sur une zone économique (zone de production et d'échanges) qui a nécessité l'abandon des souverainetés nationales des membres. Mais n'est-ce pas la critique qui conduit certains membres de l'Union européenne à ne pas adhérer à la zone euro. Il n'en demeure pas moins que les problèmes économiques, les crises financières n'ont pas encore trouvé de solution dans cette zone. La monnaie qui autrefois était considérée comme un instrument de politique économique a cessé de l'être. Les pays de la zone euro utilisent une monnaie unique et ne disposent plus de moyen national pour employer la monnaie de la zone aux fins du règlement de quelques difficultés économiques conjoncturelles. Chaque pays a ses problèmes conjoncturels différents des autres ; il y a quelques années en arrière, on parlait de solutions qui utilisaient des politiques monétaires et budgétaires dans le cadre national. Aujourd'hui les marges de manœuvre sont extrêmement réduites pour chaque membre de la zone euro.

Depuis la dématérialisation de la monnaie, celle-ci est devenue un système virtuel. La théorie économique de notre époque peut avancer que le fonctionnement actuel de la monnaie respecte celui du marché. Si la monnaie ne repose même plus sur l'économie réelle lorsqu'il s'agit des grandes nations (comme on le dit), si l'on admet, comme le montraient les libéraux et les néo-libéraux, que la monnaie n'est qu'un voile derrière lequel on trouve la transaction, ce qui paraît contradictoire de ce que la monnaie est détachable de l'économie réelle puisque toute circulation de monnaie est liée à une transaction, même sur la monnaie elle-même en tant que bien, il faudrait que les petites nations s'unissent pour créer leur propre monnaie et leurs institutions financières qui incitent à la valorisation de leur production interne, à la transformation de leur bien à partir de la formation : il ne faut pas tant d'années pour former des ingénieurs et autres techniciens orientés vers la manufacture interne (nous le répèterons jusqu'à la dernière ligne). Dans la réalité, la force actuelle des monnaies repose sur le statut de puissance que certains Etats se sont octroyé et qu'ils s'en servent pour dévaloriser la monnaie des autres Etats dits faibles. Quand, par exemple en Afrique, on utilise une monnaie créée et fabriquée quelque part dans une petite ville française, l'obligation de l'utilisation de cette monnaie repose sur le fait qu'elle est admise par l'Etat exotique qui n'a pas le choix (on se souviendra que le Mali qui a voulu quitter la Zone franc y est vite retourné après le coup d'Etat qui a écarté le premier chef d'Etat malien, Modibo Kéita, qui avait pris cette *décision capricieuse* en 1962). Quand des puissances supposées externes viennent dévaluer ladite monnaie, c'est toujours parce que ces Etats exotiques ne disposent d'aucune liberté de gestion de ce qui est considéré comme leur monnaie dans un monde où l'on parle de flottement monétaire. Si la monnaie est donc utilisée pour des transactions entre l'union des pays qui soutiennent eux-mêmes cette monnaie par leur travail, d'autres pays ne viendront pas en déterminer la valeur en lieu et place des utilisateurs. Dans le système économique des petites nations, leurs transactions avec les grandes nations se réalisent en devises de ceux qui achètent leurs produits de base. Si ces petites nations produisent en grande partie ce qu'elles consomment, non seulement elles auront besoin de très peu de devises dans leurs transactions, mais comme ces grands Etats ne peuvent se passer des produits de base des petites nations, celles-ci leur retourneront leurs propres devises dans les transactions avec ses puissances. On reviendrait aux comportements qui ont initié le Fonds monétaire international actuel lors de sa création, comportements basés sur l'équilibre des transactions internationales, notamment celui des paiements internationaux.

2 – Les zones monétaires et leur incidence sur la pauvreté des nations

On distinguera les incidences négatives des zones monétaires institutionnelles de celles des zones monétaires informelles. Les pays francophones d'Afrique apparaissent l'exemple typique du premier cas. C'est ce qu'on appelle la Zone franc qui est devenue un véritable anachronisme dans l'histoire de l'évolution économique et monétaire de tout groupe humain avec sa monnaie des Comptoirs français d'Afrique, passée à la monnaie des Colonies françaises d'Afrique, puis à celle de la Communauté financière d'Afrique au moment des *décolonisations* : le franc CFA est donc resté statique dans sa dénomination, pas dans sa valeur si l'on se fonde sur sa parité avec la monnaie de la mère patrie qui continue de l'émettre chez elle pour le compte des ex-colonies. On peut même affirmer que l'ancienne monnaie CFA avait plus de valeur que celle d'aujourd'hui (*L'évolution des règles de participation des pays d'Afrique de l'Ouest à la Zone franc ; Nice-Droit III-1983*). Or le principal argument du maintien du franc CFA est de détenir une monnaie forte, prétendument convertible en devises étrangères. Comme la persistance de la garantie de la monnaie CFA ne se justifie que parce qu'elle permet des transactions internationales, elle contribue seulement à alimenter les flux de capitaux en direction du pays qui en est le noyau, la France, voire l'Europe. Autrement dit la confiscation des capitaux des nations pauvres par un mécanisme dit « compte d'opérations » par lequel le Trésor public français doit conserver un certain pourcentage de devises des pays africains qui aurait pu servir au financement du développement de ces petites nations, réquisitionnant ainsi les capitaux des pauvres qui serviront à leur octroyer des aides financières qui, de surcroit, leur seront facturées pour les surendetter et les assujettir davantage. Le principe de la libre transférabilité institué dans les accords de coopération monétaire facilite le transfert des capitaux des personnes physiques et morales à destination de l'ex-métropole. Cette saignée de capitaux internes des pays africains ne peut être compensée que par l'endettement. Un endettement fondé sur de faux espoirs pour les pauvres en matière de progrès socio-économique, et qui se transforme en désespoir au moment du remboursement des créanciers (opérations effectuées en monnaies étrangères). La disparition du franc français dont le franc CFA constituait un sous-multiple dans les prés carrés de la France (voir *Antoine Glaser et Stephen Smith, Comment la France a perdu l'Afrique ; Calmann-Lévy, 2005*) et l'arrimage de cette prétendue monnaie exotique à la monnaie européenne (zone euro) n'a modifié aucun paramètre du fonctionnement de la Zone franc. Cette dernière s'inscrit dans l'explication que nous donnions ci-dessus en matière de coopération monétaire. De plus, pour ne prendre aucun risque, les pays pauvres doivent observer une orthodoxie monétaire que l'on ne trouve que dans les écrits des néolibéraux, lauréats du *Prix Nobel d'économie* (Prix de la Banque de Suède), et qui n'est étayée par la politique économique d'aucun pays industrialisé prétendument libéral. Quelques intellectuels africains, qui ne sont pas ceux-là qu'on écoute le plus en ce *monde mondialisé*, parlent de répression monétaire de l'Afrique (*J. Tchundjang-Pouemi, Monnaie, servitude et liberté - la répression monétaire de l'Afrique ; Editions Jeune Afrique, Saint-Amand-Montrond 1981*). Les zones monétaires institutionnelles sont donc celles qui se fondent sur des accords de type vertical où, depuis la découverte des *terra nullius* à nos jours, aucun progrès significatif n'est constaté. Alors qu'il fut une époque les quelques rares personnes à s'intéresser à ces accords, qui rendaient le développement de certaines petites nations statique, pouvaient être qualifiées de *tiers-mondistes attardés* dans un contexte de mondialisation, il s'en trouve de nos jours maints intellectuels ressortissants de ces petites nations pour donner une vue exhaustive sur les méfaits de cette Zone franc. Sans nous y attarder, nous voudrions succinctement expliquer la vraie raison de l'utilisation de cette monnaie particulière par les petites nations, notamment les Africains.

Le débat sur la dévaluation du franc CFA avait cours au lendemain des *indépendances*. Certains spécialistes de la Zone franc estimaient la monnaie africaine surévaluée et que cette surévaluation freinait le développement. Il fallait par conséquent la dévaluer. A dire vrai, la suggestion de la dévaluation de cette pseudo-monnaie avait pour objectif de rendre le coût du travail encore plus bas. Avant d'y revenir, voilà ce qu'avançaient les tenants de la dévaluation : la dévaluation de la monnaie locale permettrait de rendre les produits africains compétitifs (*G. Leduc, Faut-il réaménager le système monétaire des pays africains de la Zone Franc ? R.F.E.P.A., novembre 1969*). A cet argument nous avons répondu que nous ne voyons pas dans quelle production les pays africains de la Zone franc étaient en compétition. Les prix des productions identiques pour les pays pauvres n'étaient pas fixés par chaque pays en fonction du coût du travail, mais sur le marché des grandes nations qui les consomment (faut-il le rappeler ?). A cette époque, les pays producteurs de produits de base n'étaient pas en crise et on cherchait déjà des raisons pour dévaluer la monnaie dans laquelle les paysans et les travailleurs pauvres étaient rémunérés au motif que le franc CFA était surévalué et qu'il fallait rechercher une *compétitivité-prix* (comme si l'on tenait à réciter un cours appris dans une classe universitaire puisqu'on revenait toujours sur les mêmes raisons). Au moment où l'on parlait du miracle ivoirien, il eut été indécent de dévaluer sans justification. Et la dévaluation eut lieu quelques années plus tard sous le prétexte d'une crise économique des années 1980 avec un prétendu assainissement économique et financier appelé « ajustement structurel » entrepris par le Fonds monétaire international (le bras séculier notamment des puissances occidentales) au début des années 1990. En réalité, on estimait donc que la *valeur travail* des produits de base n'était pas jugée encore très basse par les acquéreurs de ces produits. En réduisant la valeur de la monnaie avec laquelle on rémunérait le travailleur des petites nations, cela revenait à baisser la *valeur travail* du bien qu'il cède au maître comme il est expliqué dans les pages précédentes. Autrement dit, dans tous les pays où la monnaie n'est pas une devise par la volonté des puissances économiques, exiger une dévaluation monétaire dans les nations sous tutelle équivaut à baisser simplement le salaire, car pour une monnaie qui n'est utilisée que dans les transactions internes, on ne lui trouve d'équivalence (nous ne parlons pas sciemment de parité) que lorsqu'il s'agit d'acheter des produits en devise. Du point de vue strictement monétaire, on voit comment la *valeur travail* des biens produits dans les petites nations en parité de pouvoir d'achat a baissé, mais on ne perçoit aucun paramètre modifié en matière de compétitivité.

Certains pays africains et bien d'autres utilisent des monnaies étrangères ou monnaies de nations dites riches ou industrialisées pour leurs transactions internationales. L'importance que le monde accorde à ces pays dans sa division entre les civilisés et les sauvages conduit à juger très peu crédible l'idée que ces derniers puissent détenir de la monnaie. Leurs monnaies ne doivent servir qu'à des transactions internes pour affranchir celles-ci du troc. Ceux des pays sauvages qui ont pu se libérer officiellement des zones monétaires ne sont pas épargnés par la répression monétaire. En considérant leur monnaie comme n'ayant aucune valeur en dehors de leur territoire ou monnaie non convertible par convention, les grandes nations, maîtres des règles du jeu par leur consensus à réprimer les petites nations, excluent l'autonomie de ces dernières à participer à des transactions internationales, autonomie qui affranchirait de recourir à l'aide d'un grand pays. Il faut se rappeler la sortie du Mali de la Zone franc et les conséquences qui en ont résulté (forte inflation entraînant une dévalorisation du franc malien sans raison apparente, coup d'Etat suivi quelques années plus tard de l'assassinat en prison du premier chef d'Etat malien qui a osé défier la mère patrie).

La règle de l'équilibre de la balance des paiements qui obligeait autrefois chaque pays à garantir sa monnaie et à la rapatrier a été abolie par les grandes nations, parce qu'avec le temps, les nouvelles nations seraient capables de garantir une monnaie autonome à partir de l'exploitation des richesses naturelles dont elles sont dotées. Les grandes nations, incapables d'entretenir cette garantie (malgré l'or et autres métaux précieux qu'elles ont amassés dans les petites nations) et servant aujourd'hui de la monnaie sans véritable fondement ou base économique solide, invoque la théorie du marché pour faire flotter leurs monnaies à partir de la fluctuation des taux d'intérêt et de l'offre et de la demande de monnaies de ces grandes nations unies pour la même cause, autrement dit à partir de rien ou de simples intentions sur le marché des capitaux. Comme nous le soulignions ci-dessus, la *vraie monnaie* (véritable oxymore) est devenue à la fois virtuelle et fondée sur la puissance impériale des nations qui détiennent une parcelle de cette puissance ou la *Sainte Alliance* qui les lie, même si la protection de leurs intérêts particuliers et la recherche de leadership ou les tentatives du maintien de leadership amènent à des désaccords qui sont loin des solutions de la pauvreté, mais se rattachent plus ou moins au rayonnement sur des zones d'influence.

Pourquoi la création des francs coloniaux ? - La création du franc des colonies françaises d'Afrique (franc CFA) est une des conséquences économiques de la guerre de 1939-45. En effet, en août 1940, la métropole s'est trouvée séparée des territoires d'Outre-mer ralliés à la France libre, territoires dirigés par le Comité National Français de Londres. Sur le plan monétaire, alors que les territoires sous administration du gouvernement de Vichy subissaient les vicissitudes de la monnaie de la France occupée, la monnaie utilisée par les territoires du Comité National Français de Londres gardait sa parité avec les monnaies étrangères. Le débarquement des alliés en Afrique du Nord accentua davantage l'isolement monétaire de la métropole le 8 novembre 1942. En Afrique du Nord trois monnaies circulaient : le dollar, la livre sterling et le franc, ce qui posait des problèmes de changes. La livre fut fixée à 300 francs et le dollar à 75 francs, parités ramenées à 200 francs pour la livre et à 50 francs pour le dollar le 2 février 1943. Lors de la libération de la métropole, ce dernier taux de changes fut étendu à tous les territoires de la Zone franc. Cette homogénéité monétaire a été considérée comme contradictoire à l'hétérogénéité économique entre la métropole et les territoires d'Outre-mer (T.O.M.). La parité ne correspondait plus au niveau des prix, surtout dans la métropole (*P. Lavigne, les francs coloniaux ; Penant, 1946-II*). C'est que la France a subi l'invasion ennemie, l'économie de guerre et le paiement d'énormes frais d'occupation alors que les T.O.M., bien qu'ayant contribué à l'effort de guerre, sont dans une situation analogue à celle de certains alliés (comme les Etats-Unis d'Amérique) du point de vue économique. En outre, le commerce du groupe qu'on appelle C.F.A. était orienté vers l'étranger à concurrence de 22% pour les exportations et de 76% pour les importations (*Revue d'économie politique, 1982, p. 879*).

A cette disparité économique née de la guerre, il faut ajouter qu'à la Conférence de Brazzaville en 1944, le Général de Gaulle a promis aux territoires africains qu'il prendrait désormais en considération leurs problèmes particuliers et leur situation de pays sous-développés *dont les ressources étaient mises en valeur pour le compte de la mère patrie* (c'est nous qui soulignons).

Sur le plan des relations internationales économiques, la France signa à la même époque les accords de Bretton-Woods. L'adhésion aux organismes créés par ces accords était soumise à l'alignement de la monnaie par la fixation du taux de change officiel (on était dans le système de change fixe). Le maintien du taux de change du franc tel qu'il existait à la fin de la guerre était considéré comme une surévaluation de cette monnaie, à une époque où les relations économiques françaises étaient en grande partie fondées, non pas sur le commerce international, mais sur l'aide des Etats-Unis d'Amérique (le Plan Marshall) comme tous les pays européens qui sortaient de la guerre. Pour ramener le franc aux réalités économiques d'après-guerre, on dut le dévaluer. Lors de cette dévaluation, la question s'est posée de savoir s'il convenait d'attribuer à toutes les unités monétaires de la Zone franc un coefficient de dévaluation identique pour conserver l'uniformité monétaire de la zone, ou de consacrer les différences structurelles entre les économies de la métropole et des territoires d'Outre-mer (T.O.M). La première solution fut appliquée à l'Afrique du Nord et aux Antilles. Mais les difficultés nées de la dévaluation du franc métropolitain entraînèrent des objections en Afrique Occidentale Française, en Afrique Equatoriale Française et à Madagascar. Pour parer à cette situation on adopta dans la majorité des T.O.M. la seconde solution, c'est-à-dire la consécration des différences structurelles entre les économies de la métropole et de ces territoires en créant officiellement les francs coloniaux en 1945. Au moment de la déclaration officielle de la parité de la monnaie française auprès des organisations de Bretton-Woods, la parité entre le franc métro et celui des colonies était de 2 francs métro pour 1 franc CFA en 1945, la dévaluation n'ayant été effectuée que sur le franc métro, l'Afrique du Nord et les Antilles (pour rappel).

Le franc CFA créé pour les entreprises françaises et les citoyens français qui travaillaient dans les colonies n'étaient que très peu utilisé par les indigènes qui par ailleurs étaient sous le régime des travaux forcés, cette espèce d'esclavage interne ou esclavage sans déportation. Rappelons que, malgré l'abolition des travaux forcés, ceux-ci se sont poursuivis longtemps après. Ce n'étaient donc pas les travailleurs indigènes, dont le travail n'était pas rémunéré, autrement dit sans utilisation de monnaie moderne, sinon extrêmement peu, qui auraient suscité quelque préoccupation quant à leur niveau de vie qui se traduit aussi par la valeur de la monnaie échangeable avec la métropole et les pays fournisseurs de l'immédiat après-guerre. C'est pour maintenir le niveau de vie des citoyens français exploitants ou maîtres et celui des fonctionnaires de l'administration coloniale qu'on détermina le taux du franc CFA à la parité de 1 franc CFA égal à 2 francs métropolitains. Pour mémoire, il faut dire qu'à l'abolition officielle des travaux forcés, les maîtres furent *grassement* indemnisés par la mère patrie au point que les premières banques coloniales (exemple la Banque du Sénégal qui devint Banque de l'Afrique de l'Ouest) furent créées avec le capital de ces maîtres.

Pour quels motifs le franc CFA était-il considéré comme surévalué par rapport au franc métropolitain ? La principale raison est donc la sous-évaluation tendancielle de l'économie africaine, du moins de la production africaine destinée à l'exportation. Tant que la production revenait directement aux maîtres, une monnaie qui permettait de maintenir le niveau de vie des propriétaires devait tenir compte de l'économie réelle. Les paramètres vont donc évoluer au fur et à mesure que le statut des indigènes change, passant des travaux forcés où l'indigène travaillait gratuitement, c'est-à-dire sans être payé, au statut de producteur propriétaire entre les mains duquel le vrai maître allait recevoir le bien produit moyennant un minimum de rémunération.

Alors que l'économie métropolitaine rencontrait des difficultés dans une situation de reconstruction après la Seconde Guerre mondiale et que celle des colonies demeurait stable ou en l'état, la valeur du franc CFA ne commençait donc à baisser qu'à partir du moment où la loi Lamine Gueye, combattue par un groupe de parlementaires formé par le Général de Gaulle, avait fait accepter la condition de citoyenneté française à l'égard des indigènes. Ceux qui combattaient cette loi soutenaient l'absurdité à reconnaître la citoyenneté française aux indigènes au motif que le citoyen français était un individu de race blanche et d'origine judéo-chrétienne.

La baisse de la valeur du franc des colonies françaises d'Afrique n'était donc justifiée par aucune modification des indicateurs de l'économie des colonies. L'évolution de la valeur du franc CFA par rapport à la monnaie française dont il constitue un sous-multiple et non une monnaie convertible (voir *L'évolution des règles de participation de l'Afrique de l'Ouest à la Zone franc*) fait apparaître que depuis sa création officielle en 1945 jusqu'à nos jours, de 1 franc CFA = 2 francs métro, il est d'abord passé à la parité de 1 franc CFA = 1,75 francs métro (ou franc français) pour atteindre celle de 1 franc CFA = 0,01 franc métropolitain en passant par 1 franc CFA = 0,02 franc avant la dévaluation de 1994, pour arriver à : 1 franc français = 100 francs CFA ou 1 franc CFA = 0,01 franc français. Si l'on traduisait cette évolution en terme de salaire du travailleur, elle signifierait que pour la même tâche, le travailleur de la France métropolitaine serait aujourd'hui payé 100 fois plus que le travailleur indigène des ex-colonies de la zone CFA sans considération de la sous-évaluation préalable de la *valeur travail* des biens primaires dont nous parlions ci-dessus. Nous ne sommes même pas ici dans le contexte de la détérioration des termes de l'échange. Car parler des termes de l'échange, c'est mesurer combien une quantité de produit en provenance d'un pays permet d'acquérir un autre produit en provenance de l'autre pays qui importe le premier produit. Or il s'agit du même produit acquis quasi gratuitement dans une petite nation et valorisé dans la grande nation de consommation. Autrement dit le prix d'acquisition en terme monétaire est proche de celui qui prévalait au sortir du régime d'esclavage interne ou travail forcé, c'est-à-dire quasi nul si l'on prend en considération la sous-évaluation préalable de la *valeur travail* du bien produit et la sous-évaluation monétaire actuelle, alors que le prix d'utilité de ce même bien déterminé sur le marché des grandes nations dont les représentants acquièrent ces produits primaires dans les ex-colonies, ce prix d'utilité a augmenté dans des proportions incommensurables. Nous nous sommes employé à expliquer dans les pages précédentes la différence qu'il y a entre la valeur d'acquisition d'un bien entre les mains d'un travailleur (valeur travail du bien) et la valeur d'utilité (la valeur du bien du fait de son appréciation ou la nécessité de son acquisition par les consommateurs) ou le prix auquel le propriétaire vend ce bien qu'il vient d'acquérir entre les mains du travailleur ou valeur marchande. L'entreprise exportatrice dont le siège demeure dans le pays consommateur n'a pas à rapatrier de capitaux puisque les transactions se font sur le marché de résidence.

Lorsque l'exportation est effectuée des colonies, maintenant des ex-colonies, par des indigènes résidant dans leur pays vers les pays étrangers, il est mis en œuvre le fonctionnement du système de *compte d'opérations* pour que les recettes d'exportation ne reviennent pas en totalité dans le pays exportateur.

Mécanisme du compte d'opérations, la rançon d'une supposée protection économique – Le franc CFA ayant été considéré comme une monnaie interne aux colonies, c'est-à-dire un simple sous-multiple du franc métropolitain, la France avait décidé que les devises obtenues lors des transactions de ces colonies françaises avec les pays étrangers devaient être déposées sur un compte auprès du Trésor public français et lorsque les territoires d'Outre-mer devaient effectuer des achats à l'étranger, ceux-ci devaient demander à la France de leur octroyer du franc métro - franc français - pour les réaliser (le franc métro étant considéré comme une devise acceptée par l'étranger). Ainsi lorsque la France réalisait elle-même des achats en provenance des colonies, elle pouvait payer avec l'équivalent de la monnaie déposée au Trésor public français parce que l'une des clauses des accords de coopération monétaire était que le compte d'opérations ne devait jamais devenir déficitaire. Mais qu'est-ce qui empêche de payer les indigènes en monnaie CFA que la France fabrique chez elle ? Ou en franc français, maintenant en euro ? Les accords monétaires ont été révisés en 1973 avec la possibilité pour les anciennes colonies de conserver 30% des recettes en devises, puis ceux de 2005 autorisèrent de conserver jusqu'à 50% des recettes en devises. Aujourd'hui, quel génie pourrait donner le montant créditeur exact du *compte d'opérations* auprès du Trésor public français depuis son ouverture ? Le franc français ayant été fondu dans l'euro, c'est cette monnaie européenne qui s'est substituée à ce franc français en tant que monnaie ou instrument de soutien monétaire et devise de transactions internationales des pays qu'on continue d'appeler *Zone franc*. Dire qu'il existerait des devises déposées sur un compte d'opérations ne serait qu'un jeu d'écriture, la France pouvant à tout moment utiliser ces devises à toutes fins utiles.

La *France décide* de la politique monétaire de la Zone franc, car elle représente le pays qui soutient la parité et la convertibilité de la monnaie CFA, ce que les nouveaux accords ne relèvent pas explicitement. Sinon, on ne comprendrait pas le rôle que jouerait un représentant de pays qui garantissent la monnaie et laisserait la liberté aux membres dont la monnaie est garantie d'agir sans son consentement. Il en est ainsi des évolutions de la coopération monétaire. Il faut rappeler que dans les années qui ont suivi les indépendances jusqu'au 14 février 1975, les banques centrales de la Zone franc étaient installées à Paris et dirigées par des gouverneurs français. L'africanisation de ces institutions bancaires n'est donc intervenue que quinze ans après les *indépendances*. Africanisation ne signifie pas souveraineté.

Le franc français était-il considéré comme une devise étrangère par rapport au franc CFA ? La question peut être posée, car les défenseurs du franc des colonies françaises d'Afrique affirmaient sa convertibilité à l'égard de la seule monnaie franc français – De parité égale entre le franc CFA (au moment de sa création) et le franc métropolitain, ce dernier va très vite apparaître comme un multiple du franc CFA ; le franc CFA étant arrimé monétairement à l'euro, aujourd'hui c'est donc l'euro qui a cette qualité de multiple de la monnaie toujours fabriquée à Chamalières (petite ville ou commune du département du Puy-de-Dôme, en France) pour le compte des pays africains de la Zone franc (les pièces métalliques sont fabriquées à Pessac, en Gironde). Dans ses rapports avec les autres monnaies, l'euro est une devise ; mais l'est-il réellement dans ses rapports avec le franc CFA que cette monnaie européenne est censée garantir comme autrefois l'or garantissait la valeur des monnaies avant qu'il soit démonétisé ?

Si l'on veut répondre affirmativement à la question qui précède, on penserait, par analogie avec l'or, que la matière qui garantit la valeur d'une monnaie est aussi constitutive de devise à l'égard de cette monnaie. Il est pourtant difficile d'admettre que l'euro qui garantit le franc CFA se présenterait, face à cette monnaie des anciennes colonies françaises à laquelle certains Etats ont adhéré par commodité, comme une devise ; l'euro ayant remplacé le franc français, il sert d'écran entre la France et ses assujettis d'un point de vue monétaire.

En revenant à la *valeur travail*, il va sans dire que les contributions de certaines éminences ne traitent que de l'aspect superficiel de *manque de capitaux* et de la famine, plus facile à appréhender sans aucune réflexion sur leur origine, comme si l'histoire des pays en question ne date qu'à partir du moment où elles portent quelques intérêts à ces problèmes. Alors que certains pensent qu'il faut mettre fin à cette servitude monétaire, d'autres continuent de disserter sur l'éventualité d'une nouvelle dévaluation du franc CFA comme pour dire que le travail fourni par les assujettis, pour les produits primaires destinés aux grandes nations, est encore trop payé au travailleur indigène, autrement dit, la *valeur travail* des biens acquis entre les mains de ces travailleurs indigènes est encore trop élevée.

Existe-t-il une zone dollar ? – Pour ce qui est d'une *zone dollar*, nous rappelons qu'il n'est nullement besoin d'être instituée. Dès lors que les Etats-Unis d'Amérique ont commencé à devenir la seule puissance économique, le seul Etat non matériellement détruit par les deux grandes guerres de la première moitié du XXe siècle, notamment la Seconde Guerre mondiale, ils ont acquis une situation d'hégémonie monétaire sur le monde. Déjà dans l'entre deux guerres du début du XXe siècle, les Etats-Unis d'Amérique supplantaient la Grande-Bretagne précédemment première puissance économique du monde à l'époque de la Révolution industrielle. Aussi le dollar est-il devenu la monnaie internationale par excellence qui permet d'évaluer des biens ou produits dont les Etats-Unis d'Amérique ne sont pas producteurs, mais grands consommateurs. Cette valeur lui a été reconnue lors de la création (1944-1945) des institutions monétaires et financières de Bretton-Woods (Fonds monétaire internationale, Banque internationale pour la reconstruction et le développement ou Banque Mondiale) dont les Américains sont les promoteurs (voir le Plan Harry White qui l'a emporté sur celui de John Maynard Keynes à Bretton-Woods). En Amérique du Sud, tous les pays utilisent le dollar comme monnaie de transactions internationales sans que les Etats-Unis d'Amérique n'aient eu à signer de convention monétaire particulière contrairement aux zones monétaires conventionnelles héritées des conquêtes coloniales et dans lesquelles les monnaies des petites nations sont déclarées, soient inexistantes en matière de transactions internationales, soit arrimées à la monnaie du maître (ou des maîtres) qui récupère les devises étrangères pour leur substituer sa propre monnaie, ou une monnaie sans valeur réelle qu'il crée sur son territoire et les distribue sans que la masse monétaire de l'*obligé* soit en concordance avec les besoins de l'économie de ce dernier. Les pays de la zone d'influence américaine n'ont pas le choix dans l'utilisation du dollar dès lors que par solidarité entre les nations industrialisées, les monnaies de ces petites nations régies par la doctrine Monroe sont déclarées non convertibles par convention tacite. Beaucoup d'Etats au sens générique ont une monnaie qui prend la dénomination de dollar sans aucun rapport avec la monnaie américaine. Comme la France tirait quelquefois une certaine fierté à voir d'autres pays détenir des monnaies appelées « franc », les Etats-Unis d'Amérique ont cette satisfaction de voir que certaines entités étatiques cherchent à les imiter. Mais toutes ces monnaies ayant la même dénomination n'ont pas la même valeur, ni ne bénéficient de la même confiance en matière de transactions internationales. Exemple le dollar canadien par rapport au dollar surinamais ou au dollar zimbabwéen. En dehors de ce que les Etats-Unis d'Amérique « vivent sur le dos du monde entier » sans se préoccuper de leurs supposés problèmes économiques (dont les déchets sont transmis à la planète entière), il n'y a rien de particulier en matière d'assujettissement des petites nations à qui on dénie la détention d'une monnaie permettant des transactions internationales au motif que cette monnaie n'aurait aucune valeur reconnue. Pourtant, ce n'est officiellement pas en dollar US que les entreprises américaines, exploitant les ressources des pays sud-américains, paient les travailleurs de ces pays, mais en monnaie locale (dont on dénie toute valeur dans les transactions internationales). Sinon la *valeur travail* des biens permettrait aux travailleurs sud-américains, comme ailleurs, de sortir de la pauvreté.

De la valeur des monnaies en général – Mais alors, qui décide qu'une monnaie a plus de valeur qu'une autre ? La valeur d'une monnaie résulte de l'utilisation qu'on en fait sur le marché interne. On apprend aux jeunes élèves et étudiants que la monnaie d'un pays repose sur la confiance et que cette confiance naît surtout de ce que cette monnaie provient des institutions publiques qui protègent le citoyen dans son utilisation, en un mot de ce que la monnaie appartient à la souveraineté de l'Etat, la capacité de battre monnaie étant un droit régalien. Quand un individu est reconnu faux-monnayeur, ce n'est pas aux banques qu'on recourt ou qu'on rend responsables, mais à l'Etat et ses institutions. Aujourd'hui l'utilisation de la monnaie électronique engage de plus en plus la responsabilité des banques qui sont les gestionnaires de ces nouvelles monnaies. Quand tout cela est dit, on revient à l'Etat comme garant de la monnaie à l'intérieur de son territoire. Si la création de la monnaie échoit aux banques, cette création n'a de valeur que parce qu'elle est entourée des précautions de la Banque centrale qui est une institution de l'Etat ou des pouvoirs publics. L'appréciation ou la dépréciation d'une monnaie sur le territoire où elle a cours légal n'ont jamais conduit à une hausse et une baisse nominales simultanées de la rémunération des travailleurs. Mais le niveau réel de cette rémunération est impacté lorsque le prix des biens consommés évolue à la hausse. C'est ce qui était dit par les puissances d'alors pour défendre leur souveraineté. Et c'est la règle qui aurait dû prévaloir dans tout Etat du monde.

Depuis les Accords de Kingston (Jamaïque) du 7 et 8 janvier 1976 qui régularisèrent le régime des changes flottants qui s'était imposé à partir du mois de mars 1973 dans les relations internationales économiques à la suite de la déclaration de l'inconvertibilité du dollar en or en 1971 par les Etats-Unis d'Amérique, la valeur internationale d'une monnaie ou valeur devise se détermine sur le marché boursier au jour le jour, ce qui n'interdit pas l'intervention des banques centrales qui jouent souvent un rôle modérateur par le biais des taux d'intérêt, et d'autres moyens de soutien monétaire (avons-nous dit).

La question somme toute légitime est celle-ci : « Pourquoi toujours parler de dévaluation des monnaies des indigènes arrimées à des monnaies dites fortes (devises internationales qui elles-mêmes tiennent leur appréciation ou dépréciation du marché monétaire) avec lesquelles les petites nations sont dans un régime de change fixe dans les rapports mutuels entre les maîtres et leurs sujets, régime de fixité et autres obligations censés garantir la stabilité de la monnaie de ces indigènes ? ». S'il s'agissait d'une simple dévalorisation de la monnaie des ex-colonies, sur quelle base pourrait-elle se fonder ? D'une part, voilà des pays prétendument indépendants, qui sont propriétaires d'un dépôt de devises auprès du Trésor public français dont l'objet est de garantir la stabilité de leur monnaie, sous-multiple de la monnaie à laquelle la monnaie indigène est rattachée. Il n'a jamais été révélé que ce compte dit *compte d'opérations* auprès du Trésor public français a été une seule fois déficitaire ou débiteur. D'autre part, si l'on fondait la monnaie des indigènes sur leur taux de croissance, les statistiques établies par les organismes ou instituts des pays garants informent que ce taux de croissance des petites nations ou nations indigènes est toujours positif, voire nettement plus élevé que celui de la zone euro (exemple typique de la coopération monétaire institutionnalisée). Enfin on pourrait penser à une dévaluation compétitive en faveur de l'Afrique par exemple. Or pour qu'un tel argument soit concevable, du moins crédible, il faut qu'il existe une concurrence en matière de commercialisation de productions similaires entre les pays qui dévaluent leur monnaie et l'extérieur, autrement dit, pour la Zone franc et l'euro, entre les pays africains et les pays européens utilisant des monnaies-devises autonomes les unes à l'égard des autres. On sait que le *pacte colonial* qui a cours jusqu'au moment où nous écrivons ces lignes (n'oublions pas que le STABEX et le SYSMIN excluent de leurs dispositifs les produits transformés dans les ACP) ne permet aucune concurrence entre les deux groupes de pays. Il n'y a jamais eu de compétition entre ces deux groupes de pays (petites nations et grandes nations). Quand bien même il y en aurait entre les pays africains et d'autres pays, on penserait que la garantie monétaire sur laquelle se fonde la coopération dans ce domaine jouerait son rôle, pour une fois (le système du compte d'opérations consistant à déposer des devises gagnées par les Etats indigènes auprès du Trésor public français aux fins d'une garantie de la stabilité de la monnaie africaine, faut-il le rappeler). Il n'y a donc pas de concurrence entre les pays africains à souveraineté limitée (encore faut-il qu'il y ait souveraineté pour être limitée) et les nations développées, les premiers pays ne produisant que des matières premières ou produits de base à destination des mêmes territoires civilisés et dont les devises, si peu qu'elles paraîtront d'années en années, *grâce* (pour les concepteurs) à des dévaluations, seront en partie confisquées par la France et ses alliés. En un mot, la dévaluation de la monnaie africaine, sous-multiple de la monnaie européenne, pour le peu de valeur qu'on pourrait lui accorder, n'a pour seul objectif pour les garants que d'acquérir des ressources naturelles au coût le plus bas possible, en monnaie symbolique, c'est-à-dire quasiment gratuit. N'oublions pas que les travailleurs africains sont rémunérés en monnaie locale (franc CFA par exemple) qui n'est que du *papier fabriqué* à Chamalières dans le Puy-de-Dôme et du *métal* à Pessac en Gironde, en France. Sur quel fondement ? Que la monnaie africaine soit fabriquée ailleurs n'est pas un problème ; après tout, beaucoup de monnaies ne sont pas imprimées dans les pays qui en sont les propriétaires. Ce qui inquiète est l'implication dans la gestion d'une monnaie qu'on fabrique et qui se confond à un droit régalien sur cette monnaie, celle-ci étant rattachée à son histoire. Les pays africains connaissent-ils réellement le montant des dépôts en devises auprès du Trésor public français qui permet de garantir la parité de leur monnaie ? Cependant on ne peut croire qu'un pays aussi cartésien ou rationnel n'ait pas pris soin de tenir une comptabilité des devises africaines qu'il est supposé gérer depuis les accords qui l'y autorisent officiellement (un compte se gère en *Ressources et Emplois* ou en *Entrée et Sortie*). On peut objecter que la France fournit aux pays africains de la monnaie qu'elle utilise et qui garantit la monnaie africaine lors des transactions internationales de ces pays de la Zone franc et qu'à ce titre elle a le droit de puiser dans le compte d'opérations pour ses propres transactions extérieures. Mais compte tenu du *topisme* du marché des produits de base (les producteurs n'ont pas le choix de leurs partenaires ou acheteurs), la question reste posée.

Alors que la valeur des monnaies des grandes nations est déconnectée de la quantité d'or supposée en garantir la parité entre elles dans le passé, le franc CFA est la seule monnaie qui reste une monnaie garantie par *quelque chose* qui lui est extérieur (les devises étrangères *gagnées* par les Africains et déposées auprès du Trésor public français) comme du temps où le dépôt de la quantité d'or auprès de la banque centrale garantissait la fixité de la valeur de la monnaie de l'Etat à l'égard des autres. Paradoxalement, plus la quantité des devises supposées garantir la monnaie augmente, parce que la France n'est pas obligée de les utiliser à d'autres fins, et plus on parle de la dévaluation de cette monnaie, autrement dit de la baisse de la valeur du franc CFA. A moins que la primauté ne soit donnée à d'autres paramètres dans la détermination de la valeur de la monnaie en question et que la garantie ne soit qu'un *trompe-l'œil*. Dans ce cas, pourquoi ne pas l'expliquer clairement aux partenaires économiques ou aux sujets ? Certains économistes voudraient faire croire à l'existence d'une théorie pure en matière d'économie politique qui s'appliquerait à tous les pays y compris les pauvres. Mais comment croire en une telle conception quand on applique aux pays pauvres des préconisations qu'on ne saurait appliquer à des pays riches ? Nous sommes conscient que, très souvent, les concepts économiques sont étudiés de façon isolée. Nous avons déjà cité l'exemple de la concurrence et de la spécialisation (*supa, p. 33-34*). Ici, si l'on prend le cas de la garantie monétaire par la fixité de parité et la dévaluation d'une monnaie garantie par une autre qui assure cette fixité de parité, mais reste dans une situation statique, on ne voit pas comment résoudre le dilemme, à moins que le raisonnement ne dérive d'un abus de langage en ce qui concerne l'idée de *dévaluation*. En clair, on ne peut dévaluer une monnaie garantie (exemple le franc CFA) par une autre monnaie avec laquelle la première est en parité fixe si la monnaie qui garantit (l'euro) n'est pas elle-même dévaluée. Soit le franc CFA bénéficie de la garantie de la fixité de parité avec l'euro, soit les deux monnaies - le franc CFA qui est garanti, et l'euro qui est le garant - sont concomitamment dévaluées dans les mêmes proportions. Comme sur le marché monétaire on est dans un système de change flottant, on dira que le franc CFA subit la fluctuation de la valeur de l'euro. Alors sur quel fondement dévaluer ? A la rigueur, on peut parler de *dévalorisation* de l'unité monétaire (franc CFA) comme il en a abusivement été en 1994 et antérieurement, et non de *dévaluation*. Dévaloriser une monnaie (ce qui est le plus souvent le cas des monnaies des petites nations), c'est déconsidérer ou mésestimer une monnaie, alors que dévaluer consiste à réajuster la valeur d'une monnaie soit pour la rapprocher de la réalité économique du pays en difficulté soit pour rechercher la compétitivité internationale de la production du pays. Même dévaluée au moment des changes fixes, une grande monnaie demeurait toujours une grande monnaie.

Pour revenir à nos propos, lorsque la masse monétaire ne permet pas de rémunérer les travailleurs indigènes d'un pays alors que le travail consiste à créer de la richesse, on peut se demander naïvement où va cette richesse créée. On pourrait répondre que le paiement de la dette ponctionne une partie du revenu du travail. A cet argument on peut rétorquer que si le revenu du travail avait pu permettre au pays de vivre convenablement, il n'aurait pas eu recours aux emprunts qui sont proposés aux petits pays pour mieux les assujettir. En réalité, une telle situation naît de ce que la richesse créée ne reste pas dans le pays où elle l'a été. Ces pays ne sont donc pas sortis du système esclavagiste dans lequel l'esclave consacre toute son énergie au travail en contrepartie d'une louche d'eau et d'un peu de soupe. C'est ainsi que l'absence de liberté entretient la pauvreté dans les petites nations. Mais lorsque des pays qui dominent s'entendent pour ne pas accepter la monnaie d'une petite nation parce que sur le marché international son produit de base doit être vendu à vil prix, on est toujours dans une situation de dévalorisation monétaire qu'on qualifiera pudiquement de dévaluation.

Si, par exemple, l'Afrique a du savoir-faire, ce qui est pareil pour les autres pays pauvres, qu'est-ce qu'elle a à gagner en allant chercher la confiance ailleurs alors qu'elle est le continent le plus riche en ressources naturelles que des acteurs d'autres pays dits civilisés pillent et gaspillent. La monnaie est fondée sur la confiance. Celle des individus qui l'utilisent suffit. Exemple, qu'est-ce que le franc CFA ? Ce n'est que du papier fabriqué à Chamalières ou des pièces métalliques fabriquées à Pessac, en France. Et pourtant les Africains l'utilisent sans sourciller parce qu'ils ont plus confiance en la mère patrie qu'ils n'en auraient en leur propre Etat. Les petites nations, surtout les Africains n'ont pas compris cette observation de Montaigne à l'égard des pays dits civilisés qui, se considérant supérieurs, allaient massacrer d'autres peuples qu'ils traitaient de barbares : « Là est toujours la religion parfaite, la police parfaite, l'usage parfait et accompli des choses [la vision des civilisés sur eux-mêmes]. Ils sont sauvages [les indigènes] de même que nous appelons sauvages les fruits que la nature a produits par elle-même et par sa croissance ordinaire là où, à la vérité ce sont ceux que nous avons altérés par notre artifice et détournés de l'ordre commun que nous devrions appeler sauvages » (*M. de Montaigne, Essais, livre I, chapitre 30, « Des cannibales », 1580*). Seul le regard du pays qui crée est positif sur lui-même. Sinon celui des autres sera toujours négatif lorsque le pays est classé parmi les nations inférieures. Les petites nations ne peuvent pas, elles ne pourront jamais, étant frappées d'une incapacité pérenne, parce que d'autres qui se sont investis de la *mission sacrée de civilisation* leur font croire qu'il en est ainsi. Exemple : l'Amérique du sud est supposée indépendante depuis la fin du XIXe siècle et gouvernée dans la réalité par les Etats-Unis d'Amérique. Que vendent les Etats sud-américains aux Etats-Unis d'Amérique ? Les mêmes produits primaires que les pays africains assujettis comme eux.

Certains prétendus économistes internationalistes se sont posé la question de savoir si l'existence des banques centrales et des monnaies des petites nations était nécessaire (*C. Collyns, Comment remplacer les banques centrales dans les petits pays en développement ; Finances et développement n° 4 vol. 19, décembre 1982, pp. 42-44*). Leur raisonnement étant fondé sur les transactions internationales, on peut leur répondre qu'en l'absence de monnaie dans un territoire, fut-il sans maître, les transactions internes reposeraient uniquement sur le troc. On doit faire remarquer que la monnaie existe dans toutes les sociétés, aussi primaires eussent-elles été, depuis des millénaires. Mais on peut facilement comprendre l'idée qui fonde une telle interrogation. En dehors de ce que la monnaie d'une grande nation doit avoir cours légal dans la petite nation (c'est un indicateur de la vraie colonisation, ou de la vassalisation), on ne voit pas quelle autre solution proposée. Car utiliser la monnaie d'un autre pays, c'est tout lui devoir ; c'est être son obligé, c'est être sous sa tutelle, son vassal. Comment alors une petite nation peut s'affranchir de son maître, de son tuteur, puisque la monnaie est un attribut de la souveraineté ? On voit aujourd'hui comment la régionalisation économique européenne qui a conduit à la création de la monnaie unique (entre la plupart des membres) sans aller jusqu'au fédéralisme devient plus un problème pour certains Etats qu'une solution. Seule la crainte de l'inconnu dissuade toute velléité d'indépendance monétaire dans la zone euro qui fait l'objet de perpétuelles critiques, puisque la pensée économique s'est tarie en dehors des formats classiques (libéraux, keynésiens, marxistes). La question monétaire de l'Europe indique seulement la division des Européens sur les questions essentielles (exemple : parler de la fiscalité et chaque membre ira de son côté). L'Union ne se réalise réellement qu'à l'égard des petites nations parce que sur ce point les intérêts se rejoignent.

Lorsque nous soutenions, dans la première moitié des années 1980, les monnaies de groupes, nous les souhaitions sur des constructions économiques de telle sorte à éviter les dominations monétaires des puissances pour lesquelles d'autres pays économiquement faibles constituent des « intérêts à sauvegarder ». La disparition de la Zone franc et la création de monnaies autonomes régionales fondée sur des réformes de structures économiques régionales participaient de cette évolution monétaire internationale que nous préconisions. La constance de notre conviction nous a amené à la reprise de cette tentative de démonstration (voir *La réforme du système monétaire internationale par la multipolarisation,* LPA, n° 60, 20 mai 1991).

PARTIE 2

DEVELOPPEMENT DE LA PETITE NATION DANS UN CONTEXTE DE MONDIALISATION ?

Alors que les théories relatives au développement de la petite nation semblent épuisées chez les lauréats du *Prix Nobel d'économie* quant aux solutions de lutte contre la pauvreté, l'idée de démocratie a fleuri. Elle conditionne, semble-t-il, toute évolution économique actuelle de l'humanité et continue de servir d'alibi à la destruction des pays qu'on voudrait hypocritement aider à sortir de leur condition de pauvreté, alors qu'en réalité, les y laisser faciliterait leur reconquête ou leur répression. Certains économistes se sont *rués dans les cordes* sans comprendre que le déficit de démocratie et des droits de l'homme auquel les politiques se réfèrent appartient à la diplomatie pour ne pas dire qu'il s'inscrit dans la pression de la part de certaines grandes nations pour justifier le règlement de leur contentieux avec des nations qu'elles ont toujours sous-estimées et qu'elles n'ont cessé de considérer comme leur pré carré, ou voudraient reconquérir. Affirmation donc d'une démocratie comme préalable au développement, mais absence d'exemple de pays ayant suivi un tel cheminement.

Depuis la disparition du communisme dans la pratique politique des pays de l'Europe de l'Est, la liaison de la démocratie au développement économique est devenue une mode dans la doctrine des sciences sociales et dans l'appréciation politique des petites nations. Ainsi de *républiques bananières* pour caractériser les nations sous tutelle, les gouvernants de celles-ci n'ont pour d'autre dénomination que celle de *dictateurs*. Que des hommes politiques se soient prévalus de tels arguments pour soutenir la fin de la guerre froide en leur faveur ne pouvait surprendre l'intellectuel avisé. Mais que des *Prix Nobel d'économie* se soient évertués à en faire des théories du développement montre à quel point les sciences sociales actuelles sont à court d'arguments sur les préoccupations réelles de nos sociétés, si les théoriciens sont de bonne foi, sinon cherchent à soutenir un système de fonctionnement du monde dont ils vivent par des subterfuges.

On énumère le contenu de l'indicateur du développement humain. On s'en sert pour classer le niveau du développement, le niveau du bien-être des pays du monde entier. On se réjouit d'avoir inventé un nouveau mode de stratification économique des pays. On a beau déclarer que la croissance n'est pas le développement, on ne trouve pas de théoriciens qui expliqueraient comment relever les différents indicateurs du développement humain sans croissance. Sauf à raisonner par mimétisme par rapport à la gestion actuelle des nations dites civilisées eu égard à leur niveau de développement déjà existant qu'elles tentent d'entretenir malgré leur faible taux de croissance, ou à l'inégale redistribution des richesses déjà existantes.

Peut-on parler de renouvellement des théories économiques sur le développement et donc sur la lutte contre la pauvreté quand celles-ci ressemblent à ce que certains écrivaient plusieurs décennies en arrière sous le regard de ceux qui prétendaient appartenir à la *théorie pure* et les baptisaient du nom de tiers-mondistes ? La démocratie devient-elle la principale cause du relèvement de l'indicateur du développement humain ? En réalité, ce ne sont pas les voies du développement qui sont en cause. C'est la liberté de les mettre en œuvre qui constitue la vraie problématique.

La perception de la pauvreté (ou le sous-développement) consiste souvent à un regard anthropologique, à tout le moins sociologique. Quand ce n'est pas leur culture que nous étudions pour conclure qu'elle est la cause de leur stagnation en matière économique, c'est le mode de vie des individus dissociés de leurs relations avec le reste du monde et non le groupe en tant qu'entité soumise à la loi de pays tiers. L'on parle alors de la liberté des individus dans l'Etat indigène pour accuser les pouvoirs publics de liberticide parce que nous sommes partis de cette liberté qui a contribué à structurer les nations civilisées, à mesurer l'autonomie des groupes d'individus par rapport à d'autres qui les dominaient. C'est cette version de liberté qui conduit à se concentrer sur la démocratie comme mode de gouvernement. Or avant de proclamer la liberté individuelle à l'intérieur d'un groupe social, il faut que ce dernier groupe lui-même soit libre, c'est-à-dire libéré de toute contrainte extérieure qui contrarie la décision de l'ensemble ou de la communauté (avons-nous déjà souligné). Tous les groupes sociaux que nous caractérisons par la pauvreté, tous les Etats pauvres ont été rendus pauvres par des comportements exogènes, des groupes humains tiers. La famine qui est aujourd'hui le symbole de la pauvreté absolue n'a pas toujours existé chez ces groupes pauvres ou ces pays pauvres comme nous le faisions remarquer ci-dessus. Elle est la création d'un groupe extérieur, d'un groupe tiers venu les dominer.

Qu'il s'agisse de la mondialisation ancienne ou de celle qui est la conséquence de la déréglementation des années 1980, les peuples soumis n'en tirent que la recrudescence de la pauvreté.

En matière d'économie politique, nous parlons de monnaie qui vient de la production, de la distribution et de la consommation des richesses comme l'a précisé Jean Baptiste Say dans sa définition de cette économie politique. C'est qu'aujourd'hui où la division du travail s'est considérablement développée dans tous les groupes sociaux, dans toutes les nations, la monnaie apparaît l'intermédiaire incontournable de toute l'activité économique. Mais la quantité de monnaie a toujours eu une valeur relative. Exemple, un individu qui détient des centaines de milliers d'unités monétaires, mais n'a aucun bien à acheter. Sa quantité de monnaie ne vaut pas plus que les feuilles d'une plante quelconque ; à moins qu'il fasse de cette monnaie une œuvre d'art, mais on pourrait aussi faire des feuilles une œuvre d'art de même valeur. Par contre si les biens existent et que leur valeur n'est pas rémunérée à juste titre, on pourra se plaindre de l'exploitation de celui qui a peiné pour produire ces biens. L'acheteur créera de la pauvreté chez le propriétaire des biens. Nous ne parlerons pas ici de monnaie pour entrer dans une quelconque théorie monétariste. Nous viserons à montrer comment la monnaie est un facteur d'accumulation de richesse ou de capital dont on clame souvent le déficit dans les nations pauvres, mais une vraie monnaie qui correspond aux transactions économiques pour lesquelles elle est créée et non une monnaie-papier qu'on octroie sans en connaître l'origine.

TITRE 1

LA DEMOCRATIE NE PRECEDE PAS LE DEVELOPPEMENT, ELLE EN EST LA CONSEQUENCE

La démocratie est-elle une notion universelle ? Existe-t-il un droit naturel à la démocratie ? Puisqu'à l'époque contemporaine on ne peut parler de développement, de pauvreté sans les lier à la démocratie, nous ne pensons pas que de telles questions soient dénuées de bon sens.

La démocratie ne paraît pas un concept universel. Pour l'être, il faut qu'elle ait une définition consolidée. On oublie souvent de dire que, jusqu'à la première moitié du XXe siècle, beaucoup de démocraties ont existé en se fondant sur l'exclusion de la majorité de la population (de la Grèce antique à la France qui excluait les femmes de l'exercice de la démocratie caractérisé par le droit de vote), ou en marginalisant une partie de la population : la plus grande démocratie du monde a dénié la participation des Noirs ou Afro-Américains au processus démocratique jusqu'au début des années 1960. Encore fallait-il que ces groupes sociaux marginalisés soient considérés en tant que constitutifs d'êtres humains à part entière ! Et si l'on revenait aux régimes coloniaux et néocoloniaux que les inventeurs de la démocratie ont institués sur d'autres peuples. En quoi l'oppression de ces peuples et leur mise sous tutelle aujourd'hui sont-elles démocratiques ?

On parle de comportement liberticide, de déni des libertés individuelles ; mais personne n'a le courage de dire que les maîtres se servent des dirigeants et des institutions des petites nations dont ils demeurent les tuteurs pour opprimer les populations indigènes pendant que ces mêmes maîtres clament le déficit de démocratie chez leurs protégés ou dans leur pré carré, une manière de mettre en exergue l'incapacité des indigènes à gérer ou à s'autogérer pour susciter le renforcement de la tutelle face à l'Etat sauvage ou indigène. Or bien que la démocratie soit définie par l'Occident pour justifier l'évolution de son mode de gouvernement politique, le comportement des pays prétendument démocratiques n'en reflète pas toujours le contenu. Mais jusqu'au milieu du XXe siècle, avec la Seconde Guerre mondiale, les théories du droit soutenaient que la civilisation occidentale devrait assimiler toutes les autres pour aboutir à l'universalisation d'une civilisation bâtie sur le modèle de l'Occident (voir *Luigi Sturzo, La communauté internationale et le droit de guerre,1931*). En dehors des petits Etats du Golfe persique, c'est bien en Europe qu'on rencontre le plus de royautés dont on est si fier dans le monde et dont les régimes ont cette bénédiction d'être reconnus sous le vocable de *régimes parlementaires*, les meilleurs systèmes de gouvernement que les peuples éclairés envient au côté des rois et princes sans intérêt que leurs nations entretiennent sans les avoir choisis.

CHAPITRE 1

LA PROBLÉMATIQUE DE LA DÉMOCRATIE COMME FACTEUR PRÉALABLE À LA CRÉATION DE RICHESSE

Par un constat superficiel, on peut arguer d'un déficit de démocratie comme principal facteur de pauvreté dans les petites nations. Mais ceux-là qui dissertent en ce sens savent-ils que la démocratie se construit dans la liberté, ou à tout le moins que la liberté est le préalable de la construction de la démocratie ? Laquelle liberté conditionne le développement d'une nation (nous parlons ici de la liberté des peuples et non de la liberté individuelle). Précisons ici que la guerre dans son déroulement n'ôte pas *à priori* la liberté, ni la démocratie ; c'est la défaite qui les supprime à l'égard de l'Etat vaincu, donc soumis par les vainqueurs.

A partir du XVIe siècle, lorsque l'Espagne et le Portugal se sont indument enrichis grâce à l'or pris aux peuples d'Amérique du Sud, ce n'était pas par la démocratie. Leurs richesses que toute l'Europe leur enviait au XVIe et au XVIIe siècle provenaient donc essentiellement du pillage de l'Amérique du Sud au cours des massacres des populations autochtones auxquelles les conquérants originaires de ces deux nations ne reconnurent aucun droit. Les autres nations européennes et leurs intellectuels cherchaient les moyens par lesquels les pays qui n'avaient obtenu ce privilège d'aller *ramasser* sans effort ce trésor (comme des feuilles d'automne) pouvaient bénéficier de son utilisation. Adam Smith, dans son ouvrage resté célèbre, montre les modalités de l'utilisation d'une partie de l'or du Portugal par l'Angleterre (*Recherche sur la nature et les causes de la richesse des nations, chapitre XI*). Avant la chute du mur de Berlin le 9 novembre 1989 et le discours du Président de la République française François Mitterrand à la Baule le 20 juin 1990, le facteur démocratique en matière de développement et de la pauvreté n'avait pas autant de retentissement. L'indicateur démocratique fut une découverte dans la dernière décennie du XXe siècle au point que de nombreux instituts d'études politiques lui furent consacrés dans plusieurs pays. En plaçant la démocratie au centre du développement, n'est-ce pas l'aveu que les solutions économiques commencent à se raréfier dans des théories qui sont fondées sur des arguments classiques qui siéent peut-être à l'époque où ils ont été formulés ou encore dont l'objet n'est pas le même que la recherche de solution à la pauvreté actuelle de certaines nations ?

Section 1 – Les principes fondamentaux de la civilisation contemporaine : sincérité ou hypocrisie ?

Nous sommes tous convaincus que le travail productif est celui de l'homme libre (cette affirmation nous vient de ces auteurs connus que sont François Quesnay et ses disciples, Adam Smith, David Ricardo, Amartya Sen, pour ne citer que ceux-là). Et si l'on parle tant de démocratie dont le déficit serait aujourd'hui la principale cause de la pauvreté, (exemple les peuples sont pauvres parce qu'il y a une déficience de démocratie), c'est parce que l'exercice de cette démocratie en appelle à la liberté considérée comme un principe fondamental de l'existence de l'homme à l'intérieur de l'Etat. Il n'y aurait pas de véritable création de richesse sans un travail libre, autrement dit sans liberté individuelle en matière de travail. Pourquoi ? Parce que dès lors que le fonctionnement du système économique est fondé sur le marché qui exclut l'intervention des pouvoirs publics, tout irait bien avec ce que Adam Smith symbolise par la *main invisible*, c'est-à-dire l'équilibre naturel du fonctionnement de tout système (selon ses prédécesseurs). Pourtant ceux qui tiennent de tels propos qui paraissent fonder le libéralisme économique depuis la formulation de l'économie politique ne disent mot sur le travail de ces esclaves qui a créé tant de richesse, celui des travaux forcés qui en a fait autant. Ils ne font qu'occulter de telles situations qu'on ne serait pas honnête de penser qu'ils ignoraient et que leurs disciples qui parlent tant de démocratie ignoreraient aussi aujourd'hui. A moins de faire croire que seuls les maîtres, qui surveillaient dans les champs ou sur les chantiers, travaillaient et que les esclaves et ceux qu'on fouettait sur ces champs de coton, de canne à sucre, ou dans les mines, etc., pour accroître le rendement ne comptaient pas dans la production des biens, donc de la richesse, sinon étaient estimés comme du capital sans âme (c'est-à-dire exclus de la catégorie de l'espèce humaine).

On ne lit dans aucun ouvrage que la production (effort de l'homme pour extraire des biens de la nature ou transformation de biens destinés à la satisfaction des besoins de l'homme), un des objets de l'économie politique, n'est pas synonyme de création de richesse (nous parlons de la production qui amène à la richesse et non de l'explication de David Ricardo sur la distinction entre *valeur* et *richesse*). Les délocalisations actuelles dans les pays à bas coûts de main-d'œuvre sont-elles réalisées dans des nations peuplées de travailleurs libres qui choisissent délibérément de travailler pour un salaire qui ne leur permet pas de vivre ? On continue de justifier la spécialisation des petites nations par la dotation en facteur travail (beaucoup de travail à vil prix).

Quand Alexis de Tocqueville montrait ou décrivait cette magnifique démocratie en Amérique, il eut l'honnêteté de déclarer qu'il s'agissait de la démocratie dans le groupe social d'origine européenne. Dans le chapitre X du tome II de son ouvrage consacré aux *Trois races aux Etats-Unis d'Amérique* (le plus long chapitre rencontré dans cette œuvre), l'auteur écrivait : « Ne dirait-on pas, à voir ce qui se passe dans le monde, que l'Européen est aux hommes des autres races ce que l'homme est aux animaux ? Il les fait servir à son usage, et quand il ne peut les plier, il les détruit » (*De la démocratie en Amérique ; 1835*). Cette magnifique démocratie parcellaire qui servait et qui sert encore aujourd'hui d'*idéal-type* à nos contemporains est à l'égard des petites nations ce qu'est la souveraineté que les juristes qualifient avec beaucoup d'enthousiasme de *souveraineté résiduelle*. Pour une nation à souveraineté résiduelle, autrement dit dont une partie des décisions relève de la compétence externe (pour ne pas dire toute à l'exception de la répression dans laquelle elle peut prétendre un peu d'autonomie), on se demande comment une démocratie pleine et entière peut y être appliquée, si tant est que la démocratie a existé telle qu'on nous la décrit dans les ouvrages de science politique ou de droit constitutionnel où elle est théoriquement définie. L'économie qui en fait aujourd'hui son cheval de bataille se contente de l'évoquer sans s'attarder sur son analyse en dehors des libertés individuelles. En un mot, en matière économique, on raisonnait et on continue de raisonner comme si seul le maître travaille et que la création de richesse ne viendrait pas aussi et surtout de la force de travail de l'esclave. Les travailleurs des mines et des manufactures (usines) qui rentraient chez eux le soir et se nourrissaient de pain trempé dans du sucre sous la Révolution industrielle du XVIIIe et XIXe siècles étaient si libres qu'ils pouvaient choisir de travailler ou de vaquer à leurs loisirs selon la théorie classique et néoclassique d'où est extraite cette idée que seul le travail libre de l'homme crée de la richesse, et par récurrence la démocratie comme facteur de création de richesse pour enrayer la pauvreté, à telle enseigne que les lois anglaises du XIXe siècle qui tendaient à aider les pauvres avaient fait l'objet de contestation de la part de Thomas Robert Malthus dans son célèbre ouvrage « *Essai sur le principe de la population, 1826* » qui préconisait de les laisser disparaître au motif que la population croissait de façon géométrique ou exponentielle alors que la production augmentait de manière arithmétique. Pourtant la Révolution anglaise qui a donné naissance au régime parlementaire au XVIIIe siècle (caractéristique de la démocratie) a débuté au XVIIe siècle.

I – De la nouvelle *mission sacrée de civilisation* qui peut justifier la poursuite du massacre des populations indigènes

On penserait que nous revenons toujours sur la même question : *la mission sacrée de civilisation.* C'est qu'au-delà des apparences, les relations actuelles entre les nations s'inscrivent dans la continuité de la conquête des *territoires sans maître* selon la vision des pays conquérants. En effet les peuples qui étaient autrefois considérés comme inférieurs par les nations dites civilisées qui les avaient conquis (*cf. le discours de Jules Ferry devant l'Assemblée Nationale le 28 juillet 1885 dans sa défense de la colonisation)* sont aujourd'hui perçus par les mêmes nations comme des incapables. L'économie (ou précisément le développement) appartenant à la civilisation, les rapports entre ceux que nous appelons *les petites nations* et *les maîtres du monde* s'inscrivent toujours dans une nouvelle *mission sacrée de civilisation* qui peut justifier le massacre des populations locales, car nous ne pensons pas que la civilisation s'est départie de la notion d'indigène.

On a toujours pris la question du développement par rapport à la démocratie en sens inverse : des nations sont pauvres ou sous-développées parce qu'il y aurait un déficit de démocratie. Autrement dit la démocratie entraîne le développement. Comme nous nous situons dans le *primat* de l'individu sur la société, depuis la formulation de la théorie libérale (le libéralisme) qui est antérieure à Adam Smith, et la promotion des libertés individuelles, un tel raisonnement trouve sa cohérence dans la continuité doctrinale. Mais cette cohérence dans la continuité ne signifie pas forcément vérité immanente.

Dans une nation soumise, sous tutelle dont le peuple ne peut prétendre à la liberté, les maîtres peuvent pratiquer le libéralisme (dans les pays pauvres, il n'a jamais été interdit aux entreprises étrangères d'exercer l'activité de leur choix). Ceux qui, de l'extérieur, conçoivent l'évolution économique *interdisent* à une telle nation d'intervenir dans la gestion des affaires économiques ou d'entreprendre des activités lucratives (expression de l'idéologie capitaliste ou libérale). Si tous les individus peuvent prétendre à la liberté, c'est parce que leurs nations sont libres. Quand par exemple, au cours de la Seconde Guerre mondiale, une partie de la France est occupée par l'ennemie, les individus de cette zone occupée ne peuvent se prétendre libres et travailler librement ou produire librement. Qui n'a jamais entendu parler de *pré carré* ou de *zone d'influence* d'une telle ou telle puissance ? Est-ce une fiction qu'il faut balayer d'un revers de main dès lors qu'il s'agit de théoriser sur la pauvreté ou le développement, ou encore sur la démocratie des nations pauvres ? L'histoire des *territoires sans maître* (*terra nullius*) nous a appris que les gouverneurs de ces territoires tiennent leur pouvoir de la mère patrie et s'ils sont autonomes dans leur territoire ou leur espace colonial, cette liberté n'est qu'apparente. Le gouverneur reçoit toujours ses ordres du pouvoir central (la mère patrie). Quel que soit le nom qu'on donne à celui qui a succédé à ce gouverneur, il a le pouvoir actuel d'un préfet (le poste qu'occupait l'ex-gouverneur dans les colonies). Dans les colonies devenues indépendantes, le premier ministre a remplacé le gouverneur des colonies mais avec les mêmes pouvoirs limités dans tous les domaines, pouvoirs, cette fois, précisés dans des textes-conditions de la *passation des charges* aux indigènes que sont les accords de coopération au moment des *indépendances*. Ailleurs, lorsque les anciens maîtres sont partis, la tutelle est passée à celui qui prétendait protéger la liberté des nouveaux Etats. Chaque fois qu'un intellectuel a tenté d'analyser la situation d'un Etat exotique, d'un Etat dit pauvre, il a réagi comme s'il s'agissait d'une image récente figée sur une photographie. On ne se demande pas comment on en est arrivé là. Aidées de nos présupposés ethnocentriques, nos analyses dites scientifiques sont donc faussées par des prismes déformants, par nos formats rapprochés à nos normes ethnocentriques idéales. Nos schémas de science politique que l'on ne trouvent sur aucun terrain de pays prétendument démocratiques sont là pour convaincre. Par exemple, quand dans un pays civilisé, la répression policière d'une manifestation pacifique est si violente qu'elle cause des dégâts humains, on dit qu'on fait respecter la loi ; quand dans une petite nation, on utilise des moyens quelconques pour canaliser une manifestation, même sans violence, c'est la preuve d'une pratique dictatoriale, voire totalitaire. Il n'y a de dommages collatéraux que dans un pays civilisé présumé démocratique.

La démocratie qui serait le facteur essentiel du développement et dont le déficit freinerait ce développement nous paraît donc un raisonnement par l'absurde. Le développement et son contraire le sous-développement incluent l'éducation, la culture, et l'instruction qui permettent aux peuples d'améliorer leurs conditions de vie. La démocratie appartient à cette culture, à cette éducation. En effet, on peut décréter la démocratie dans une nation. Mais seule la partie du peuple ayant une culture du système, le peuple instruit peut l'exercer. La démocratie fait partie du développement qui est une évolution perpétuelle et n'est plus perçue seulement par son aspect économique : l'analyse d'un programme électoral relatif au développement économique et social dans une démocratie représentative ou celle du choix des représentants, les raisons qui motivent ce choix, la liberté de choix, etc., c'est tout cela la démocratie. Quel sens pourrait donner l'individu qui n'en connaît ni la teneur, ni les rouages ? Si les dirigeants, parce que soumis à l'autorité d'une autre nation, ne peuvent enseigner le système démocratique aux populations et que la nation dont on réclame la démocratie n'est pas développée au sens que donne le Programme des Nations Unies pour le développement à travers l'indicateur du développement humain, on ne voit pas comment on peut commencer à pratiquer la démocratie aux fins de ce développement. Si soixante dix pour cent (70%) de la population est analphabète, donc sous-développée, comment peut-elle exercer la démocratie qui est l'un des indicateurs du développement ? Si l'on parle de la démocratie de la minorité telle qu'elle a existé sous la Grèce antique et depuis cette époque jusqu'au milieu du XXe siècle dans la plupart des pays qui servent d'exemple, nous pouvons comprendre cette idée que la démocratie précéderait le développement. Mais alors la pauvreté n'existerait pas puisque la richesse de cette même minorité suffirait à caractériser le développement. On se trouverait dans l'analyse de Thomas Robert Malthus qui, dans ses préconisations, considérait qu'il fallait réduire les pauvres en Angleterre au XIXe siècle en les laissant mourir de faim comme si la société qui lui servait de référence n'était au départ constituée que d'individus matériellement fortunés, sauf que dans les petites nations, les pauvres composent aujourd'hui la très grande majorité incontournable de la population ; et les supprimer, c'est peut-être recommencer une histoire de colonies de peuplement qui n'a pu avoir lieu au début de l'occupation de certains territoires sans maître. Rappelons que la pauvreté sévit dans les anciennes colonies d'exploitation (et non dans les anciennes colonies de peuplement qui appartiennent de nos jours aux pays civilisés et dont les pauvres n'entrent pas dans une analyse particulière de la pauvreté, mais des inégalités).

Depuis qu'il est devenu pudique de faire valoir officiellement l'argument de *peuples inférieurs*, la supériorité dans la civilisation se traduit par la distinction entre les peuples démocratiques et les peuples gouvernés par un régime de dictature, autrement dit le degré de civilisation se perçoit à travers le mode de gouvernement. Il en résulte ce raisonnement par l'absurde que l'on adopte : les pauvres sont pauvres parce qu'il y a un déficit de démocratie. Ces peuples pauvres qui ne peuvent sortir de leur pauvreté que par la démocratie doivent apprendre à être démocratiques. Les peuples déjà démocratiques sont investis de la *mission sacrée de démocratisation* qui n'est ni plus ni moins qu'une forme déguisée de la *mission sacrée de civilisation* d'antan. Ils ont le devoir de démocratiser les peuples non démocratiques qui sont affamés par ce déficit de démocratie. Et comme par le passé, alors que personne ne les a sollicités (*cf. réponse de Georges Clémenceau le 30 juillet 1885 à Jules Ferry devant la Chambre des Députés sur la thèse de ce dernier relative au massacre des populations indigènes pour soutenir la colonisation*), alors qu'on pourrait s'attaquer au mode de production qui crée la pauvreté et la famine, les peuples démocratiques choisiraient de poursuivre le massacre des autres peuples pour leur apprendre à être démocrates afin de les sortir de leur condition de pauvreté. En occasionnant un *grand bond en arrière* chez ces peuples non démocratiques, en détruisant ce qu'ils ont pu construire malgré leur mise sous tutelle par la force, on leur apprend à reculer pour mieux sauter dans le progrès qui conduira à l'élimination de la pauvreté par le biais de la démocratie.

Ce que tout le monde s'accorde à appeler *développement* n'exclut pas la démocratie qui est incluse dans ce développement puisque cette démocratie doit en être un des indicateurs. Mais faire de la démocratie un préalable du développement, de la lutte contre la pauvreté, nous paraît donc une absurdité (nous y insistons). Car il est coutumier d'affirmer que les pays non démocratiques sont sous-développés et affamés, donc pauvres, alors qu'on ne parle quasiment jamais des royaumes et émirats du Golfe persique qui ne brillent pas par l'exercice des principes démocratiques comme vérification de cette assertion, parce qu'en parler, c'est se convaincre que l'absence de démocratie n'aurait aucun lien avec la pauvreté. En clair, ces pays du Golfe persique ne pratiquent aucun principe démocratique tel que l'entendent ceux qui soutiennent la thèse dont nous discutons ; pourtant personne ne s'aventure à clamer leur pauvreté du fait de ce déficit de démocratie. On pourrait penser avec les pays du Golfe au principe selon lequel l'exception confirme la règle ; mais lorsque les exceptions deviennent trop nombreuses pour un même énoncé, elles servent à infirmer la thèse principale. Quand, en sens inverse, nous disons qu'aucun pays sous tutelle ne s'est développé dans ce laps de temps autrement dit sous ce régime, nous ne connaissons aucune exception de ce *postulat* et expliquons que la Corée du Sud (sous occupation américaine après la guerre de Corée) n'en constituait pas une au moment de son industrialisation.

Pour revenir à nos propos, un élément (la démocratie) inclus dans un ensemble (le développement), au regard des pays pauvres, ne peut en même temps précéder cet ensemble et y être inclus. Comme la *mission sacrée de civilisation* paraissait difficile à comprendre pour certains individus qu'on a qualifiés d'humanistes, la nouvelle *mission sacrée de civilisation et de démocratisation* semble dépasser notre entendement. Les deux valeurs (anciennes et nouvelles) ont le même objectif pour ceux qui l'exercent : améliorer la vision du monde des indigènes, les socialiser dans un certain sens pour qu'ils apprennent à s'habituer à la servitude et non les mener vers le développement ainsi qu'on le proclame avec beaucoup d'hypocrisie.

II – De la vente d'un rêve à l'illusion dans la domination

Ce n'est pas par le déficit de démocratie qu'il faut analyser la pauvreté ; car ce déficit résulte de la tutelle à laquelle sont soumises les petites nations. Nous connaissons les préoccupations de ceux qui raisonnent à partir de la démocratie et la sincérité de certains de ces auteurs. Nous y reviendrons dans les propos sur les théories relatives au développement, théories qui procèdent du raisonnement par récurrence. Par contre, la pauvreté peut être alimentée par les conflits dans les petites nations, qu'elles soient latentes ou dégénèrent en guerres civiles entretenues par les intérêts économiques qui ne sont pas celles de la population indigène, mais des maîtres ou puissances extérieures.

En Afrique surtout, les accords de défense avec les ex-colonisateurs ont fleuri avec les pseudo-Etats nouveaux. Ces accords participaient à l'idée de développement. Du moins cette idée en était la justification officielle. L'économie du système était donc de convaincre les petites nations qu'il fallait qu'elles se consacrent au financement des dépenses utiles aux fins de leur développement pour laisser les dépenses militaires à leurs anciens maîtres qui les protégeraient en cas de conflits internationaux. Nous retrouvons ici la vieille recette que l'Angleterre avait proposé au Portugal dans le Traité de Methuen de 1713 par lequel elle avait convaincu ce dernier pays à lui acheter des produits manufacturés en contrepartie de l'importation de son vin (les fameux drap et vin des *avantages comparatifs*) et de sa protection militaire. On élève des armées pour se défendre de l'extérieur. En réalité les accords de *coopération*, comme nous l'avons dit ci-dessus, couvraient tous les domaines de compétence de l'Etat, mais l'absence de publicité relative à ces accords n'en faisait ressortir que le *côté visible de l'iceberg* : les accords de défense et la monnaie. Les anciens maîtres ont ainsi installé ou laissé des bases militaires sur leurs anciens *territoires sans maître* ; ils ont trouvé des intermédiaires locaux pour diriger les indigènes, en éliminant ceux des indigènes qui n'avaient pas leur faveur. Qui pourrait contester l'idée selon laquelle celui qui détient la force armée est le véritable maître du groupe social, quelle que soit la nature de cette société ? Les bases militaires, loin de protéger les petites nations, ont eu jusqu'à présent deux objectifs : d'une part elles servent à anéantir les velléités de souveraineté de l'Etat indigène, d'autre part en faisant de l'Etat protégé une zone d'influence, elles permettent le monopole en matière du commerce des armes dans le pré carré (pour ne nous limiter qu'au domaine de l'armement), des armes que le maître détruira lors des conflits dont il est inutile d'en démontrer les origines, pour continuer d'en vendre de nouvelles.

Au début des *indépendances*, et même dans les périodes *post indépendances* lointaines, combien de chefs des nouveaux Etats ont été assassinés avec la main invisible des anciens maîtres (pour ne pas dire des maîtres) ou sont décédés lors de leur détention après un coup d'Etat parce qu'ils rêvaient d'une vraie souveraineté ? Ceux qui ont échappé à l'assassinat sont ceux-là qui n'ont pas bénéficié de protection en matière de défense ou ont durci leur régime pour prévenir ces éventuels coups d'Etats et assassinats. On a pu les étouffer économiquement parce que luttant pour leur survie, ils n'ont pas pensé remettre en question la pratique du *pacte colonial* dont le mode de production est demeuré tel qu'il était sous la colonisation et le marché colonial qui leur était désormais interdit (voir la Guinée sous la présidence de Sékou Touré). Que ce soit en Afrique, en Asie ou en Amérique du Sud, les accords militaires ou les aides militaires ont proliféré et/ou subsistent dans les zones d'influence. Certains pourraient objecter que la Corée du Sud a pu devenir une nation industrialisée alors qu'elle était sous la tutelle des Etats-Unis d'Amérique. C'est là un cas particulier qui s'inscrit dans le contexte de la guerre froide, faut-il le rappeler. Etat né de la Guerre de Corée avec une résolution de l'Assemblée générale de l'ONU unique en son genre, dite Résolution Acheson du 3 novembre 1950 pour contourner le refus du Conseil de sécurité d'entreprendre cette guerre sous mandat de l'Organisation, la Corée du Sud a reçu une aide à la construction de l'Etat américain avant les investissements du Japon qui n'était pas moins lié aux Etats-Unis d'Amérique comme otage de l'Occident vainqueur de la Seconde Guerre mondiale. On ne saurait donc citer en exemple le cas de la Corée du Sud (nous y reviendrons). *A contrario* celui de la Corée du Nord, ennemie des Etats-Unis d'Amérique et de l'Occident, est semblable à la situation de Cuba qui a été isolé par tous les pays pour ne pas contrarier l'empire américain partenaire commercial du monde entier grâce à sa monnaie et devenu le leader incontesté de ce monde. Aussi depuis la doctrine Monroe les Etats-Unis d'Amérique continuent-ils à édicter des lois extraterritoriales et de stipuler pour autrui pour ne pas dire pour le monde entier. D'ailleurs, lorsqu'on se souvient du déficit commercial américain, on en parle pour plaisanter tandis que les autres pays prennent des mesures d'austérité, voire drastique pour éviter les mêmes types de déficit considérés à leurs yeux comme des drames.

Pour revenir à nos propos, les seules informations que nos médias nous servent sur la Corée du Nord sont relatives à d'éventuelles famines et à la dictature, autrement dit cette interrogation : « Comment les Nord-Coréens, dans les conditions abominables où ils vivent, ne sont-ils pas encore tous morts ? »

Dans les zones d'influence, le commerce des armes fait partie de la consommation des petites nations. Ainsi qu'il est indiqué dans les accords de coopération, la priorité donnée aux entreprises du maître de la zone d'influence et la vente des armes dans cette même zone ont lieu de gré à gré. Il n'est pas besoin d'un appel d'offre qui aurait mis en concurrence le maître face à d'autres fournisseurs. C'est donc dans l'*illégalité* ou avec le consentement tacite du maître que les petites nations, au regard des accords de coopération militaire, tentent d'acquérir un peu de matériel militaire en provenance d'autres pays que celui du protecteur, à moins que, pour leur donner l'illusion d'une liberté, celui-ci valide explicitement lui-même cette acquisition qui n'atteint nullement ses intérêts. L'acquisition du matériel du maître entre dans l'aide au développement qui grossit la dette extérieure des nations pauvres, une dette qui accroît l'influence des *bienfaiteurs* sur ces nations.

Tous les pays civilisés qui dominent le monde produisent des armes de toute nature, en même temps qu'ils interdisent aux autres nations, notamment les petites, d'entreprendre des recherches pour en fabriquer. La prolifération des armes de toute nature est un danger pour l'humanité, disent les Etats qui disposent de « la loi du plus fort » qu'on désigne sous le nom de droit international. Vraiment ! L'empire américain ne trouve rien à redire quand lui-même invoque la Constitution pour soutenir la liberté de chaque citoyen américain de se doter d'une arme, parce que la production des armes appartient à ce qui contribue à la croissance du pays. Cette réalité échappe aux économistes. La production d'armes fait donc partie de l'offre du marché : marché domestique et marché extérieur. Si les offreurs s'équipent eux-mêmes pour demeurer maîtres et défendre leur souveraineté, les acheteurs, la demande contrainte (non pas au niveau budgétaire), en clair ceux qu'on oblige à acheter sont les nations auxquelles les pays civilisés interdisent des progrès en la matière. Contrairement aux produits de consommation courante, la concurrence dans l'offre d'armement n'existe pas sur le marché des producteurs entre eux, du moins est rare. On ne voit pas souvent la France s'équiper en armes produites aux Etats-Unis d'Amérique ou en Angleterre, voire au Japon ou encore en Allemagne (pour ne citer que quelques exemples). Nous ne parlons pas des consortiums ou des demandes ponctuelles de munitions pendant des guerres dans lesquelles la France, par exemple, est impliquée. Pourtant, des foires d'armement ont lieu chaque année et les armes fabriquées par les diverses puissances circulent sur le marché mondial. Quand nous parlons de marché mondial, nous désignons les pays en développement qui sauront toujours comment et où trouver les moyens financiers pour s'équiper en armes que leurs tuteurs leur proposent. Même lorsque la population est affamée, certaines nations pourront emprunter des sommes astronomiques pour s'équiper en armes que les mêmes grandes nations viendront détruire pour tester l'efficacité du nouveau matériel plus sophistiqué que celui qui a été déjà vendu. Depuis l'indépendance des petites nations d'Amérique du Sud, d'Afrique et même d'Asie, les grandes nations sont fières de signer des contrats de vente d'armes d'un montant défiant le commerce des biens de consommation courante. Ce sont les offreurs d'armes qui contribuent à l'endettement de ces pays, en même temps qu'ils freinent la construction de la démocratie. Il existe maints exemples sur l'aide à la déstabilisation des Etats en Amérique du Sud, en Afrique et dans une certaine mesure en Asie (*William Blum, Les Guerres scélérates - Les interventions de l'armée américaine et de la CIA depuis 1945 ; 2003*). Si on se convainc que la démocratie est le facteur principal du développement, c'est qu'on peut aussi se convaincre, en dehors de toute considération d'économie pure, que ceux qui déstabilisent les Etats barbares ou sauvages sont également les ennemies du développement des petites nations (*ce qui est la même chose que les Etats barbares et sauvages*). Nous pouvons partager l'idée que la déstabilisation des pays nuit fortement au développement et renforce la pauvreté en même temps qu'elle freine la démocratie, cependant nous ne pensons pas que le déficit de cette démocratie soit la cause de la pauvreté. La démocratie et la pauvreté sont concomitantes, si ce n'est que la pauvreté conduit à un déficit de démocratie et non l'inverse, parce que la démocratie est un indicateur du développement (elle y est donc incluse), comme nous l'avons maintes fois répété. Mais le développement n'est pas un indicateur de la démocratie même si, par *la loi du plus fort* et la force de la propagande, les pays développés bénéficient d'une présomption de démocratie. La théorie économique sur la question du développement, en dehors d'Amartya Sen, a souvent réduit le raisonnement aux données statistiques et à l'observation de l'état ou de la *photographie instantanée* de la situation d'un pays dont on discute de la pauvreté.

On parle donc de la pauvreté des petites nations à travers le comportement individuel de leurs populations, mais on occulte très souvent l'aspect militariste et mercantiliste qui, même pour les libéraux qui dominent la théorie économique, ne saurait être analysé comme empêchant la lutte pour le développement.

Section 2 – De quelques rhétoriques sur le développement économique des pays pauvres

Le monde globalisé, depuis la soumission de certains peuples par d'autres, ressemble à tout Etat dont la population est stratifiée entre les riches et les pauvres. De la même façon que les riches chercheront toujours à se distinguer des pauvres à l'intérieur de l'Etat, les pays riches ont toujours voulu et voudront toujours se distinguer des pays pauvres de mille manières en ce monde. Dans ce cas tout ce que les nations pauvres entreprendront sera perçu de manière négative. Dans la théorie pure du développement et d'une prétendue lutte contre la pauvreté, les raisonnements qui se sont succédé ont procédé par mimétisme de l'Occident.

I – Des théories fondées sur le mimétisme de l'Occident actuel

L'idée de l'économie qui met au centre du raisonnement la liberté individuelle ou simplement la liberté coïncide avec le bouillonnement de la Renaissance qui suit le partage du monde entre deux puissances dites civilisées à la fin du XVe siècle (Portugal et Espagne) et dont les conquêtes ont conduit à des génocides des indigènes du nouveau monde pour s'emparer de leurs trésors (argent, or, etc.). Toutes les sciences sociales et humaines apparues au XVIe et XVIIe siècles sont traversées par l'emprise des monarchies sur les individus, mais aussi la considération de l'individu, de l'homme en tant qu'être libre. Quand Michel de Montaigne et Etienne de La Boétie (pour ne citer que ces deux amis) mènent au XVIe siècle des réflexions qui leur vaudront le nom d'humanistes, ces auteurs partent de ce dont ils sont témoins, le massacre des populations autochtones du nouveau monde, mais aussi du despotisme des rois européens. C'est cette même recherche de liberté qui conduit à la réflexion sur l'origine des sociétés à partir de l'Etat de nature dont on citerait les Thomas Hobbes, Jean-Jacques Rousseau, John Locke entre autres, chacun ayant ses motivations ; le droit et l'économie sont teintés de cette réflexion sur la nature de l'homme qui le mène à se rapprocher des autres et non le contraire. François Quesnay, de l'Ecole physiocrate, dans un écrit sur le droit naturel disait : « Le droit naturel de l'homme peut être défini vaguement *le droit que l'homme a aux choses propres à sa jouissance.* Avant que de considérer le droit naturel des hommes, il faut considérer l'homme lui-même dans ses différents états de capacité corporelle et intellectuelle, et dans ses différents états relatifs aux autres hommes. Si l'on n'entre pas dans cet examen avant que d'entreprendre de développer le droit naturel de chaque homme, il est impossible d'apercevoir même ce que c'est que ce droit » (*Le droit naturel ; Journal d'Agriculture, septembre 1765*). Sans nous étendre outre mesure, nous disons que cet individualisme a largement influencé les recherches sur l'économie politique que poursuivent les auteurs comme Adam Smith et ses disciples dont les raisonnements donneront naissance au libéralisme (on leur en attribue la paternité alors qu'il résulte de l'idée d'*équilibre naturel* de leurs prédécesseurs), c'est-à-dire l'idée, pour simplifier, que les échanges ne sont pas organisés par l'Etat tout-puissant, mais par les rapports égoïstes des individus entre eux, disons plutôt sur le fondement des intérêts réciproques des individus entre eux. Sur le plan de la politique, c'est cette même liberté individuelle qui guide les auteurs de la période qu'on appellera le *Siècle des lumières.* Mais s'il est intéressant de parler de démocratie et de liberté, ces deux concepts s'inscrivaient et s'inscrivent toujours dans un contexte d'Etat souverain. Que cela soit dit une bonne fois pour toute. Par ailleurs dans le phénomène du développement, nous n'avons trouvé nulle part quelques pays dans lesquels la démocratie aurait été le moteur d'un décollage économique (nous le rappelons). Ni en Europe (le vieux continent), ni en Asie avec sa longue histoire politique, on ne trouve une telle confirmation. Et si l'on veut parler des colonies de peuplement que sont les Etats-Unis d'Amérique, le Canada, l'Australie ou la Nouvelle-Zélande, ce n'est pas par la démocratie ou la liberté de toute la population qu'elles se sont développées. Tout au contraire, il a fallu, comme dans beaucoup de territoires sans maître, massacrer les *peuples premiers* et pour certains recourir à l'esclavage pour en arriver au développement au sens occidental.

Nous rappelons aussi qu'en dehors de la distinction entre la pauvreté relative et la pauvreté absolue, aucun peuple qualifié d'indigène ne connaissait la famine, et ne se sentait ni pauvre ni riche. Avant la conquête des territoires sans maître, n'allons pas plus loin que le XVe siècle jusqu'à la fin du XIXe siècle, la pauvreté de certains paysans européens était une situation que les économistes n'ignoraient pas, mais qu'on ne soulevait guère parce que dans une économie libérale, la responsabilité d'une telle situation incombait aux pauvres. On connaît le succès de l'ouvrage de Thomas Robert Malthus, *Essai sur le principe de la population (XIXe siècle)*, quand à son époque Karl

Marx (XIXe siècle) s'alarmait de cette même situation de pauvreté. Tout ce phénomène s'inscrivait dans des Etats souverains.

Comment la pauvreté des petites nations est-elle perçue par les économistes contemporains ? Nous répondons : « Par mimétisme des théories applicables aux nations dites développées ou nations riches actuelles ». Nos économistes s'inscrivent dans la pensée économique de ceux qui luttaient pour les libertés individuelles des siècles précédents et non pour la souveraineté des Etats parce que les Etats d'où sont tirées les formulations économiques étaient déjà et demeurent des Etats souverains, donc libres.

Les théories de l'économie politique du développement sont toutes marquées du sceau de la doctrine libérale et du capitalisme. Même celles qui ont été qualifiées en son temps de marxistes reposent sur une analyse qui, tout en tentant de contredire le libéralisme, traduisent les luttes à l'intérieur de l'Etat. Notre objectif n'est pas ici de détailler toutes ces nombreuses théories qui n'ont donné aucun résultat probant bien que certaines aient servi à l'octroi du *Prix de la Banque de Suède*. Il paraît intéressant, pour nous, de montrer la cause de l'impossibilité de ces théories à conduire au développement des petites nations qui aurait amélioré substantiellement le bien-être de leurs populations, c'est-à-dire enrayer la pauvreté.

Si dans la pratique le sous-développement, ou le maintien dans une situation économique spécifique (qui conduira à la pauvreté), naît de ce qu'on appelle le développement des nations qui ont conquis le monde depuis le XVe siècle, le concept apparaît à partir de la fin de la Seconde Guerre mondiale. C'est donc paradoxalement le constat du sous-développement qui va engendrer les théories du développement de ce qu'on appelait jadis le *tiers-monde*. Autrement dit les deux concepts (le sous-développement et le développement) ne peuvent se dissocier l'un de l'autre. C'est que dans cette première interpénétration des situations socio-économiques nées des conquêtes de ce que les conquérants appelaient des *terres sans maîtres*, les situations étaient appréhendées au seul regard des civilisés, les indigènes n'étant pas considérés comme des hommes à part entière au même titre que les Européens qui menaient ces conquêtes. En économie politique, lorsque Adam Smith évoquait la situation des colonies dans son ouvrage *Recherches de la nature et des causes de la richesse des nations* (Livre IV, Chapitre VII – Des colonies), il s'agissait, ainsi qu'il est souligné dans les pages qui précèdent, d'analyser l'apport, en terme de richesse, de ces colonies (territoires dont quelques pays européens se sont rendus maîtres) à la mère patrie, lequel apport avait largement contribué, selon lui, à l'enrichissement des nations européennes, peu importait la manière dont cette richesse était amassée (confiscation de biens déjà produits par les *indigènes*, tels que l'or et l'argent et autres pierres précieuses, mise en esclavage des *indigènes*, transplantation de populations par le biais du commerce triangulaire, etc.). Ce qui explique que le concept du développement lié au sous-développement (ou encore l'économie du développement) n'apparaisse qu'à partir du moment où des peuples ont commencé à lutter pour tenter de s'émanciper. Somme toute, les théories seront longtemps teintées du raisonnement libéral.

A partir de 1949, Raúl Prebish, nommé directeur de la Commission économique pour l'Amérique latine et les Caraïbes dans le cadre de l'ONU, publia une étude intitulée *Le développement économique de l'Amérique latine et ses principaux problèmes.* Dans cette étude, il est soutenu entre autre que le sous-développement résulte de la dépendance économique des « pays pauvres » aux « nations industrialisées » notamment à cause de la détérioration des termes de l'échange. En effet, la domination s'expliquerait par la division internationale du travail caractérisée par l'idée que les pays développés constituent le centre et les pays en développement les économies périphériques. Le centre repose sur une structure économique diversifiée alors que les périphéries ont une production peu diversifiée. D'autres économistes tels que l'Allemand Hans Singe, le Brésilien Celso Futardo, le Français François Perroux, ou le Suédois Gunnar Myrdal (pour ne citer que ceux-là) vont lui emboîter le pas en partant toujours des statistiques ou analyse du commerce international, ensemble d'analyses qui s'inscrit dans ce que certains appellent la *théorie structurale*. C'est aussi une critique des insuffisances de la théorie du commerce international.

Pour Walt Whitman Rostow (*Les étapes de la croissances, 1960 ; traduction française 1965*) et Arthur A. Lewis (*Théorie de la croissance économique, 1955, traduction française 1967*), le sous-développement est perçu comme un retard de développement par rapport aux pays qui servent de référence en la matière, retard qu'il faut rattraper. Ce qui nécessite des étapes, comme on gravirait des escaliers.

Certains raisonnements ont été classés dans la théorie marxiste parce qu'ils imputent le sous-développement à l'échange inégal, mais surtout au développement du capitalisme qui exploite la périphérie constituée des pays appelés *pays du tiers-monde.* Parmi les auteurs de cette théorie, on cite Samir Amin, Arghiri Emmanuel, René Dumont, Destanne de Bernis. Cette théorie est fondée sur l'idée de l'impérialisme du centre constitué par les pays capitalistes qui exploitent la périphérie.

Dans toutes ces théories, une grande part est laissée à la mondialisation. Nous n'insisterons pas ici sur l'ancienne mondialisation qui a vu la déportation des êtres qui n'ont reçu l'attribut d'humains que plus tard sous le vocable d'indigènes. Le commerce triangulaire en est l'exemple-type. Nous survolerons également la mondialisation actuelle formulée postérieurement, à partir des préconisations de la révolution industrielle, par Adam Smith en pleine colonisation et surtout par David Ricardo.

Quand Adam Smith formule sa théorie sur le commerce international à partir des coûts de production en indiquant que le pays qui produit un bien à un coût inférieur à celui de son partenaire commercial détient un avantage sur ce dernier qui doit importer ce bien alors qu'il aurait pu le produire chez lui, mais plus cher, l'auteur de la *Recherche sur la nature et les causes de la richesse des nations* disserte aussi sur l'or incommensurable que le Portugal a pris de sa colonie d'Amérique du Sud alors que l'Angleterre commence à produire des biens manufacturés. Mais il ne donna aucune illustration fondée sur le commerce entre le Portugal et l'Angleterre. Il n'en demeure pas moins qu'il évoqua le Traité de Methuen de 1703 entre ces deux pays fondé entre autres sur le commerce et qui avait un objet politique, en même temps qu'il parlait de l'or du Portugal dont il disait que, en supposant que l'Angleterre n'en pût obtenir directement de la part du Portugal, elle en aurait reçu par l'intermédiaire des autres pays avec lesquels ce dernier commerçait. Comme Adam Smith ne fixa aucune limite à l'avantage de celui qui devait exporter le bien ou les biens, on qualifia sa théorie d'*avantages absolus.* Ce qu'il faut retenir de tout son ouvrage, c'est surtout l'explication de l'hégémonie de l'Angleterre qui avait amorcé la Révolution industrielle et l'idée de l'équilibre naturel déjà répandue chez ses prédécesseurs et qu'il expliquait par la métaphore de la *main invisible* ; il conseillait l'immobilisme ou la non-intervention des pouvoirs publics dans les domaines de la production, de la distribution et de la consommation, en un mot, de l'économie politique.

David Ricardo, après avoir critiqué son prédécesseur Adam Smith sur certains points, corrigea ce qu'il considérait comme une erreur de la part de celui-ci en formulant sa théorie du commerce international connue sous la dénomination d'*avantages comparatifs,* théorie sur laquelle il n'est point besoin de revenir et qui, à bien des égards, n'était que la traduction du Traité de Methuen de 1703 dans sa partie commerciale. Nous relevons à nouveau que l'histoire passe sous silence la portée pratique de l'exemple de David Ricardo qui a fait du Portugal (exportateur de vin et pays agricole) un pays pauvre jusqu'à son entrée dans l'Union européenne alors que l'Angleterre (exportateur de drap et pays industriel) est devenue un pays industrialisé et riche (voir *Idéalité et réalité des relations entre nations ; 2015*). Les louanges portées à David Ricardo sont relatives au développement du commerce international qui serait suscité par la théorie de l'auteur. S'il s'agissait de spécialisation dans la production où le pays a plus d'avantages ou moins d'inconvénients par rapport à son partenaire commercial, idée maîtresse de l'auteur, tout bon économiste se voilerait la face pour ne pas reconnaître que cette idée est surannée dans les rapports commerciaux entre les pays industrialisés qui vendent (nous le rappelons) des biens similaires ou identiques. Cependant l'exemple du niveau des coûts de production qui détermine les *avantages comparatifs* continue de trouver son applicabilité dans le commerce entre les grandes nations industrialisées et les petites nations pauvres. La théorie des avantages comparatifs ne serait-elle opérante que dans des situations où l'idée de pays dominé est compensée par l'illusion d'un avantage alors que le pays dominant ferait profil bas avec l'idée qu'elle a des inconvénients ? Cela s'appelle de la diplomatie qui pourrait se passer d'une formulation économique. Nous rappelons que le Traité de Methuen de 1703 qui sert d'exemple à David Ricardo disposait également que l'Angleterre protégerait le Portugal en cas de conflit armé dans lequel ce dernier serait impliqué.

L'idée économique lumineuse que le XXe siècle trouva comme prolongement de la théorie des avantages comparatifs fut celle de la *dotation factorielle* ou *dotation en facteur de production* connue sous le nom de *théorème d'HOS (Eli Heckscher, Bertil Ohlin, Paul Samuelson ; 1933-1943).* Attardons-nous un peu sur cette *innovation* apportée aux relations économiques internationales ou à la théorie du commerce international par le théorème d'HOS.

Bertil Ohlin et son maître Eli Heckscher ont-ils inventé au début des années 1930 une spécialisation en matière de commerce international qui permette une croissance ou un développement rapide des pays ? En effet dans sa thèse, l'économiste Bertil Ohlin, partant de la théorie des avantages comparatifs de David Ricardo, expliquait que les pays avaient intérêt à se spécialiser dans la production de bien avec le facteur de production dont ils sont le mieux dotés (soit le capital, soit le travail). Il attribua la paternité d'une telle explication à son directeur de thèse Eli Heckscher. Au début des années 1940, Paul A. Samuelson, économiste américain, tira un théorème du raisonnement des deux économistes suédois qui était au départ formulé par eux de façon littéraire. Ce qui donna la théorie ou le théorème de la spécialisation en matière de commerce international basée sur la dotation en facteur de production ou dotation factorielle ou théorème d'HOS (abréviation des trois auteurs). En réalité, le théorème d'HOS qui a suscité autant d'admiration que la théorie des avantages comparatifs de D. Ricardo n'était que l'explication de la spécialisation en matière de commerce international qui prévalait déjà au début du XXe siècle entre les pays industrialisés du Nord et les pays pauvres du Sud et basée sur le pacte colonial qui faisait des peuples du Sud des régions dont le travail dévalorisé constituait une *main-d'œuvre à vil prix ou servile* et dont la production ne devait pas concurrencer celle de la mère patrie, et un peu plus tard les anciens maîtres (n'est-ce pas que les avantages de Ricardo dont le théorème d'HOS est le prolongement se fondent sur le bas coût de production ?). Les auteurs, avec leur théorème d'HOS ou théorie d'HOS pour certains, venaient donc d'*inventer* une idée innovante dans les relations économiques internationales ou relative au commerce international sur le fondement du pacte colonial préexistant comme les avantages comparatifs de D. Ricardo (nommé le père du commerce international), dont le théorème d'HOS constituait le prolongement, étaient basés sur le Traité de Methuen de 1703 que ce dernier n'a même pas eu l'humilité de citer. Mais en tant qu'intellectuels, pour montrer notre instruction, nous sommes tous friands des formulations, ce qui nous dispense de l'évaluation dans la pratique, c'est-à-dire les bienfaits sur la vie des hommes. Avant toute objection sur nos propos, qu'on prenne les termes de ce traité entre l'Angleterre et le Portugal et qu'on le compare à l'argument sur l'exemple que donne l'auteur.

La proposition HOS avait-elle besoin d'être démontrée ? Ce n'était que la description d'une pratique instituée par le *pacte colonial*, avons nous dit. La situation exotique vue de Suède par les premiers auteurs paraissait à leurs yeux une grande découverte en tant que chercheurs. Mais l'engouement suscité par ce théorème complété par un économiste américain ne peut que laisser perplexe, car une telle attitude montre le caractère superficiel de certaines formulation portée au firmament de l'économie politique. Les anciennes colonies n'étaient pas dotées de capital technique, parce que d'une part, il ne fallait créer de manufacture qui eût concurrencé la mère patrie ou la métropole, d'autre part (et c'est la vraie raison) le travail de l'esclave et le travail forcé des indigènes (forme d'esclavage sur place ou sans déportation) constituaient du travail non rémunéré au même titre que celui effectué par des bêtes de somme. L'esclave, comme le décrit par ailleurs Adam Smith, était acheté encore moins cher qu'un cheval par exemple, ou un bœuf gras selon Voltaire (nous le rappelons). Donc écrire que les pays où la main-d'œuvre est abondante au sens de *servile* doivent privilégier le travail dans la division internationale du travail (ou la spécialisation internationale) en visant tacitement les pays pauvres (les seuls à ne pas disposer de capital technique dans la première moitié du XXe siècle) n'est qu'une vérité de La Palice et n'avait nullement besoin d'être démontré pour en faire un théorème. Il n'y a que des intellectuels assoiffés de concepts pour donner une telle importance à cette proposition et l'enseigner aux générations qui ont suivi et suivront en occultant toujours les faits (ou la réalité des faits) qui sous-tendent une telle proposition. C'est ici le lieu de rappeler que la Guerre de Sécession aux Etats-Unis d'Amérique de 1861-1865 est née de la divergence sur l'abolition de l'esclavage que n'acceptait pas le Sud dont le capital était constitué des esclaves qui ne leur coûtaient rien (dotation en *facteur travail*) alors que le Nord qui s'industrialisait n'avait plus besoin du travail des esclaves parce que doté de capital technique (dotation en *facteur capital*). Nous reviendrons sur la controverse qu'a tentée l'économiste Wassily Leontief en 1953 et que la doctrine a appelée *le paradoxe de Leontief.*

On continue donc de réciter ces impudicités sur la spécialisation économique internationale à nos élèves et étudiants qui, une fois formatés dans ce moule et devenus éducateurs, transmettront ces idées *flamboyantes* à leurs successeurs. Comme la théorie pure du droit, les économistes fondent leur discipline sur la théorie pure de l'économie ; sauf qu'en cette matière, on ne peut expurger du raisonnement le tâtonnement politique de la gestion d'une nation dont les résultats sont formulés sous le vocable de *théorie*. La formulation mathématique et toute la littérature qui l'entoure donnent l'impression d'une nouvelle invention aux applications universelles, c'est-à-dire étendues à toutes les relations économiques internationales ou à tout le commerce international (commerce aussi bien entre les pays industrialisés qu'entre ceux-ci et les nations pauvres). Or il ne s'agit là que d'un commerce international vertical, autrement dit uniquement axé sur les relations des pays dits riches qui produisent en privilégiant le capital technique et les pays pauvres dont le travail est exploité à défaut de dotation de capital technique qui aurait permis de produire des biens manufacturés dont la production leur était interdite. S'il s'agit également de soutenir l'exploitation des peuples inférieurs ou les relations inégales, on peut comprendre l'exaltation de ce théorème que personne n'ose critiquer.

Il existe une concurrence, entre les entreprises, qui détermine la production d'un bien par les unes ou par les autres ou par toutes les entreprises de même nature et non de pays dont la libre spécialisation serait fondée sur la dotation factorielle, pour ce qui concerne les pays industrialisés à économie de marché. Comme nous n'avons appris de l'histoire économique que les avantages comparatifs (en fait le Traité de Methuen de 1703) ont contribué au développement rapide du Portugal face à l'Angleterre avant son entrée dans la Communauté économique européenne, nous n'avons nulle part rencontré dans la même histoire économique que le prolongement de la théorie des *avantages comparatifs* que constitue la spécialisation fondée sur la dotation factorielle ou théorème d'HOS (en fait l'explication du pacte colonial) ait aidé les pays à main-d'œuvre servile à sortir de la pauvreté. C'est tout le contraire que nous constatons et que nous voulons mettre en épitaphe ou au *frontispice* de l'économie politique relative aux petites nations.

Sans se référer à cette théorie, les critiques du commerce international, qu'elles portent sur la détérioration des termes de l'échange conduisant à la paupérisation de certains partenaires commerciaux comme l'a connu le Portugal (même si cette pauvreté était relative) ou sur la dépendance et la domination impérialiste des *grandes nations* sur les petites nations, formulées dans les théories de l'économie du développement, renvoient aux avatars des *avantages comparatifs* ou de la *dotation factorielle*, autrement dit à la spécialisation.

Quand on cherche la portée ou la vérification des théories qui ont fondé, semble-t-il, le commerce international, on la situe dans un contexte des pays qui ont économiquement réussi, jamais en prenant les exemples de l'époque sur la base desquels les auteurs ont construit leurs théories. On nous expliquera donc la théorie des avantages comparatifs en la glorifiant d'avoir été le moteur du développement du commerce international (on dit de D. Ricardo qu'il est le père du commerce international) sans jamais se référer à l'exemple lamentable de son auteur qui résulte du Traité de Methuen de 1703 qui a appauvri le Portugal. Quand l'économiste Wassily Leontief a cherché à démontrer l'invalidité du théorème d'HOS (la dotation factorielle) en 1953, il prit l'exemple de la structure des exportations des Etats-Unis d'Amérique dont certains biens contenaient beaucoup de facteur travail alors que le facteur de production le plus abondant était le capital et que le facteur travail était relativement cher (paradoxe de Leontief). Ce dernier fut contredit par d'autres économistes qui alléguaient que les exportations en question contenaient beaucoup de travail valorisé résultant de la « matière grise », donc basées sur la recherche-développement, autrement dit du capital non apparent. Ce qui validait le théorème d'HOS et par récurrence la théorie des avantages comparatifs. Et l'on salua le génie de David Ricardo. En quoi ? - D'avoir formulé une théorie ou d'avoir permis par sa formulation, au Traité de Methuen (1703) une simple croissance du commerce entre l'Angleterre et le Portugal (c'était l'objet du traité, notamment reléguer les achats du vin français au second plan au bénéfice du vin portugais et promouvoir le drap anglais au Portugal et dans sa grande colonie, le Brésil) ou le développement des deux pays (ce ne fut pas le cas pour le Portugal). Les disciples de Ricardo connaissent-ils tous ce traité ? En cas de réponse négative, on ne peut leur reprocher leur ignorance puisque leur maître qui en a pris tous les termes comme base de raisonnement n'y a fait aucune allusion. Cependant il eût été plus simple pour W. Leontief de partir du pacte colonial qui avait toujours cours en 1953 afin de montrer la *vacuité* de ce prétendu théorème, parce qu'il ne s'agit pas de fonder une théorie en économie, mais de vérifier que son application a des effets positifs sur le bien-être des hommes. Or en économie politique, on donne souvent l'impression de ne s'arrêter qu'à la formulation sans rechercher l'origine profonde de ce qui paraît une théorie, ni sa portée réelle (nous le rappelons). On ne fait que de l'histoire des idées dites économiques avec de nouveaux concepts interprétatifs dont les intellectuels sont friands et lorsqu'on veut revenir à la réalité, on constate l'antériorité des actes politiques (pour ceux qui les connaissent) sur la doctrine.

Nous nous abreuvons de théories de ces auteurs situés dans une catégorie de pensée. Par exemple lorsque T. R. Malthus prônait la réduction des pauvres et non de la pauvreté, on ne trouva pas beaucoup d'intellectuels, en dehors des marxistes, qui auraient pu ou qui pourraient objecter que la condition de pauvreté ne procède pas de la multiplication de la population, mais de ce que ceux qui créent de la richesse pour les autres ne sont pas convenablement rémunérés. On oublie dans quelles conditions travaillaient les ouvriers en Angleterre sous la Révolution industrielle. Nous voulons dire qu'on ne confronte pas T. R. Malthus à K. Marx, voire à l'histoire d'un point de vue sociologique, chaque auteur étant étudié dans sa catégorie doctrinale. La formulation de *la population qui a un accroissement exponentiel alors que la production a un accroissement arithmétique* nous satisfait tant que nous oublions de parler des origines de la pauvreté pendant la Révolution industrielle en Angleterre qui sert d'argument à la démonstration de l'auteur.

Nous reconnaissons le caractère sommaire de nos propos sur les explications de ces auteurs, ayant pris le parti de ne pas rédiger une étude complète sur les différentes théories économiques formulées sur la question du développement des petites nations ; tout intéressé peut facilement les trouver.

Comme le développement des pays du Sud (ou la lutte contre la pauvreté) est apparu une question internationale, avec ce mélange de sincérité et d'hypocrisie dont nous sommes conscient, c'est surtout dans le cadre des grandes institutions internationales qu'on a initié des solutions pratiques à travers la division internationale du travail (entre pays industrialisés et pays qui ne le sont pas). Cependant, les grandes institutions économiques et financières qui vont s'inscrire dans la doctrine libérale et conduire à ce qu'on qualifie de mondialisation (ou globalisation), alors que le protectionnisme existe pour ceux qui peuvent soumettre les autres, s'installent résolument dans les dogmes inventés contre les petites nations et surtout l'orthodoxie libérale. Quasiment toutes les conventions relatives aux échanges internationaux, notamment dans lesquelles quelques bénéfices apparents sont accordés aux nations pauvres comportent des clauses de sauvegarde, en clair des clauses qui permettent aux grandes nations de ne pas appliquer un accord de libre-échange lorsque leurs intérêts paraissent atteints. Et comme toute relation économique repose sur des intérêts qui, pour les petites nations, manquent de réciprocité, tout accord qui concède quelques petits avantages aux petites nations reste très souvent *lettre morte*.

A la fin des Trente Glorieuses, alors qu'on venait de

surendetter les petites nations par des relations économiques de prédation et qu'on commençait seulement à s'inquiéter d'un brusque réveil des pauvres qui venaient de réclamer un nouvel ordre économique international grâce à la réaction des pays producteurs de pétrole du Golfe persique, les maîtres, à travers les institutions financières qu'elles gouvernent, convainquirent les faibles (pour ne pas dire leur imposèrent l'idée) qu'on pouvait assainir toute la situation économique de ces petites nations par un mode de gestion qui permettait en réalité de les asservir davantage. Les sujets des zones d'influence et/ou des prés carrés avaient-ils le choix dans une situation de servitude ?

De l'ajustement structurel – Dans les dernières décennies du XXe siècle, il n'est pas inutile de rappeler que les puissances économiques opposèrent à la recherche du nouvel ordre économique international l'idée de mondialisation. Alors que le nouvel ordre économique international rendait responsables les pays considérés comme des puissances économiques à travers des critiques des inégalités économiques et l'aide à porter aux pauvres pour les faire décoller, selon les petites nations, l'exhortation de la mondialisation contenait l'idée que chaque Etat était responsable de sa situation économique. Aussi la mondialisation vint-elle noyer toutes les conventions ou accords signés sous l'égide des Nations Unies et de leurs institutions spécialisées telles que la Conférence des Nations Unies pour le Commerce et le Développement (CNUCED) dont le secrétariat continue de fournir des statistiques sur le commerce international. Certes les faits, les comportements de prédation ou d'échange existaient déjà au regard des pays pauvres, ou exotiques, voire indigènes, mais l'intensification de l'entente entre les pays riches donna, aux yeux du monde, tout son sens au concept de mondialisation. Or les firmes multinationales ou transnationales avec leurs multiples filiales dans le monde, firmes qui provenaient des pays qui, au début de l'internationalisation des relations économiques, avaient suivi le pacte colonial qui leur était profitable, ces grandes firmes, disons-nous, existaient déjà. Mais les dernières décennies du XXe siècle furent aussi celles des crises économiques récurrentes des puissances économiques avec leurs dettes publiques abyssales dont elles n'étaient nullement inquiètes parce qu'elles savaient qu'elles vivraient au détriment des nations dites pauvres auxquelles on promettait hypocritement de l'aide. Que l'on fonde la mondialisation sur les avantages comparatifs, la dotation factorielle, la délocalisation, ou la prétendue division internationale du processus de production, nous ne voyons pas en quoi cette mondialisation est nouvelle pour les nations pauvres, sauf à les rendre responsables du pillage de leurs ressources naturelles par d'autres en faisant travailler les populations de ces nations pauvres dans des conditions du Moyen-Age, pour éviter des termes qui paraîtraient excessifs en parlant de conditions toujours esclavagistes.

Les grandes puissances économiques, dans le sillage des Etats-Unis d'Amérique et du Royaume-Uni qui, dans les années 1980, ont donc initié le libéralisme dogmatique que justifieront les lauréats du prestigieux prix de la Banque de Suède baptisé *Prix Nobel d'économie*, ont cédé leur patrimoine économique à des firmes, ou à des entreprises devenues soudainement des firmes gigantesques qui ont de nos jours plus de considération que nos Etats. Mais jusqu'à présent, les Etats-Unis d'Amérique continuent de faire valoir des clauses de sauvegarde lorsque leurs intérêts économiques sont touchés, de subventionner leurs entreprises et des productions qu'ils considèrent comme stratégiques pour sauvegarder leur *leadership* sur le plan économique mondial, avec la cécité des néolibéraux qui ne savent commenter que la pratique économique des autres Etats. Le dogme libéral est donc pour les autres pays. En France on peut citer l'entreprise Total (au départ une petite entreprise) qui a racheté la grande entreprise d'Etat Elf-Aquitaine pour devenir la première entreprise française. Alors que le Royaume-Uni ne faisait que suivre la politique économique des Etats-Unis d'Amérique puisqu'à cette époque la France était gouvernée par un régime qui se prétendait au départ socialiste, la chute du mur de Berlin qui symbolisait la victoire du capitalisme sur le communisme allait généraliser le dépérissement économique de l'Etat. La privatisation du patrimoine public n'est pas, en fait, la mondialisation lorsque ce changement de statut des biens et services se réalise à l'intérieur des grandes nations ; c'est simplement la logique de l'idée qu'on se fait du libéralisme. Encore faut-il que le libéralisme pur existe à l'égard des puissances économiques dans les relations internationales économiques ! On oublie souvent de dire qu'en même temps que le *credo* de l'Etat américain était la libéralisation complète des échanges, la déréglementation, la dérégulation financière au niveau international, il imposait au Japon un contingentement de ses exportations de véhicules, de magnétoscopes et autres produits électroniques à destination du territoire américain (ainsi qu'il est déjà souligné dans les lignes ci-dessus). Pourtant, se prévalant de ce libéralisme dogmatique, les nations civilisées et leurs *bras financiers* que sont le Fonds Monétaire international et la Banque Mondiale (à vrai dire la Banque internationale pour la reconstruction et le développement) vont appliquer des *recettes de développement* aux nations dites pauvres en les appauvrissant davantage. Mais quelle petite nation déjà asservie par un endettement endémique résisterait aux exigences du Fonds monétaire international ? Ainsi, pour rapprocher la situation des travailleurs des petites nations à celles de l'esclavage d'antan, il fallait encore réduire leur salaire pour que la *valeur travail* du bien soit encore plus vile, autrement dit pour que les produits primaires qu'ils produisent s'acquièrent sans une véritable rémunération ; il fallait aussi privatiser tous les biens productifs de l'Etat sauvage pour les vendre à un *sous symbolique* (on dira un franc symbolique) à des entreprises ressortissantes des nations dominantes, pour éviter de dire que les maîtres qui avaient leurs prés carrés les cédaient gratuitement à leurs propres entreprises, privatiser tous les services publics éducatifs, de santé, pour empêcher que les peuples qui reçoivent un peu de lumière ne réalisent leur degré de servitude, etc. Et quand les objectifs de prédation n'étaient pas atteints ou estimés aller trop loin, il fallait ajouter la dévaluation (ou dévalorisation) de la monnaie locale pour réduire la prétendue parité à une devise qui garantit la confiance dans son utilisation à l'intérieur du pays, sachant que du papier ou du cuivre sans valeur aurait cours légal dans une petite nation du seul fait que la monnaie soit battue chez le maître, toujours dans le but d'amoindrir davantage la *valeur travail* du bien qu'on acquiert entre les mains de l'indigène. Rappelons que dans un système de changes flottants dans le monde actuel, parler de dévaluation monétaire devient de l'anachronisme. Voilà en quelques mots la *théorie des ajustements structurels* qui fut appliquée pour faire *décoller* (en réalité maintenir le *statu quo ante* ou régresser davantage) la plupart des Etats pauvres dans le contexte de la nouvelle mondialisation pour des peuples qui ont été *mondialisés* depuis la conquête des *terra nullius* ainsi qualifiées parce qu'elles n'ont pu être défendues par leurs habitants. Les questions que nous venons d'évoquer n'entrent donc dans la mondialisation que lorsqu'elles s'appliquent aux nations indigènes auxquelles les grandes nations imposent certains types de comportement en matière économique sous le couvert des relations économiques internationales normées. Ce qui a changé, c'est la multiplication des accords entre les grandes nations aux fins de protection des firmes transnationales, accords qui constituent de *véritables stipulations pour autrui* à l'égard de tous les peuples qui, non seulement n'ont nullement été consultés lors de leur élaboration, mais doivent s'y soumettre (voir par exemple l'Accord multilatéral sur les investissements). Ainsi, les firmes transnationales bénéficient d'une *judiciarisation* de leurs *préjudices supposés*, beaucoup plus que ne l'auraient des groupes sociaux ou quasi-Etats. On peut ainsi comparer l'affaire AMINOIL contre Koweït (25 mars 1982) à celles qu'auraient la Cisjordanie et Gaza (territoires réunis ou Etat palestinien) face à Israël. En effet dans l'affaire citée ci-dessus qui opposait la société AMINOIL au Koweït, et que nous avons évoquée lors d'une étude, la société a été mise sur le même pied que l'Etat koweitien dans la sentence arbitrale rendue le 24 mars 1982 par Paul Reuter (*Cf. Le problème de la contrainte économique dans l'ordre international ; Revue juridique et politique, octobre-décembre 1985*). Or le quasi Etat palestinien, doté d'un territoire, d'une population et d'un gouvernement autonome, ne peut ester en justice devant aucune instance judiciaire internationale. Mais les petites nations prétendument indépendantes le peuvent-elles devant la quasi-totalité des grandes nations ? Si les firmes transnationales ont donc une personnalité juridique internationale parce qu'elles sont l'émanation des grandes nations, il n'est pas étonnant que des groupements humains, virtuellement autonomes mais réellement soumis à d'autres entités étatiques puissants, n'en soient pas dotés.

La création des tribunaux annexés aux accords de protection de firmes transnationales qui n'en ont pas vraiment besoin puisque, semble-t-il, elles sont d'une puissance supérieure à celle des Etats, ne vise dans la réalité que les nations déjà affaiblies par tant d'années, de siècles de pillage et d'asservissement. Quand un *Etat civilisé* oppose des difficultés à une entreprise nationale d'un Etat de même nature, ce dernier fait valoir la *réciprocité négative*. Ainsi les Etats-Unis d'Amérique qui édictent très souvent des lois économiques extraterritoriales s'offusquent chaque fois qu'un allié ou partenaire commercial condamne judiciairement, par l'intermédiaire des tribunaux nationaux, une entreprise américaine qui enfreint les lois de ce partenaire. Un gouvernement indigène voudrait-il s'opposer à une firme transnationale, les maîtres du pré carré, se sentant menacés dans leurs intérêts (car les relations entre les petites nations et les grandes nations reposent toujours sur la préservation d'intérêts de celles-ci) et atteints dans leur amour propre (comment un Etat indigène ose-t-il s'insurger contre une personne morale de notre nationalité ?), évinceront ce gouvernement pour le remplacer par un autre plus conciliant. Le nouveau *gouverneur de territoire*, parce que devant son trône à son maître, cèdera sur tout. Très peu de chefs d'Etat de petites nations peuvent prétendre ne pas jouer le rôle de *gouverneur de territoire* pour le compte de la mère patrie ou alors ils le font sans le savoir comme Monsieur Jourdain faisait de la prose sans le savoir (*Molière, Le bourgeois gentilhomme*). On parlera alors de bonnes relations de coopération. Or les firmes transnationales, sans l'intervention de leur Etat de siège (intervention qui ne s'inscrit pas dans ce que le droit international appelle *protection diplomatique*), possèdent des pouvoirs de nuisance qui, soit dissuadent, soit installent des troubles qui vont jusqu'à la guerre civile en contribuant à l'armement d'une opposition que l'on trouve dans tout système de gouvernement sans pour autant guerroyer. Ces troubles permettent la gratuité du pillage (*voir supra, p. 86, Silence ! On tue et on pille*). Quelle est leur part dans la promotion de la démocratie qui conduirait au développement en dehors de la recherche de leurs intérêts ? La seule vertu qu'on reconnaît aux firmes transnationales à l'égard des petites nations, en dehors de leur hyperpuissance, serait de transférer de la technologie. Cette affirmation de transfert de technologie n'a jamais été prouvée, ainsi que nous l'avons maintes fois démontré dans des précédentes études, absence de preuve qui correspond à la pratique de toutes les entreprises.

Dans les théories économiques sur le développement antérieures au triomphe du capitalisme sur le communisme de l'Union des Républiques Socialistes Soviétiques (URSS) à la fin du XXe siècle, on ne trouve aucun lien entre la démocratie et le développement. C'est seulement à partir du discours du Président français à la Baule le 20 juin 1990 que des économistes, des juristes et des politistes à cours d'idée novatrice commencent à reprendre le contenu de ce discours pour en faire une théorie ou des théories (nous ne faisons que rappeler ce que nous avons déjà dit ici et ailleurs). Pourtant les propositions théoriques que nous venons de survoler prennent pour référence nos nations civilisées ou grandes nations. Est-ce parce que ces nations elles-mêmes étaient moins démocratiques qu'aucun lien n'est établi entre démocratie et développement lorsqu'on étudie l'histoire de leur évolution économique ? Le libéralisme, sur lequel sont bâties ces théories, considérerait-il que nos pays pauvres étaient déjà démocratiques au moment de l'octroi de l'autonomie de gestion ou l'*indépendance* et que la dégénérescence de la démocratie ne s'effectuerait qu'à partir de la recherche de solutions pour enrayer la pauvreté ? Nous croyons donc que l'exaltation de la démocratie comme fondement du développement résulte de l'épuisement des arguments sur la persistance du sous-développement ou la recrudescence de la pauvreté dans certaines petites nations. Ceux qui dissocient le contexte historique de ce qui fonde les thèses que nous soutenons tous pourraient croire à la découverte de nouveautés ou des innovations en matière de raisonnement économique ou juridique. Ainsi, aidés de la démocratie, certains économistes sont revenus à des thèses sur le développement plus humanistes en ce monde où la mondialisation ne bénéficie qu'à une infime partie de la population mondiale (à peine 5% de cette population possédant environ 95% des richesses créées) et l'on entreprend des guerres meurtrières aux fins de la sauvegarde des intérêts de cette infime partie de la population mondiale.

II – Quelques théories humanistes, mais inscrites dans un prisme déformant

Nous avons déjà longuement parlé de cette éminence, qui par la diversité de ces thèmes au moment où l'on assiste à l'épuisement des théories sur le développement des pauvres, semble apporter quelques nouveautés. Nous avons nommé Amartya Sen.

1 – Recherches d'Amartya Sen ou renouvellement des théories du développement ?

Nous commencerons par dire que l'indicateur du développement humain (IDH) n'appartient pas aux théories sur le développement des pays pauvres. C'est un instrument de mesure, au moment où nous assistons à une déshumanisation exacerbée de la part du capitalisme qui revient à ses fondamentaux de l'homme-marchandise, aspect que l'on qualifie de *marchandisation de l'homme* (voir ci-dessus).

A la fin du XXe siècle et en ce début du XXIe siècle, Amartya Sen, reconnu pour être l'un des auteurs de l'IDH, tente une étude transversale entre l'économie et les autres sciences sociales, voire les sciences humaines. Mais son humanisme qui est au centre de ses travaux l'a enfermé dans une vision occidentale des sociétés pauvres (les petites nations) auxquelles il reproche un déficit de démocratie, ce déficit qu'il considère comme la cause fondamentale de la pauvreté. Si l'intellectuel s'accroche souvent à la théorie pure comme base de son analyse, la pratique nous montre chaque jour que ce n'est pas parce que tous les Etats ont chacun une voie à l'Assemblée générale de l'Organisation des Nations Unies qu'ils sont tous considérés comme des Etats à part entière par ceux-là qui se posent en tuteurs à l'égard des autres. A l'instar de bon nombre d'intellectuels, Amartya Sen ne voit dans ses propres théories que des Etats libres de leurs choix politiques et économiques, liberté qu'ils refusent délibérément d'exercer pour se développer.

Nous ne voulons pas nous étendre sur la doctrine des autres. Cependant nous voudrions nous arrêter sur l'affirmation de cet éminent chercheur économiste et philosophe, Amartya Sen, qui conçoit ce phénomène de développement comme étant la liberté (*A. Sen, Development as freedom ; Oxford University Press, 1999*). Ce qui est vrai si l'on veut mettre à égalité le développement et la liberté. Car la liberté ne s'exerce réellement que dans un pays développé (développement pris dans le sens que l'auteur lui-même a donné à partir de l'*indicateur du développement humain*) et en sens inverse le développement ne peut se réaliser que dans un pays libre (avons-nous tenté de montrer jusqu'ici). L'auteur distingue certes différents types de liberté : libertés politiques, libertés économiques, libertés sociales, garanties de protection, etc. Il faut être assez éclairé pour en connaître le contenu et les limites. Cependant les libertés dont parle notre éminent chercheur se ramènent à l'individu, autrement dit aux libertés individuelles ; ce qui nous rapproche du libéralisme dans son interprétation économique, même si lui-même ne la réduit pas ici à la liberté d'entreprise, mais l'étend surtout à celle de posséder, de pouvoir disposer de biens pour la satisfaction des besoins de l'homme libre. On comprend que la démocratie qui est la libre participation de l'individu à la décision de la collectivité pour son devenir soit au cœur des fondements de la théorie actuelle du développement, donc de la lutte contre la pauvreté des individus dans la petite nation à partir de la dernière décennie du XXe siècle. Mais dans tout ce raisonnement, on ne s'interroge nulle part sur la liberté de la petite nation elle-même. Le développement ne concerne pas seulement le bien-être d'un individu isolé ou de quelques individus isolés. Sinon l'augmentation du produit intérieur brut (ou croissance) aurait suffi à définir ce développement.

Les individus peuvent-ils être libres dans une nation qui elle-même ne l'est pas ? (Cette question, nous la répéterons jusqu'à la fin de la présente réflexion même si nous y avons répondu). La liberté des occupants qui détiennent le vrai pouvoir de répression ne peut se confondre à celle de la population. Nous ne parlerons pas du concept de « capabilities » (*A. Sen, Rights and Capabilities, Ethics and Objectivity ; éditions T. Honderich, London 1985*) qui, semble-t-il, a été tellement dénaturé qu'il rejoint la question des libertés.

Du développement lié à la démocratie, nous en avons tellement parlé qu'il serait un peu trop redondant d'y revenir. Nous avons dit à travers ces lignes comment les petites nations ne peuvent devenir des nations démocratiques si la démocratie est le chemin à suivre pour se développer. Mais nous avons longuement réfuté l'argument d'absence de démocratie, en tant que cause principale de la pauvreté, par d'autres allégations.

Quand l'auteur affirme qu'il ne saurait y avoir de développement dans un Etat autoritaire, sans liberté en énumérant le contenu des libertés (*A. Sen, Development as Freedom ; Oxford University Press, 1999*), ces arguments ne sont peut-être pas contestables, sauf que les exemples de bon nombre de nouveaux pays industrialisés d'Asie du Sud-Est ne vont pas dans ce sens. Mais alors nous rejoignons la démocratie avec tous ses avatars dans une petite nation ou nation pauvre, ou encore indigène. Car la liberté dont parle l'auteur demeure toujours dans la liberté individuelle, ce qui nous ramène implicitement au libéralisme économique comme nous venons de le dire, puisqu'il s'agit ici de promouvoir l'économie. Certes, la liberté s'inscrit dans cette humanisation de l'économie que veut mesurer l'indicateur du développement humain (IDH) et qu'on qualifie souvent de bien-être, mais comme la démocratie, on ne voit pas trop comment on peut être individuellement libre si l'Etat lui-même ne l'est pas et que la *mission sacrée de civilisation* des peuples indigènes (qui ne dit pas son nom en ce monde contemporain) est d'aller les soumettre, voire les massacrer en cas de résistance ou de désobéissance civique à l'égard du maître de la zone d'influence. Ce que nous avons déjà dit ailleurs.

Nous comprenons que le co-auteur du développement humain veuille défendre les libertés individuelles ainsi que l'ont fait en son temps d'autres humanistes au XVIe siècle. Mais en occultant l'Etat dans l'expression de la liberté (entendue au sens de souveraineté) comme élément premier de toute évolution de la communauté humaine pour ne se concentrer que sur les libertés individuelles, on raisonne par mimétisme de tous ceux qui, au début de la recherche et de la promotion de l'individu depuis le XVIIe siècle, ont formulé le libéralisme et le capitalisme en matière d'économie politique, alors qu'en matière juridique et politique, partant de l'état de nature, du droit naturel, ont abouti à ce que nous appelons le *Siècle des Lumières* pour l'Europe (les philosophes défenseurs des indigènes n'étaient pas très nombreux à cette époque).

Certes, ce n'est pas le libéralisme économique qui sous-tend tous les raisonnements sur le développement, ni le marxisme que nous critiquons ou autres écoles sur le développement qui faussent les approches sur la pauvreté, mais la cécité dont les chercheurs sont frappés pour ne pas voir ou reconnaître que les nations pauvres ne sont pas des Etats souverains au même titre que les Etats dits riches qui vivent de cette pauvreté en pillant les richesses naturelles des Etats à souveraineté résiduelle ou non véritablement souverains ; ils ne réalisent pas que la soumission de ces Etats exotiques au bon vouloir de leurs vrais maîtres est la cause principale des *divagations* sur la pauvreté, donc de la recherche de solution pour la promotion du développement des petites nations. L'Inde est considérée comme une des plus grandes démocraties au monde depuis son indépendance (nous le répétons), et pourtant l'on ne peut considérer aujourd'hui que, de par cette démocratie exemplaire, l'Etat indien fût, dès son *indépendance,* un pays développé. On peut objecter que les pays pauvres auraient dû remettre en question la division internationale du travail instituée lors de la conquête de ces *territoires sans maîtres*. Si l'argument est soutenable, on pourrait donc dire que la division internationale du travail énoncée depuis Adam Smith et finalisée par David Ricardo dont nous sommes tous si fiers et que nous enseignons dans le monde entier à nos élèves et étudiants et dont le prolongement est le théorème d'HOS n'est qu'un dogme pour continuer à exploiter les pauvres. Nous savons tous que la spécialisation économique internationale n'est applicable que dans les relations verticales (entre les pays riches et les pays pauvres).

Nous irons même jusqu'à dire que l'argument de la dotation factorielle qui repose sur l'agriculture d'exportation et les ressources naturelles comme solution bienfaisante pour des pays dotés de main-d'œuvre abondante et servile en matière de spécialisation dans le cadre du commerce international, est contradictoire de cette affirmation d'Adam Smith : « Une petite quantité de produit manufacturé achète une grande quantité de produit brut. Par conséquent, un pays manufacturier et trafiquant achète naturellement, avec une petite partie de son produit manufacturé, une grande partie du produit brut des autres pays, tandis qu'au contraire un pays sans trafic et sans manufactures est, en général, obligé de dépenser une grande partie de son produit brut pour acheter une très petite partie du produit manufacturé des autres pays. L'un exporte ce qui ne peut servir à la subsistance et aux commodités que d'un très petit nombre de personnes, et il importe de quoi donner de la subsistance et de l'aisance à un grand nombre. L'autre exporte la subsistance et les commodités d'un grand nombre de personnes, et importe de quoi donner à un très petit nombre seulement leur subsistance et leurs commodités. » (*Adam Smith, Recherche sur la nature et les causes de la richesse des nations ; Chapitre IX - Des systèmes agricoles ou de ces systèmes d'économie politique qui représentent le produit de la terre soit comme la seule, soit comme la principale source du revenu et de la richesse nationale*). Ces critiques d'Adam Smith étaient adressées à ses prédécesseurs (les économistes qui sont aujourd'hui connus sous l'appellation de physiocrates) qui fondaient la richesse réelle sur la seule agriculture parce que leur argumentation était antérieure à la Révolution industrielle. Or ces remarques sont toujours d'actualité, mais occultées par ceux qui continuent de soutenir que la division internationale du travail qui sous-tend les théories du développement s'inscrirait dans la mondialisation actuelle. L'auteur parle de produits primaires d'exportation contre les produits manufacturés. En relations économiques internationales, on ne trouve cette pratique que dans le *pacte colonial.* Pourtant nous soutenons la contribution des produits de la terre au développement, mais ceux qui nourrissent la population ou qui sont utilisés par celle-ci. Nous soutenons ces produits de la terre qui permettent de nourrir les travailleurs de la ville qui produisent des biens d'une autre nature ou biens industriels destinés à la consommation de toute la population.

Tout en affamant les populations des petites nations sans manufacture, l'exportation des produits primaires et des ressources naturelles ne peut contribuer au développement de ces pays pauvres puisque cette exportation ne permet d'importer que très peu de biens manufacturés ; et le raisonnement d'Adam Smith paraît non seulement comme le début de l'explication de la détérioration des termes de l'échange sur le long terme, mais aussi et surtout le résultat catastrophique de la spécialisation fondée sur la dotation factorielle au détriment des pays pauvres, exportateurs de produits primaires qui nécessitent beaucoup de *facteur travail*. C'est un constat simple que tout observateur des relations économiques entre les nations devrait ne pas voiler, notamment lorsqu'on se réclame un disciple d'Adam Smith en qualité de néolibéral. Il n'y a pas là une création ou invention de théorie qui doit valoir à son auteur un Prix Nobel en économie s'il était un de nos contemporains. Précisons que Adam Smith raisonnait sur des Etats de même nature et non ceux dont certains seraient politiquement dominants par rapports à d'autres, même s'il est vrai qu'il situait ses explications dans le contexte d'une Angleterre économiquement dominante en pleine Révolution industrielle. Quand l'auteur de la *Richesse des nations* disserte sur les colonies, il n'a pas la même vision des relations économiques.

Ici nous ne voulons accorder que très peu d'importance à la *détérioration des termes de l'échange* parce que nous considérons qu'elle a plus sa place dans des économies d'Etats libres et/ou d'égale souveraineté (ainsi qu'il a déjà été dit ci-dessus), alors que nous sommes entrain de tenter de démontrer que le phénomène dont on parle a lieu entre le maître ou le prédateur et son assujetti ou victime de cette prédation (le premier est puissant et dicte sa volonté, le second se soumet : les économies sont obligatoirement complémentaires). Nous avons dit que les ressources naturelles n'appartiennent pas pour le moment aux nations sous tutelle, lesquelles nations produisent pour l'extérieur et non pour eux-mêmes. Ce qui justifie que nous accordions plus d'importance à la *valeur travail* des biens (la source de la production qui confère la première valeur aux biens) qu'à l'échange international de ces biens, plus précisément des biens primaires ou des produits de base dont on sait déjà qu'ils sont produits pour les grandes nations ou les maîtres.

2 – Le développement durable ou soutenable peut-il constituer une solution à la lutte contre la pauvreté ?

Nous connaissons tous, jeunes comme adultes, ce que signifie le terme *développement durable* qui sur le plan économique est devenu *développement soutenable*, sous réserve d'avoir été scolarisé. En dehors des difficultés du développement des pays pauvres, la surexploitation des ressources naturelles a fait prendre conscience à certains individus (avant les Etats) que ces ressources n'étaient pas inépuisables. Ils ont attiré l'attention sur le fait que notre développement actuel ou notre bien-être actuel qui se résume à celui de quelques individus sur la terre risquait de priver les générations futures du choix de leur propre voie de développement. Ainsi sont nées l'*écologie politique* et l'idée de *développement durable*. Puis on découvrit que l'activité humaine trop intense pour la recherche du confort *insatiable* d'une partie de la population du monde conduisait ou conduirait au réchauffement de notre planète. Une thèse qui ne fait pas l'unanimité parmi les scientifiques, quelques-uns réfutant l'idée que l'homme soit responsable de ce réchauffement climatique. Il ne faut pas confondre ceux qui nieraient l'assertion de l'homme exclusivement responsable du réchauffement de la terre et ceux qui réfuteraient l'idée de réchauffement lui-même. Acceptons le doute de ceux qui s'y sont installés s'ils sont sincères dans leur raisonnement ; car, lorsqu'on doute de bonne foi et non par hypocrisie ou par mimétisme, on est dans le début du cartésianisme que nous affectionnons tous. Nous ne devons pas oublier cette idée de Descartes restée célèbre que la « *raison est la chose la mieux partagée au monde* » (*René Descartes, Discours de la méthode*).

Si les scientifiques débattent du changement climatique et quelques économistes proposent des solutions d'une croissance économique qui économiserait les ressources naturelles, ce problème est vite devenu une préoccupation de relations internationales, une préoccupation d'Etat depuis la création du Groupe d'experts intergouvernemental sur l'évolution climatique en 1988 dont les travaux ou rapports ont servi de base aux différentes conventions internationales dont le protocole de Kyoto signé le 11 décembre 1997 à la 3e Convention des parties (COP3). Les différentes conventions sur le climat ont toujours vu des réclamations de la part des pays dits pauvres qui ont cherché à y inclure un volet sur le développement à travers des compensations financières, eu égard aux exigences qui leur sont imposées (exemples : préservation des forêts primaires, absence de pollution industrielle). Malgré la participation des petites nations, les rencontres sur le climat semblent occulter les fondements du *développement soutenable* en se focalisant aujourd'hui sur les gaz à effet de serre. La préservation de la nature qui paraissait une idée éclatante ne concerne que les pays dits en développement sans leur proposer d'autres alternatives que la vente du *droit à polluer* aux grandes nations, qui consiste en ce que, *grosso modo*, les pays qui ne polluent pas parce que ne produisant rien à partir du capital technique doivent vendre leur quota de pollution déterminé par les conventions aux pays industriels qui polluent par leur production. Quand on parle de préservation des forêts tropicales, l'exemple le plus souvent cité, et qui est réel, est l'incrimination de certaines populations des petites nations qui coupent du bois pour chauffer leur nourriture sans proposer de solution de rechange, en oubliant que la demande d'essences rares qui a contribué à la déforestation de ces petites nations vient des grandes nations pour qui ces essences sont exploitées avant les *indépendances* récentes et quelques années plus tard après cette période.

Pour revenir à la pollution les Etats-Unis d'Amérique ont toujours combattu la réduction du rejet des gaz à effet de serre au motif que cette réduction signifierait une réduction de leur production. Aussi préfèrent-ils l'achat du *droit à polluer*. Encore un marché de dupe ayant pour objet de maintenir ces petites nations dans la pauvreté avec des paroles lénifiantes de pays sauveurs de l'humanité. Ainsi le monde surveille la forêt amazonienne de l'Amérique du Sud pauvre, les forêts tropicales d'Afrique pauvre et de l'hémisphère sud.

Certains intellectuels indigènes sont quelquefois agacés que ceux des pays industrialisés se posent en éducateurs, *en donneurs de leçons*, en pédagogues face aux pays pauvres quand on sait que les forêts primaires que ces derniers intellectuels veulent voir préserver dans ces pays pauvres existaient partout, et que les pays aujourd'hui dits développés ont utilisé les leurs pour se développer et exigeraient maintenant le *statu quo* pour, au dire de ces indigènes, bloquer le développement des pauvres. On peut comprendre de tels propos, sans forcément les partager. En voici un exemple : quand un pays industrialisé transforme sa colonie ou territoire amazonien en parc national, ce même pays n'a pas d'état d'âme à donner des licences à des grands groupes internationaux ou des multinationales pour exploiter de l'or en détruisant la forêt dont la préservation a conduit à l'institution du parc national. L'or exploité n'appartient pas aux indigènes qui s'ignorent en tant que tels (et dont certains sont si fiers de se trouver sur un bout de territoire d'Europe tout en étant une population sud-américaine), mais à la mère patrie. Ce n'est donc pas par humanisme que nos grandes puissances cherchent à protéger les forêts tropicales primaires, si l'on pense que la meilleure solution qu'elles ont trouvée pour sauver la planète se résume aux transactions sur le droit à polluer.

Dans un monde où le gaspillage côtoie la pauvreté absolue, certains proposent sur cette base la croissance zéro, voire la décroissance. Il y a une part de vérité dans cette idée. Si l'on assiste au gaspillage d'une partie de la production, c'est que cette production mondiale actuelle peut permettre à toute la population vivant sur la planète terre de satisfaire convenablement ses besoins essentielles. Il n'est donc pas besoin de chercher à accroître sans cesse cette production pour des raisons mercantiles en laissant une partie de cette population mourir de dénuement. Or la production industrielle se situant dans les grandes nations et prétendument génératrice d'emplois, ne pas produire plus de produits manufacturés dans ces nations favoriserait le chômage. Dans le même temps, on est admiratif de la robotisation de nos industries comme participant au progrès de l'humanité.

Evaluation des théories – Les théories ne sont donc pas en cause. Nous dirons qu'elles ont toutes un sens dans leur pureté, même si certaines suivent des logiques qui restent solidement ancrées dans la théorie pure, autrement dit très éloignées de la réalité que leurs auteurs prétendent décrire. N'importe quelle pratique de l'Homme conduit toujours à une évolution positive ou à une amélioration de son bien-être, ou encore à celle d'autrui lorsque ladite pratique est *employée à l'enrichissement des autres*. Pourvu que l'action soit exercée de bonne foi pour cet objectif et ne tende pas à détruire volontairement. Mais ici, ces théories partent d'une vision idyllique de l'Etat souverain qui n'est pas adaptée aux pays dont l'économie est étudiée. Aussi se transforment-elles en simple rhétorique. Quand Raúl Prebish considère que le sous-développement est la conséquence de la dépendance (économique) des petites nations aux nations riches, il préconise exclusivement l'indépendance d'un point de vue économique et non l'indépendance au sens de souveraineté (*Max Hubert, arbitre en l'affaire L'Ile de Palmas, Sentence arbitrale, CPA, 4 avril 1928, RSA, vol. II, p.839*) au motif qu'un Etat ne peut exister sans souveraineté, le principe de la souveraineté étant un acquis chez tous les théoriciens du développement en tant que principe premier de l'existence de l'Etat chez les juristes. Or le problème du développement est également ou simplement un problème politique. Nous l'avons maintes fois souligné. L'objet de la science économique ou de l'économie politique est d'analyser l'existant qui résulte du tâtonnement des gouvernants. Alors que les théories sont classées en quelques grandes catégories et que quelques hommes politiques s'en réfèrent pour se caractériser eux-mêmes, l'application de chacune de ces théories en cas de crises n'a donné jusqu'ici aucun résultat satisfaisant. Mais on peut faire le constat de ce que les théories naissent des actions de gestion du groupe social par les gouvernants. Il serait inutile de revenir sur cette affirmation. Nous avons déjà expliqué comment est né le libéralisme économique, le marxisme, le keynésianisme, etc. Ce qui est toujours omis ou qu'on rencontre si peu dans toutes ces théories, c'est l'idée qu'aucun programme économique ne peut être appliqué en l'absence de la liberté des gouvernants qui l'ont suggéré, autrement dit des représentants du peuple, en un mot de l'Etat. Prenant des aspects particuliers à la suite des débats sur la monnaie de quelques petites nations, certains parlent de servitude en matière monétaire, d'autres de servitude volontaire, ce que nous avons toujours traduit par l'*inégalité protectrice*. La dépendance dont nous parlons dans ces quelques lignes n'est donc pas seulement la dépendance économique et financière. Celle-ci est la résultante de l'absence de souveraineté de l'Etat, autrement dit d'une absence de liberté véritable de l'Etat. L'exemple de l'esclave affranchi qui reste malgré toute apparence rattaché à son maître parce qu'on l'a convaincu qu'il serait incapable de démarrer une autre vie sans ce maître illustre bien la situation des petites nations ou de leurs dirigeants. M. Ligot indiquait au lendemain des *indépendances* des pays africains de la Communauté française : « En raison des difficultés ou des inconvénients graves pour les Etats nouveaux d'exercer en totalité par eux-mêmes les compétences étatiques correspondant aux matières qui constituaient auparavant le domaine des compétences communes, la coopération de la France est tout naturellement apparue indispensable dans ces divers secteurs » (*M. Ligot, Les accords de coopération entre la France et les Etats africains d'expression française ; Documentation française, Paris 1964, 187 pages*). Ainsi, dit-on, la coopération avec l'ancien maître dont on voulait s'affranchir est *apparue tout naturellement indispensable*. Voici une réalité qui échappe à beaucoup de spécialistes supposés des questions de développement. Les anciennes colonies ne sont affranchies qu'en apparence. Et lorsqu'il s'en trouve un de ces dirigeants qui ont été gratifiés du nom de dictateurs ou dictateurs présumés pour avoir tenté de s'écarter de ce dogme de *faux affranchis*, le maître pourra toujours exhorter quelques autres indigènes pour l'évincer quand ce n'est pas lui-même qui opère directement à partir de ses bases militaires. Nous l'avons déjà signalé. Les assassinats de dirigeants, les coups d'Etat suscités par les maîtres, les guerres civiles pour sauvegarder les intérêts du maître n'ont pas cessé depuis ce qu'on a appelé l'indépendance de chaque petite nation. Tout au contraire.

Arthur A. Lewis qui dissertait sur la détérioration des termes de l'échange ou croyait le faire avait dit une vérité qu'il n'a pas expliqué (*Théorie de la croissance économique, 1955, traduction française 1967 ; précité*). Il avançait que si le blé avait été cultivé dans un pays du Sud, il vaudrait huit fois moins cher et que si le cacao avait été produit au Nord, c'est-à-dire dans un pays d'Europe, il vaudrait dix fois plus cher. Certes, les auteurs (il n'est pas le seul) s'étaient focalisés sur la théorie des termes de l'échange ou de la dépendance économique parce qu'on entreprend des calculs sur l'existant sans en rechercher les causes originelles ; si l'on suit la logique de la division internationale du processus de production, on pourrait conclure que les entreprises ne cherchent pas à produire dans les pays du Sud ou pays pauvres juste pour le loisir. Elles cherchent à produire dans les pays du Sud parce que c'est là que le travail de l'homme n'a aucune valeur et que le produit s'acquiert de la main du travailleur à un prix qui frôle la gratuité. C'est ce que nous expliquons par la *valeur travail* du bien comme cause de la pauvreté ou de la richesse depuis le début de la présente réflexion. Il n'y a rien d'autre qui puisse expliquer l'observation de l'auteur.

Les pays exportateurs de ressources naturelles peuvent donc cumuler des taux de croissance à deux chiffres pendant des années, ils n'en seront pas plus développés, plus riches. S'il est reconnu après des années d'expérience que la croissance du produit intérieur brut n'est pas synonyme de développement, il n'en demeure pas moins que celle-ci permet de réaliser des travaux nécessaires au développement. D'ailleurs l'endettement concomitant à des années de forte croissance de ces pays, non pas qu'on veuille aller vite, mais par besoin de finance, indique le rôle important du facteur *croissance du produit intérieur brut* dans le développement. Or le développement se comprend en terme d'évolution positive ou de progrès. Si l'on peut rétorquer qu'il y a création de richesse même par l'exploitation des ressources naturelles et/ou des produits de base, il faut se rappeler que cette richesse est rapatriée chez les maîtres des zones d'influence ou prés carrés. La croissance du produit intérieur brut n'a de sens que si le point de part était déjà élevé. Il faut expliquer que 100 unités multipliées par 10% ne donneront que 110 unités (c'est-à-dire 10 unités de plus) alors que 1.000.000 unités multipliées seulement par

2% donneront 1.020.000 (20.000 unités de plus). Point n'est besoin de dire comment interpréter les données statistiques en valeur relative. La création de richesse n'a aussi de sens que si cette richesse reste dans le pays où elle a été créée ; elle n'enrichit pas le pays de production si elle est entièrement rapatriée dans un autre pays où apparaîtra une véritable valeur marchande ou valeur d'utilité doublée d'une valeur ajoutée (nous y insistons).

Dans les pays exportateurs de ressources naturelles (c'est à bon escient que nous parlions de rapatriement et non d'exportation de biens qui n'appartiennent pas à ceux qui les produisent), la production qui n'est qu'un geste répétitif ou une manipulation répétitive crée une espèce d'inertie dans la réflexion vers des programmes novateurs. En matière de manufacture, Adam Smith expliquait que dans la division technique du travail, l'ouvrier acquérait de la dextérité et connaissait tellement sa machine qu'il pouvait se transformer en inventeur. Dans le cas des ressources naturelles et autres produits primaires, cette observation est donc inopérante.

L'exploitation de ressources naturelles permet aussi à des familles de dirigeants de s'enrichir, ce qui, somme toute, paraît le salaire de la collaboration (aussi forcée soit-elle) en tant que « gouverneurs de territoire » et expliquerait selon toute logique la confiscation, par le maître sur son territoire, des biens mal acquis de ces gouverneurs et des leurs.

Si des progrès sont réalisés dans le cadre de l'exploitation des ressources naturelles ou des produits de base, c'est dans l'importation de machines plus performantes créées dans les pays qui exploitent pour amoindrir davantage leurs coûts de production et gagner en productivité. En terme de bénéfice, le pays hôte ou pays d'accueil n'y gagne rien, sinon cette inertie dans l'esprit inventif où la formation est orientée essentiellement vers la bureaucratie d'exécution.

C'est ici qu'on peut vraiment se demander si tous les peuples peuvent se réveiller en matière d'économie politique. Ne dit-on pas que l'union fait la force ? Il faut que les pays pauvres se regroupent, s'unissent pour combattre la domination qui les maintient esclaves dans les relations internationales économiques. Nous ne parlons pas de domination essentiellement économique. Nous parlons de la liberté de l'Etat dans son ensemble, de la vraie souveraineté que des éminences tendent à détacher des libertés individuelles qui deviennent leur seul *credo* et les conduisent à discourir à chaque intervention sur la dictature ou la démocratie des gouvernants qui n'ont pas eux-mêmes réussi à briser les chaînes qui les maintiennent prisonniers de leurs maîtres en les coupant à chaque fois de leur propre peuple ou en agissant par mimétisme. Mais comment le peuvent-ils quand les éminences, en matière d'économie politique, raisonnent par cécité à l'égard des vraies situations qui bloquent le développement des peuples soumis.

Le maintien dans le sous-développement est une question d'influence des grandes puissances sur les petites nations comme l'affirmait André Siegfried, de l'académie française (*Les problèmes de l'Amérique latine ; in Politique étrangère n° 3 -1937*). Ce dernier auteur exprimait son idée quasiment au même moment qu'apparaissaient les prémices du théorème de dotation factorielle. Cette idée a-t-elle quitté les puissances qui, sous le prétexte d'instaurer la démocratie après avoir essayé des théories soporifiques pour les *zones d'influence*, vont détruire les petites nations qui tentent d'émerger dans leurs prés carrés ou des zones que ces puissances rêvent pouvoir un jour contrôler en contribuant hypocritement à ce qu'il est convenu d'appeler l'*aide à la reconstruction* ? Il faut se rappeler qu'un empire ne règne longtemps que parce qu'il a des instruments de propagande (les médias, les intellectuels, etc.). Quand on entend dire de l'empire américain qu'il mène une politique internationale tendant à redessiner la carte du Proche-Orient, comment peut-on parler de démocratie et de développement ? Quand Gaza se meurt, on lui impose l'idée de démocratie ; quand la Cisjordanie veut ressusciter l'Etat palestinien, on lui demande d'attendre dans la servitude ; on ne voit pas la grandeur du royaume de Jordanie à côté de la splendeur de l'Etat d'Israël. Et comment l'économie politique peut-elle résoudre la pauvreté qui sévit dans certaines parties de cette région ?

CHAPITRE 2

DE LA FORMATION DU CAPITAL

Longtemps, l'absence de capitaux a fondé en grande partie toutes les théories du développement de la petite nation, de la lutte contre une pauvreté que la pérennisation d'une organisation économique a créée. En un mot, des pays seraient pauvres parce qu'ils manqueraient de financement pour accroitre leur production. Ainsi se justifiait la philosophie de l'*aide financière au développement* qui n'était en fait qu'un placement rentable pour le supposé bienfaiteur alors qu'il ne pouvait y avoir de formation de capital, véritable facteur d'évolution en matière d'amélioration de la production. Le capital prêté ne permettant pas à l'Etat emprunteur de dégager de plus-value sur le financement de ce qui l'a conduit au prêt, il ne peut rembourser le capital et les services de sa dette qu'en recourant à d'autres prêts. Ce qui conduit à un cercle vicieux.

Section 1 – De la valeur des biens à la formation du capital

La formation du capital dépend de la valeur des biens qui sont produits, laquelle valeur vient, comme nous l'avons maintes fois souligné, de celle du travail mais aussi du profit. Comment la *valeur travail* ne peut-elle engendrer d'accumulation du capital ? Pourquoi le profit ne peut-il jouer ce rôle ?

I – Comment s'explique l'absence de capitaux dans un pays sans possibilité d'épargne ?

Peut-il y avoir accumulation de capital dans des territoires exclusivement d'exploitation ? Des pays comme l'Australie et la Nouvelle-Zélande qui n'étaient pas industriels au début de leur conquête et situés dans l'hémisphère sud sont devenus des pays riches pour les nouveaux occupants parce qu'ils étaient des colonies de peuplement comme les Etats-Unis d'Amérique et le Canada, anciennes colonies situées dans l'hémisphère nord. Aux Etats-Unis d'Amérique comme au Brésil par exemple, il y a eu le même système d'exploitation esclavagiste. Le Brésil qui a débuté son exploitation au même moment que les Etats-Unis d'Amérique est devenu le vassal de l'Etat américain parce que très peu d'exploitants esclavagistes sont restés dans le pays pour constituer une colonie de peuplement.

Lorsqu'on suit l'histoire de l'économie politique des Etats-Unis d'Amérique, de la colonisation à nos jours, il est difficile de percevoir l'application du libéralisme tel qu'il est prôné depuis Adam Smith dont Friedrich List disait que l'ouvrage justifiait la domination de l'Angleterre sur les autres en pleine Révolution industrielle (*F. List, Système national d'Economie politique, 1841*). L'application du libéralisme tel qu'il était préconisé par Adam Smith, qui excluait les pouvoirs publics en matière d'économie politique, aurait laissé les Etats-Unis d'Amérique dans le pacte colonial et ceux-ci n'eussent jamais été industrialisés. C'est donc par la volonté des colonies qui se sont révoltées contre la Couronne britannique que les Etats-Unis d'Amérique se sont industrialisés. Quand ils connurent la crise de 1929, ce n'est pas non plus par l'application des principes libéraux qu'ils s'en sortirent. C'est encore par la volonté des dirigeants à travers la politique économique que le monde connaît sous le nom du New Deal. Même au cours des années 1980 qui ont entraîné la déréglementation, et autres mesures de dérégulation en matière de relations économiques internationales, on ne parle pas assez des contingentements imposés au Japon par les pouvoirs publics américains dans la même décennie, lors même que le maître-mot était la *libéralisation en matière économique*. Certains justifieront cette limitation des importations de produits japonais par des représailles américaines au motif que le Japon n'a pas respecté des accords commerciaux bilatéraux. La libéralisation totale que prônait le gouvernement américain qui revient au *laisser-faire* et *laisser-aller* (fondement du libéralisme) ne prime-t-elle pas sur des accords bilatéraux ? Si on ne s'applique pas à soi-même des principes qu'on prône pour l'humanité, comment peut-on l'exiger des autres ? Et pourtant c'est ce que font souvent les Etats-Unis d'Amérique qui, disent-ils, veillent sur leurs intérêts. C'est comme on disait à un enfant ou à son interlocuteur : « Fais ce que je dis, mais ne fais pas ce que je fais ». Rappelons que le contingentement appartient aux mesures protectionnistes, donc tout le contraire du libéralisme. C'est aussi aux Etats-Unis d'Amérique, le pays prétendument le plus libéral du monde, que l'Etat subventionne le plus la production, qu'il finance avec des sommes astronomiques les institutions financières pendant les crises bancaires (2008). Les Etats-Unis d'Amérique sont un pays capitaliste, certes. Mais ils appliquent leur propre économie politique qui est loin de refléter la vision que les autres pays et les intellectuels, dans le sillage d'Adam Smith, ont du libéralisme dans lequel ces derniers sont empêtrés. Les Etats-Unis d'Amérique sont donc devenus un grand pays non pas par l'application d'un dogme en matière économique, mais parce que les Européens qui se sont installés sur les territoires des peuples autochtones qu'ils désignaient comme partout des territoires sans maître se sont rebellés contre la mère patrie (avons-nous dit). Au lieu de continuer à enrichir la mère patrie comme l'écrivait ou le souhaitait Adam Smith, les immigrants se sont battus pour constituer un peuple libre en soumettant dans le même laps de temps d'autres peuples à la servitude. Ils ont donné de la valeur à leur propre travail en déniant cette même valeur à d'autres individus. Ainsi, lorsque John Locke, nommé administrateur des colonies américaines par le Royaume-Uni pour, entre autre, gouverner les colonies américaines, rédigea la Constitution de la colonie de la Caroline du Sud, il y déclara que l'objectif du gouvernement était de défendre la vie, la liberté et la propriété, les esclaves appartenant à cette propriété (*Pierre Bonnefoi, Le véritable Système américain d'économie politique contre le libre-échange ; Solidarité et Progrès, 4 décembre 2007*).

A – Valeur travail : absence d'épargne et pauvreté

Dans le contexte d'un système économique classique, la richesse créée par les unités de production, que l'on nomme *valeur ajoutée* est partagée entre le travail et le profit. Quand on se trouve au tout début de la chaîne de production pour un bien qui n'a pas nécessité de capital technique et dont le seul capital est la terre ou la nature, comme ce capital naturel est gratuit ou quasi gratuit pour le producteur, seul le travail donne réellement une valeur au bien. Nous avons donc dit que la valeur du bien créé à ce stade provient essentiellement du travail de l'homme. Ce que, depuis le temps du travail des esclaves et du travail forcé (celui des esclaves indigènes non déportés) jusqu'à la période contemporaine, on appelle du produit primaire ou du produit de base. La seule valeur ajoutée provient donc du travail de l'homme, autrement dit prend sa source dans l'effort du travailleur qui lui donne cette première valeur. Celle-ci donne tout son sens à ce que nous appelons *valeur travail d'un bien* et qu'on différencie de la valeur marchande et/ou de la valeur d'utilité, ainsi qu'il a été maintes fois répété dans ces lignes. Nous avons aussi dit que la *valeur travail* du temps de l'esclavage était égal à zéro et aujourd'hui, quand on prend pour exemple la rémunération du travail des paysans des petites nations, il demeure toujours proche de zéro compte tenu de la valeur de la monnaie dans laquelle ils échangent leurs biens avec les vrais maîtres qui iront les vendre sur le vrai marché qui est celui du consommateur. Quand, au passage, l'Etat indigène a prélevé une infime partie de cette richesse par l'entente ou l'accord avec le vrai propriétaire de la richesse créée (le maître auquel le bien a été cédé par le paysan) sous la forme de taxes parafiscales ou de royalties pour les ressources naturelles, nous sommes en face d'un profit qui n'a nécessité qu'un investissement minime de la part du maître dans la plupart des cas. Or il est facile d'expliquer à des élèves d'une école élémentaire le processus de formation de l'épargne qui doit alimenter le capital productif. L'épargne est la partie du revenu qui n'est pas immédiatement consommé (Revenu = Consommation + Epargne, ce qui donne Epargne = Revenu – Consommation). Si le revenu est proche de zéro (nous parlons bien du temps présent), il est insuffisant pour consommer, à plus forte raison constituer une épargne. En effet, nous ne cessons de le répéter : lorsque les populations des petites nations consacraient plus de temps à l'agriculture vivrière, on n'assistait pas à la famine que nous connaissons dans les pays dits pauvres, même si ce n'était que de la production domestique. Or plus les paysans travaillent en échange de la monnaie et plus la population meurt de faim parce que les biens qu'on produit ne sont pas ceux qui doivent nourrir cette population. Et c'est dans ces conditions que nous en appelons à la mondialisation actuelle qui magnifie les dotations factorielles comme prolongement des avantages comparatifs de David Ricardo qui ont appauvri le Portugal (son exemple que nous enseignons à nos élèves et étudiants et qui peut récompenser d'un *Prix de la Banque de Suède*), lequel Portugal, après qu'il ait été une grande nation grâce au pillage des richesses de l'Amérique du Sud, est devenu un pays pauvre avant son relèvement avec son entrée dans l'Union européenne (pour être plus actuel). Si l'on peut considérer que l'Angleterre s'est développée par la spécialisation dans la manufacture alors que l'histoire économique montre que l'agriculture a soutenu cette industrialisation, ce ne fut donc pas le cas du Portugal. C'est encore moins par la spécialisation dans la production et le commerce international que les travailleurs des petites nations peuvent constituer de l'épargne qui permet de l'accumulation du capital. Et dire qu'on nous parle de démocratie et par ignorance, lorsqu'on aborde les vrais problèmes de la pauvreté, certains osent par exemple rendre les Africains responsables de leur sous-développement, en occultant le sous-développement de l'Amérique du Sud ! Non l'Afrique ne travaille pas ! Elle se pose sans raison en victime de son sous-développement ! Alors que des analystes donnent l'impression que dans les pays pauvres on ne travaille pas, on pourrait tout au contraire affirmer que les travailleurs pauvres fournissent d'énormes efforts, qui plus est, avec des outils rudimentaires. Plus ils travaillent, plus ils stagnent ou deviennent pauvres (mourir de faim s'appelle la *pauvreté absolue*) parce que l'économie du système persiste.

Ce que nous disons ici et qui a été certainement dit par d'autres intellectuels (marginaux comme le monde les considère) n'est pas une rhétorique sur le passé. Nous parlons bien du présent pour ceux qui pourraient être frappés de cécité ou d'ignorance en se proclamant spécialistes des questions du développement parce que formatés dans le moule de l'économie politique classique, si ce n'est pas par mauvaise foi ou mépris pour des pays qu'on aimerait voir demeurés dans le *statu quo ante*. Les auteurs qui n'ont donc pas compris que les petites nations ne sont pas libres peuvent aller jusqu'à alléguer que l'Afrique se pose en éternelle victime plutôt que de se prendre en charge (*Axelle Kabou, Et si l'Afrique refusait le développement ? L'Harmattan, 1991)*. Pour oser poser une telle question, il faut donc raisonner dans un cadre formaté ou par mimétisme, en oubliant que les petites nations ne sont pas libres et ceux qui ont cherché à dévier les désirs de leurs maîtres ont été vite remplacés par ces maîtres, les vrais détenteurs du pouvoir de l'Etat indigène, voire assassinés. Les indigènes ne sont pas sortis de la servitude, qu'elle soit volontaire ou forcée. Et cette servitude ressemble à celle de ces personnes qu'on pendait, ou qu'on handicapait (en leur coupant une jambe) pour avoir voulu rechercher la liberté. Nous voudrions rappeler que les nations dont on parle ne demandent qu'à se prendre en charge par la vraie liberté, dans le vrai exercice de leur souveraineté qui ne serait plus résiduelle ou surveillée, ou des nations qui ne seraient plus soumises au droit d'ingérence (inégalitaire ou à sens unique). Si l'Afrique refuse le développement, l'Amérique du Sud le refuse tout autant puisque celle-ci est indépendante depuis plus longtemps que celle-là. Plus d'un siècle d'*indépendance* protégée par la doctrine Monroe et un système de *pacte colonial* informel n'ont pas permis aux Etats sud-américains d'être économiquement et socialement beaucoup plus avancés que les Etats africains qui sont supposés « refuser le développement ».

Dans les grandes agglomérations, la situation n'est pas plus florissante. Certes, en Afrique, les taxes parafiscales et/ou les royalties prélevées sur les produits d'exportation, auxquelles on peut ajouter les droits de douanes, à défaut d'une base d'imposition élargie, permettent de payer difficilement les fonctionnaires ou agents publics. Quelques filiales de grands groupes internationaux installés dans les petites nations, certains avant la colonisation, d'autres pendant la colonisation, d'autres encore plus récemment, paient des salaires qui, en monnaie nationale de ces petites nations, sont peu de chose comparés aux vrais salaires d'une nation libre, faut-il le répéter. Les travailleurs importés de la mère patrie sont, quant à eux, payés au tarif (et en monnaie) de leur pays d'origine accompagné de diverses primes que ces dits travailleurs (du nom d'*expatriés*) rapatrieront dans le pays d'origine lorsque la rémunération n'est pas entièrement consommée en produits importés. On sait que les pays d'Asie du Sud-Est qui se sont développés récemment, en dehors de ce que le profit des entreprises était réinvesti sur place, ont des travailleurs dont le salaire équivaut ou est quelquefois supérieur à ceux versés aux travailleurs dans les anciennes nations industrialisées.

Si l'on s'intéresse aux fonctionnaires et autres agents de l'administration publique, on regrettera de constater que l'Etat indigène est quelquefois dans l'impossibilité de les payer à la fin du mois, comme il est dit dans les lignes précédentes, et en appelle dans ce cas à l'aide extérieure ou à celle du maître de la zone d'influence pour éponger les arriérés de salaires. Mais somme toute, comme ces fonctionnaires et agents de l'administration publique désirent mener une vie décente d'une société de consommation, ils recourent eux-mêmes au crédit qui, dans les conditions habituelles, aurait pu constituer une épargne forcée. Il y a bien des crédits à la consommation de produits importés des nations civilisées tels que les avait institués le *pacte colonial.* Il faut rappeler que les banques qui sont des filiales ou succursales des grandes banques des nations civilisées n'accordent jusqu'à présent aucun prêt relatif au financement de projet de production aux indigènes, invoquant la raison de solvabilité. Pourtant elles octroient facilement des crédits à des ressortissants étrangers de pays dits civilisés qui bénéficient d'une présomption de solvabilité dans le cadre des affaires, et aux indigènes seulement pour les produits importés tels que les véhicules, les appareils électroménagers, etc. que ces indigènes ne sauraient produire. Alors que les étrangers peuvent réaliser tout investissement sans apport financier, un indigène doit thésauriser à hauteur de l'affaire qu'il escompte effectuer. Les consommations pour lesquelles les crédits sont accordés aux indigènes étant des consommations finales, aucune épargne forcée ne se constitue, le bien étant détruit ou obsolète à la fin du remboursement du crédit. Cependant les intérêts usuriers que paie le travailleur-consommateur indigène sont rapatriés dans le pays d'origine de l'institution bancaire. C'est en Afrique qu'il faut (au moment où nous écrivons ces lignes) payer un droit de timbre au guichet d'une banque pour verser ou déposer de l'argent liquide sur un compte bancaire.

Nous parlons ici de l'apport du travailleur au financement du développement. Cet apport, contrairement à celui qui se forme dans les grandes nations, est donc nul puisque le travailleur ne peut constituer d'épargne (même le *petit travailleur* des grandes nations détient souvent un livret d'épargne) et le crédit à la consommation ne peut en constituer contrairement au crédit d'investissement tel qu'il en est dans les grandes nations. Ce n'est donc pas par l'épargne que se formera le capital qui permettrait le financement du développement tant que nous demeurerons dans le contexte d'un travail non rémunéré ou sous-rémunéré pour une production non destinée au marché intérieur. Quand certaines petites nations ont eu le courage d'oser proposer la création de petites banques d'investissement, le capital a été capté par les grands groupes financiers étrangers qui mènent la même politique que les grandes banques historiques. Au départ, on croit au succès d'une petite banque qui attire les capitaux, et on finit avec une institution bancaire dominée par des acteurs étrangers qui imposent leurs lois.

Les travailleurs des petites nations ne pourront donc contribuer au financement de leur développement que si le travail est bien rémunéré. Ce qui justifie nos propos sur la *valeur travail d'un bien* produit dans une petite nation. Mais il faut aussi que la production puisse nourrir et conduire au bien-être de la population autochtone et non pas à la famine que continue de créer un travail esclavagiste. Cependant, sans que le travail soit rémunéré, certains pays se sont développés en confisquant la plus-value de la richesse créée par les travailleurs, lorsqu'au départ la terre n'était pas gratuite et que la production a nécessité un investissement minime en capital. Faut-il donc compter sur le profit ?

B – Profit et absence de capitaux

C'est d'un raisonnement primaire que de dire que le profit permet d'accumuler du capital. Quand nous parlons de capital, nous visons le capital productif pour le territoire d'où est tirée la richesse. Mais le profit peut ne pas avoir pour objectif l'augmentation du capital aux fins de réinvestissement. Nous nous permettons de citer cette anecdote de Voltaire : « On comptait, en 1757, dans la Saint-Domingue française, environ trente mille personnes, et cent mille esclaves nègres ou mulâtres, qui travaillaient aux sucreries, aux plantations d'indigo, de cacao, et qui abrègent leur vie pour flatter nos appétits nouveaux, en remplissant nos nouveaux besoins, que nos pères ne connaissaient pas. Nous allons acheter ces nègres à la côte de Guinée, à la côte d'Or, à celle d'Ivoire. Il y a trente ans qu'on avait un beau nègre pour cinquante livres ; c'est à peu près cinq fois moins qu'un bœuf gras. Cette marchandise humaine coûte aujourd'hui, en 1772, environ quinze cents livres. Nous leur disons qu'ils sont hommes comme nous, qu'ils sont rachetés du sang d'un Dieu mort pour eux, et ensuite on les fait travailler comme des bêtes de somme ; on les nourrit plus mal : s'ils veulent s'enfuir, on leur coupe une jambe, et on leur fait tourner à bras l'arbre des moulins à sucre, lorsqu'on leur a donné une jambe de bois. Après cela nous osons parler du droit des gens ! La petite île de la Martinique, la Guadeloupe, que les Français cultivèrent en 1735, fournirent les mêmes denrées que Saint-Domingue. Ce sont des points sur la carte, et des événements qui se perdent dans l'histoire de l'univers ; mais enfin ces pays, qu'on peut à peine apercevoir dans une mappemonde, produisirent en France une circulation annuelle d'environ soixante millions de marchandises. Ce commerce n'enrichit point un pays ; bien au contraire, il fait périr des hommes, il cause des naufrages ; il n'est pas sans doute un vrai bien ; mais les hommes s'étant fait des nécessités nouvelles, il empêche que la France n'achète chèrement de l'étranger un superflu devenu nécessaire » (*Voltaire, Essai sur les mœurs et l'esprit des nations, ch. 152*). L'esclavage a été aboli. Mais quelle différence y a-t-il entre le profit des anciens esclavagistes d'hier et celui d'aujourd'hui, des résidants attachés à la mère patrie ou des entreprises ayant leur siège dans une grande nation, à l'égard de ces pays qui demeurent toujours dans la pauvreté depuis qu'on en a fait des *territoires sans maître* pour s'approprier ce que leur sol et les indigènes auraient pu posséder comme richesse ? Les deux types de profit prennent le chemin de la mère patrie.

Au début du XXe siècle, André Siegfried écrivait et nous citons à nouveau : « L'Amérique du Sud n'a pas été, jusqu'ici créatrice de capitaux. Elle n'épargne pas. Elle se fie au progrès naturel d'un continent jeune pour se dispenser d'accumuler de l'argent. Quand elle a besoin de capitaux pour la mise en valeur, il lui est donc aussi nécessaire de recourir, soit aux capitaux étrangers, soit, largement, aux personnes à l'étranger pour l'exploitation de ses richesses naturelles. De graves conséquences découlent de ce fait. La direction de l'économie générale vient du dehors. [...] Il ne semble pas y avoir formation réelle de capitaux, sauf peut-être en agriculture, et il n'y a pas non plus formation étendue de dirigeants nationaux. L'équilibre économique intercontinental est gravement affecté de ce fait » (*Les problèmes de l'Amérique latine ; Politique étrangère n° 3-1937-2e année pp. 207-220*). C'est ce que disait déjà Adam Smith à propos du capital dans les colonies anglaises dans son ouvrage au titre abrégé *Richesse des nations.* Tout le monde savait donc qu'il n'y avait pas de formation de capital dans les colonies et que pour leur exploitation, celles-ci avaient besoin de recourir à la mère patrie ; cependant nul ne révélait que le défaut ou le déficit de formation de capital résultait du rapatriement de tout le profit. La situation décrite par les auteurs est toujours d'actualité en ce début du XXIe siècle dans les petites nations, que ce soit en Amérique du Sud ou en Afrique. Mais on n'épargne pas dans ces pays pour les raisons que nous avons évoquées dans les lignes qui précèdent alors que les auteurs semblent faire reposer l'absence d'épargne sur une volonté librement exprimée des territoires sous tutelle. Il aurait donc fallu dire explicitement qu'il n'y a pas de formation de capital parce que le profit est rapatrié dans un contexte de complémentarité économique entre l'Amérique du Sud ou les *terra nullius* et l'Europe, situation qu'ils ont eux-mêmes expliquée.

Certains économistes ont l'honnêteté de dire que la délocalisation des entreprises dans des petites nations n'a pas que des effets négatifs pour les grandes nations d'origine ; car les bénéfices ou les profits sont rapatriés pour être réinvestis dans le pays d'origine de l'entreprise, autrement dit les emplois qui paraissaient perdus au moment de la délocalisation renaissent sous d'autres formes avec les profits qui ont fait le chemin inverse. Mais ils ne vont pas jusqu'au bout du raisonnement ou de l'information pour conclure que, si les profits sont rapatriés, il ne reste que des travailleurs sans véritable rémunération dans le pays de localisation ; ils ne parleront seulement que de création d'emplois en passant sous silence le niveau de rémunération qui ne permet ni de se nourrir, ni d'épargner. N'est-ce pas le but recherché par la délocalisation ? – Le travail à moindre coût ? Il est vrai que nos éminents économistes, suivant les préconisations des grands classiques et disposant de moyens de propagande, ne se soucient que d'éventuels problèmes qui se posent dans les pays civilisés en croyant faire de l'économie internationale alors que leur rhétorique ne porte que sur l'*économie domestique ou nationale* et sa place dans la domination d'une partie du monde. Quand on parle par exemple de délocalisation, on s'étendra sur la paupérisation de la grande puissance économique qu'elle engendre et l'enrichissement qu'on va créer dans une petite nation alors que la réalité montre tout le contraire de cette assertion, puis on terminera notoirement sur le retour du profit dans la grande puissance comme pour se consoler. Autre exemple : si on soulève le problème de manque ou absence de capitaux, on en fera le constat en s'étendant sur ses conséquences, mais on ne développera jamais les vraies raisons de ce manque de capitaux dans des territoires dont on reconnaît qu'ils sont riches en produits de base et en ressources naturelles et dont les populations travaillent tellement qu'on théorise sur leur *dotation en facteur travail.*

Dans quelques rares nouveaux Etats qui croyaient détenir une parcelle de souveraineté, alors qu'ils venaient de signer des accords léonins avec leurs maîtres comme conditions de leur *indépendance* ou *gestion autonome*, le chef d'Etat (ou gouverneur du territoire) avait pensé inventer un capitalisme d'Etat avec les taxes parafiscales situées entre l'achat, aux paysans, du bien ou produit primaire et l'acquéreur de ce bien, sous forme de ristournes que nous avons étudiées pour un pays comme la Côte d'Ivoire (*La nature juridique de la ristourne ; Revue ivoirienne de droit, n° 1-2-3-4, 1984-1985*), ou avec des royalties ou encore des emprunts extérieurs. Mais sous la contrainte des *ajustements structurels*, les entreprises créées avec les deniers publics des indigènes et les emprunts d'Etat ont été cédées aux grands groupes du maître de la zone d'influence au *franc symbolique* (comme on le disait dans le langage d'alors et que nous rappelons). Les groupes propriétaires actuels de ces entreprises privatisées qui réalisent d'énormes profits n'ont entrepris aucun investissement dans leur domaine d'exercice pour améliorer l'offre. Peut-être ont-ils diversifié leurs activités dans des secteurs nécessités par le modernisme, pour s'enrichir davantage. Mais avec l'évolution démographique qu'on reproche aux petites nations, les entreprises acquises sans aucun effort se trouvent dépassées par la demande interne. Elles continuent pourtant de réaliser d'énormes profits. C'est le cas de l'électricité ou de l'eau en Côte d'Ivoire, pour ne citer que cet exemple éloquent. Avant l'acquisition du secteur de l'électricité par une entreprise de la mère patrie, la Côte d'Ivoire faisait de la surproduction d'électricité et tout le pays était en voie d'électrification ; aujourd'hui on se focalise sur l'exportation de l'électricité, non pas par humanisme à l'égard des pays voisins, mais parce que l'augmentation du profit en résulterait, plutôt que de se pencher sur le confort de la population qui a hérité des infrastructures construites avec l'argent des indigènes. Lorsque le gouvernement de ce pays s'est cru autorisé à émettre l'idée de renégocier les accords relatifs à ces secteurs d'activité, une tentative de coup d'Etat en 2002 se mua en rébellion avec le massacre de population civile et on finit par évincer le chef d'Etat grâce au maître du pré carré (qui usa de la puissante armée de sa base militaire qui constitue la vraie armée de la petite nation conformément aux accords de coopération, particulièrement les accords de défense) ; ce gouverneur de territoire qui se croyait complètement affranchi est retenu, au moment où nous écrivons ces lignes, à la Cour pénale internationale, une institution instrumentalisée par les grandes puissances pour régler leurs contentieux avec leurs vassaux (Cf. *Idéalité et réalité des relations entre nations ; L'Harmattan, 2015*). Cette loi du plus fort face à une petite nation isolée est celle qui a toujours prévalu en de telles circonstances. Nous avons déjà souligné à plusieurs reprises les assassinats, les coups d'Etat dans les petites nations résultant de ces petites dissensions et estampillés « Secrets d'Etat » dans les grandes puissances. Pour être un peu plus juste, on citera l'exemple quelque peu ancien du chef d'Etat panaméen en 1989 qui décida d'avoir un droit de regard ou s'immiscer dans la gestion du Canal de Panama qui coupait son pays en deux et dont des accords de rétrocession de 1977 à 2000 était en cours (pour rappel). Cette intention lui valut d'être capturé dans son pays par l'armée américaine au mépris d'un droit international demeuré embryonnaire dans lequel « la loi est à la force » comme nous l'écrivions dans les pages qui précèdent. Y avait-il d'ailleurs un droit international à respecter par les maîtres ? Ce pauvre chef d'Etat indigène du nom de Manuel Noriega, accusé de tous les maux de la terre comme dans la fable de Jean de La Fontaine « Les animaux malades de la peste », fut condamné à perpétuité et mourut en prison le 29 mai 2017. Alors que le Canal de Panama et les services qui y gravitaient offraient au Panama 80% du produit intérieur brut qui n'appartenait pas aux Panaméens (*supra p. 114-115*). Le Panama est-il passé de *pays pauvre* à *pays développé*, dont le niveau de vie de la population autochtone a évolué positivement ? Comme dans la plupart des petites nations, Panama n'échappa pas au processus de privatisation d'entreprises, à commencer par tout l'équipement portuaire dès 1996, processus de privatisation justifié par l'allègement des dépenses publiques. Quels sont les groupes économiques qui ont acquis les entreprises publiques panaméennes et à quel prix ? Soit dit en passant : ce n'est ni par l'épargne, ni par le profit des entreprises déjà installées dans le pays que s'est construit Panama City. Les capitaux qui se déversent sur la cité ne sauraient s'inscrire dans ce qu'il est convenu d'appeler les investissements directs étrangers (IDE), financement dont on révèle chaque jour l'aspect illicite, voire rattaché aux activités criminelles. De temps en temps, les médias occidentaux qui ont de la voix nous font ressortir des scandales sur les placements frauduleux de quelques hommes publics, scandales qui égayent ceux qui s'y intéressent, sans poursuite judiciaire. Nous relevons le contexte économique des relations entre les maîtres et leurs sujets pour montrer l'impossibilité d'accumuler du capital à partir du profit, contexte qu'on occulte en incriminant les *terra nullius* devenus des pseudo-Etats depuis les *indépendances*.

II – L'impossible accumulation du capital dans le fonctionnement actuel de l'économie des petites nations

Il paraît évident que l'épargne procédant du revenu disponible, il ne saurait y avoir d'épargne sans un revenu qui permet de satisfaire les besoins primaires. L'épargne ne peut être réalisée par le travailleur. Mais la *valeur travail* d'un bien étant proche de zéro, on aurait pensé que tout va dans le profit. Ce n'est pas faux. Après tout, du temps de l'esclavage, les maîtres ont pu accumuler beaucoup de richesse en Amérique ; comme le relate le court extrait du texte de Voltaire, les maîtres des îles minuscules qu'occupaient les conquérants des Caraïbes ont pu amasser des richesses incommensurables. Mais toutes ces richesses ne pouvaient conduire à une accumulation de capital là où elles ont été amassées, car elles étaient rapatriées pour être dépensées dans les pays européens d'origine, ce qui, au dire de l'auteur, appauvrissait le pays de production alors qu'on avait obligé des *êtres humains* à fournir d'énormes efforts au travail. Quand les profits de ce même type de relations humaines (travail esclavagiste) permettaient de construire et enrichir tous les Etats-Unis d'Amérique, les pays, d'où le profit était rapatrié, s'appauvrissaient comme nous venons de le dire. Et c'est exactement la situation qui a prévalu jusqu'à présent. Nous souhaiterions qu'on nous démontre le contraire, c'est-à-dire qu'on nous montre que le profit de toutes les entreprises étrangères qui opèrent dans les petites nations pauvres y est réinvesti à l'exception de quelques pays d'Asie du sud-est qui ont abondamment investi dans la formation et la recherche, et qui sont devenus les nouveaux pays industrialisés. De nouvelles entreprises cherchent à prospérer dans ces pays dits pauvres. Mais le comportement reste identique. Nous avons dit quelque part que les travailleurs nigérians, les indigènes, doivent acheter leurs bottes pour ne pas voir les pieds ronger par le pétrole qui fait la fortune des grands groupes industriels et les pays d'origine de ces derniers (*Idéalité et réalité des relations entre les nations ; 2015*). Ces réalités échappent à ceux qui parlent de l'Afrique qui se pose en victime et qui rendent ce continent responsable de sa pauvreté et à ceux qui se focalisent sur le déficit de démocratie. Ce jugement mimétique à l'égard des Etats à souveraineté résiduelle ou surveillée dont les dirigeants ne sont pas libres, mais qui doivent être démocratiques sous peine de s'attendre à la foudre, ce jugement – disons-nous – relève de l'ignorance ou de la mauvaise foi.

Quand le chancelier ouest-allemand Helmut Schmidt déclarait le 5 novembre 1974 : « Les profits d'aujourd'hui sont les investissements de demain et les emplois d'après-demain », cette propagande qui prit le nom de théorème de Schmidt s'inscrivait dans un contexte économique de pays industrialisé ou système économique normal et non soumis au *pacte colonial*. Dans une grande nation où l'entreprise a ses activités ou son siège, ce théorème peut donc être vérifié, sauf s'il y a une fuite de capitaux. Le théorème de Schmidt, apportait une explication supplémentaire au fonctionnement du libéralisme, du moins du capitalisme puisque son objectif était de promouvoir l'idée qu'il fallait faciliter les activités de l'entreprise aux fins d'une réalisation de profit substantiel. Certains ne perçoivent pas le théorème dit Schmidt comme une théorie économique néolibérale parce qu'ils le voient essentiellement sous l'angle d'une déclaration politique, comme si la macroéconomie et/ou l'économie politique se dissociaient tant de la politique alors que ce sont les hommes politiques qui mettent en vigueur ou en pratique les idées économiques qu'ils préconisent et qui fondent souvent *a posteriori* les commentaires des théoriciens ou ce que certains appellent *in retro* la doctrine.

Pour revenir à nos propos sur le profit, il n'y a pas de profit qui reste dans le pays d'exploitation, ni de véritable emploi, autrement dit d'emploi véritablement rémunéré. Donc pas de cycle entre le profit et l'épargne par l'intermédiaire de l'investissement et/ou du salaire.

John M. Keynes avait développé l'égalité de l'épargne et l'investissement. L'expression « Investissement = Epargne » n'a jamais été contestée. Avant John M. Keynes qui en fit la démonstration dans les années 1930, ses prédécesseurs l'inscrivaient dans l'équilibre général de l'économie ou du marché avec pour base du raisonnement les taux d'intérêt (comme tout équilibre entre l'offre et la demande à partir du prix d'équilibre). Mais Keynes explique cet équilibre autrement. Pour Keynes, cet équilibre « investissement égal épargne » peut être vérifié à tout moment alors que la théorie de ces prédécesseurs fondés sur l'équilibre du marché peut conduire à des déséquilibres conjoncturels.

En terme comptable et en économie fermée, les ménages ont toujours une capacité de financement parce que leur consommation est toujours inférieure à leur revenu disponible (le reste constituant l'épargne) alors que les entreprises et les administrations publiques ont toujours des besoins de financement.

Si l'équation de John M. Keynes qui est ainsi formulée dans une économie fermée : investissement = épargne, se justifie aisément dans une économie normale, elle peut l'être également dans les pays pauvres et prouver l'origine de l'absence d'investissement à partir des capitaux locaux. Ainsi l'investissement de source locale est égal à zéro (I=0) parce que l'épargne locale globale, qui inclut celle des travailleurs ou des ménages, celle des entreprises (qui les rapatrient) et celle de l'administration publique dépourvue de base d'imposition (donc soumise au besoin de financement), est égale à zéro (E=0). Donc si E=0 alors I=0, conclusion I=E. Nous rappelons que les ressources de l'Etat indigène sont en grandes partie constituée de royalties que versent les sociétés d'exploitation des ressources naturelles, de ristournes versées par des sociétés d'exportation de certains produits primaires, et des emprunts extérieurs. Ce qui conduit à la trappe de la dette.

Sur cette planète où l'actuel mot-clé de l'économie est la *mondialisation*, tout développement doit passer par cette mondialisation qui laisse prétendument la liberté aux Etats et la responsabilité de leur intégration dans l'économie mondiale. Quand les années 1970 et les crises qui ont frappé certains pays dans les années 1980 furent théoriquement celles du *Nouvel ordre économique international*, les Etats-Unis d'Amérique et le Royaume-Uni répondirent par la déréglementation générale des relations économiques et financières internationales dans les mêmes années 1980, une déréglementation qui déboucha sur l'actuelle mondialisation, puis sur le Nouvel ordre mondial proclamé, toujours, par les Etats-Unis d'Amérique au titre de leur déclaration de guerre (la Guerre du Golfe). La réussite de quelques appendices des grandes nations et quelques petites nations qui se sont détachées de ces grandes nations en Asie du Sud-Est, le tout sous l'appellation de Nouveaux Pays Industrialisés (NPI), servit d'exemple à de nouvelles théories du développement extraverti. Celles-ci s'inscrivirent dans la mondialisation, ce qui réveilla les théories du commerce international et les commentaires sur les localisations, délocalisations, division internationale du processus de production, etc. Pour les autres pays auxquels on reproche de ne pas avoir suffisamment investi, on doit rappeler qu'en dehors du travail sous-estimé de la population et qui est expliqué par la théorie des *avantages comparatifs* rénovée en *dotation factorielle*, ce ne sont pas par les royalties du pétrole d'Afrique d'environ 5%, de l'uranium de 5,5% que l'on peut massivement investir dans la formation et la recherche (pour ne citer que ces exemples). Rappelons qu'en 2009, lorsque le Président du Niger a demandé des négociations à la firme française Areva qui exploitait l'uranium, aux fins d'une réévaluation des royalties d'un ou de deux points, comme par enchantement, des troubles sociaux éclatèrent et emportèrent le pouvoir exécutif qui fut remplacé par un autre. Et cette *histoire* s'arrêta net, avec le *statu quo ante*. On peut donc conclure que la démocratie qui est encouragée dans certains pays par la multiplication des oppositions n'est qu'un tremplin pour manipuler toute opposition qui se voit soutenue aux fins de la protection des intérêts des maîtres des zones d'influence et non pour s'occuper de la bonne gestion que réclame toute population éclairée. Amartya Sen, celui-là même qui a fait aujourd'hui de la démocratie le principal vecteur du développement, ne disait pas autre chose quand il citait l'exemple des grandes puissances qui, pendant la guerre froide, sabordaient toute velléité de vraie démocratie dans les petites nations lorsque l'une était alliée à un camp ou à l'autre (*A. Sen, La démocratie des autres ; 1999, Payot-Rivages 2003*). A partir des exemples actuels, nous disons que la situation n'a pas évolué (même si la guerre froide telle qu'elle apparaissait a disparu) et qu'il existe une grande hypocrisie à se poser en défenseur de la démocratie dans les petites nations. C'est pourquoi, ailleurs, nous avons souvent parlé de démocratie exotique. Et si l'auteur que nous venons de citer rend les petites nations responsables d'un déficit de démocratie qui conduirait à la famine dans d'autres écrits, c'est que son analyse actuelle occulte cette petite réalité que nous qualifions de *démocratie-alibi* autrement dit une démocratie d'entités soumises à d'autres Etats, donc non libres ou non souverains. Ici l'instauration de la démocratie constitue un alibi à l'exercice de la force sur les petites nations. L'auteur, mentionné ci-dessus, croit voir dans la disparition de la guerre froide un changement de la situation qu'il dénonçait naguère.

En l'absence donc de capitaux locaux, les investissements étrangers pourraient largement y suppléer, car dans le contexte actuel de mondialisation, les capitaux circulent librement. Ce serait manquer de réalisme que de situer les nations pauvres ou petites nations dans ce schéma alors qu'elles ont toujours été mondialisées de gré ou de force. L'on sait bien, de tout temps, que lorsque des filiales des firmes transnationales et dans une moindre mesure des entreprises à capitaux étrangers s'installent dans une petite nation, leur objectif est de rechercher des coûts de production les plus bas possibles et la proximité des matières premières que ces entreprises exploitent et acquièrent à vil prix pour les rapatrier dans leur pays d'origine (c'est sciemment que nous évitons le mot « exporter »). Quand une entreprise extrait du pétrole dans une petite nation et qu'elle ne peut acheter des bottes aux ouvriers indigènes qui éviteraient que leurs pieds soient rongés au contact des hydrocarbures et que le pseudo-Etat ou petite nation ne se voit verser qu'entre 5% et 7% de royalties, ainsi qu'il est mentionné ci-dessus, les investissements directs étrangers peuvent-ils vraiment constituer une solution de substitution à l'absence de capitaux ou de formation du capital ? On nous parle d'investissement direct étranger (IDE) et de localisation dans les petites nations qui seraient favorables à celles-ci. Les investissements étrangers dans les *territoires sans maître* ont-ils évolué parce qu'il y aurait un phénomène nouveau qu'on appellerait *mondialisation* ?

Pour revenir à la formation du capital par rapport à la division internationale du travail, il est étonnant que des voix ne s'élèvent pas dans les démonstrations supposées scientifiques pour dénoncer la théorie des échanges fondée sur la dotation factorielle comme le prolongement des avantages comparatifs dont aucun économiste n'indique non plus comment le Traité de Methuen de 1703, sur lequel David Ricardo fonde sa démonstration sans jamais le citer, a fait du Portugal, spécialisé dans la production du vin, un pays pauvre non doté de manufacture qui aurait permis d'acquérir plus de valeur ajoutée et donc facteur de développement, alors qu'en numéraire, le Portugal de cette époque avait accumulé une masse d'or et d'argent pris à ses colonies d'Amérique du Sud ou exploités dans celles-ci.

Section 2 – Du cercle vicieux de l'endettement

Si un individu instruit sur cette terre ignore le surendettement des petites nations, grandes productrices de produits de base, c'est simplement parce qu'il ne s'intéresse pas à l'économie de ces pays dont on a toujours *chanté à tue-tête* qu'on aide en toutes circonstances, mais se paupérisent au fil des années. Si les éminences peuvent ne pas se préoccuper de l'origine du surendettement afin de détourner la question vers la démocratie comme cause de la pauvreté des nations, on pourra se demander ce qui reste de l'économie politique ou de la science économique quand elle a terminé de relater le fait social dans sa *superficialité* et *pondu* quelques termes ou concepts qu'on enseignera aux étudiants, sans esprit critique, sous forme d'un renouvellement de vocabulaire scientifique. C'est là que nous parlons d'économisme qui ne perçoit les questions du monde qu'à travers des données de statistiques.

Il est évident qu'un individu s'endette parce que son revenu ne peut couvrir ses besoins nécessaires, utiles qui lui permettent d'exister. Comme les individus, les Etats s'endettent parce que le revenu national ne permet pas de satisfaire les besoins du fonctionnement et de la gestion de l'entité étatique. Pourtant, le travail y a toujours été intense, même sans capital technique. On rappellera en passant que c'est avec ce même type de travail que les esclaves d'antan ont considérablement enrichi les Etats de ceux qui se sont investis d'*une mission sacrée de civilisation.* Nous avons dit ci-dessus pourquoi l'accumulation de capital ne s'est pas réalisée et ne peut se réaliser dans les petites nations. Dans d'autres circonstances, Adam Smith, dans son ouvrage *Recherche sur la nature et les causes de la richesse des nations*, faisait remarquer : « De nouvelles colonies, comme on l'a déjà observé, sont toujours dépourvues de capitaux ; la masse de leurs capitaux est toujours fort au-dessous de ce qu'elles pourraient employer avec beaucoup d'avantage et de profit dans l'amélioration et la culture de leurs terres ; elles ont donc constamment chez elles une demande de capitaux pour plus que ce qu'elles en possèdent en propre, et, pour suppléer au déficit de la masse de leurs propres capitaux, elles tâchent d'emprunter, autant qu'elles le peuvent, de la mère patrie, envers laquelle, par ce moyen, elles sont toujours endettées » (*Chapitre VIII, Des colonies*). Mais il n'explique pas les raisons de ce déficit de capitaux. C'est exactement la situation que vivent aujourd'hui les petites nations. La différence avec ce que décrivait Adam Smith est que nous ne sommes plus dans le cadre de nouvelles colonies, mais de prétendus Etats soumis à la servitude et qui ont changé de nature depuis la publication de l'auteur.

Lorsque l'Etat déjà endetté ne peut fonctionner avec des ressources autonomes, il paie ses précédentes dettes avec d'autres emprunts. Les emprunteurs, les grandes nations et leurs institutions financières, qui tirent profit de leur placement, continuent de ruiner l'Etat débiteur en le vassalisant davantage. L'Etat débiteur, malgré ses richesses naturelles et sa production à bas coût, devient surendetté et sa préoccupation sera la négociation des conditions qui rendent toute la population esclave de l'extérieur. Certains commentateurs diront que cet Etat vit avec la rente de ressources naturelles comme si la population ne travaille pas. Depuis l'imposition d'un système économique qui les spolie de leur richesse à partir de la déréglementation en matière de relations économiques internationales et de l'invention des *ajustements structurels*, pour ne pas aller plus loin dans le temps (en réalité une continuité depuis la conquête des *terra nullius*), les petites nations, mais aussi les grandes nations sont tombées dans la trappe de l'endettement. La renaissance du libéralisme imposé surtout aux petites nations qui ne doivent en aucun cas intervenir dans des investissements lucratifs permet de confier aux entreprises, dont les sièges sont dans la mère patrie, les investissements déjà existants (nous l'avons déjà dit). Mais dominés par les groupes financiers qu'elles ont contribué à construire, les grandes nations se sont prises à leur propre piège en se faisant gouverner par la finance. Alors qu'on enseignait jusqu'aux dernières décennies du XXe siècle que l'Etat ne pouvait jamais être en faillite, on admet aujourd'hui l'idée contraire, c'est-à-dire la faillite de ce même Etat qui ne doit être exclusivement qu'un Etat-gendarme. En un mot l'Etat ne doit pas s'occuper de ce qui produit de la richesse, mais doit financer des infrastructures communes sans en appeler à l'aide de ceux qui accumulent cette richesse. La pauvreté atteint les grandes nations qui n'ont d'autres solutions que de détruire les petites nations pour piller les richesses dont celles-ci sont dotées et vivre sur leur dos ou par le travail harassant de ces dernières. Et dire que les richesses ainsi pillées dans les petites nations le sont au profit d'une minorité dans les grandes puissances économiques et militaires ! En effet, alors que ces puissances ont la mainmise sur l'économie du monde et n'ont jamais arrêté les déstabilisations et les guerres dans les petites nations (*La communauté internationale - De la guerre permanente à la paix perpétuelle, 2010*), elles *se lamentent* de l'augmentation du nombre de ceux qui sont frappés par la pauvreté absolue sur leurs propres territoires, certaines hypocritement.

Sur les pays pauvres ou les petites nations, on raisonne comme si la population ne travaille pas, parce que dans les pays industrialisés, on a pris l'habitude de ne pas reconnaître la valeur de ce travail. Sortant de l'esclavage officiel, il est apparu naturel que certains peuples travaillent gratuitement et qu'on aille chercher leur travail à vil prix. Exemple : quand on travaille un peu trop dans une grande nation, on dira qu'*on travaille comme un nègre* ; mais on considérera en d'autres circonstances que le nègre est paresseux par nature. C'est le sens même de la spécialisation fondée sur la *dotation factorielle*, dernière étape des *avantages comparatifs* qui constituent le soubassement, dit-on, de la mondialisation.

Dans les pays pauvres, on arrêtera d'être pauvre lorsque la richesse exploitée sur leur sol servira à la consommation de la population qui constitue un grand marché par sa densité et surtout lorsque le travail, de ceux qui contribuent à la production et créent de la richesse pour leur pays, sera rémunéré à sa juste valeur. C'est un débat qui n'a jamais été tranché parce que la science économique a pour habitude de dissocier les phénomènes pour les traiter séparément. On nous convainc un jour que la densité importante de la population constitue un grand marché pour infirmer le lendemain cette idée en alléguant que la croissance démographique absorbe tous les efforts effectués dans les pays pauvres, donc facteur d'aggravation de la pauvreté, et qu'il faut attendre la fin de la transition démographique pour espérer une évolution positive de la situation des pauvres. Mais on occulte le fait que la production des petites nations n'est pas celle qu'elles consomment et que cette production est dominée par les grandes nations qui sont les seules à en tirer profit.

Personne ne dit que la densité importante de la population ne constitue un problème que lorsque celle-ci est dépourvue de pouvoir d'achat en ce monde contemporain. On continue de raisonner comme Thomas R. Malthus avec son *Principe de la population* dont la solution de la pauvreté consistait à réduire le nombre de pauvres et non à leur donner du pouvoir d'achat alors qu'on sait (et nous le rappelons) dans quelles conditions les ouvriers travaillaient au XIXe siècle en Angleterre (*supra, p. 194*). Exemple, prenons cent personnes pauvres, affamons-les ou stérilisons-les pour qu'à la fin de cette expérience il n'en reste que trente. Si on ne change pas les conditions d'existence de la trentaine de personnes restante, ces trente individus demeureront toujours pauvres. A moins de s'attendre à la disparition complète des pauvres et non de la pauvreté. Tout en souscrivant aux préconisations de Malthus, on magnifie l'idée qu'une population dont la main-d'œuvre est servile a des avantages en matière de production utilisant le travail ; rémunéré à un niveau de salaire qui ne lui permet pas de vivre, ce travailleur ne doit cependant pas être pauvre. Pourquoi ? - Parce que ce travailleur n'aura pas choisi d'arbitrer entre l'utilité et la désutilité du travail pour vaquer à ses *loisirs* plutôt que de vouloir travailler à tout prix malgré le bas salaire qu'on lui propose, selon les libéraux et les néolibéraux. Si l'on mettait bout à bout les raisonnements de nos savants que nous ingurgitons, nous nous apercevrions quelquefois que certains sont indigestes.

TITRE 2

DES VOIES DE DEVELOPPEMENT ENDOGENE

Il ne s'agit pas ici de créer ou d'inventer de nouvelles théories du développement ou de mimer les pays déjà développés. La solution du développement se trouve dans les causes de la pauvreté (avons-nous dit). Les analyses faites ci-dessus font déjà ressortir les solutions à tenter ou la posture à adopter. Nous nous sommes attardé sur certaines théories d'économie politique que le monde magnifie et qui ne peuvent constituer des solutions à la lutte contre la pauvreté, par conséquent au développement, tant elles se contredisent parfois ou paraissent fondées sur du mimétisme à force de s'accrocher à des préconisations apprises sans discernement. Ce que nous voulons, c'est de nous départir des clichés sur lesquels se fondent toutes les théories du développement ou des idées formatées. Nous le répétons encore ici ; l'économie politique ou tout simplement l'économie est loin d'être une science pure bien que certains savants aient la tentation de soutenir la pureté de leurs doctrines. Elle n'est pas détachable des tentatives politiques qui, soit échouent, soit réussissent. C'est pourquoi nous partageons l'idée du sociologue belge Guy Bajoit quand il parle du développement comme des tentatives. Par contre les tentatives ont souvent échoué parce qu'elles ont lieu dans un contexte d'absence de liberté. Quand l'économie est mathématisée, c'est pour quantifier les biens et les services qui serviraient au bien-être d'une population. En revanche si l'on sait ce qui freine l'application d'une solution quelconque, l'honnêteté voudrait qu'on défasse le frein pour pouvoir avancer. Or ce n'est pas ce qui est fait, parce que parler de ce frein qui est l'absence de liberté heurterait de front certaines nations qui jusqu'ici dominent le monde.

Pourquoi donc le maintien de l'Afrique et de l'Amérique du Sud dans le sous-développement ? Nous percevons le développement comme une histoire de vases communicants. Le vrai enjeu était déjà expliqué par André Siegfried que nous citions ci-dessus à propos de l'Amérique du Sud : « Qu'on soit en Asie, en Australie, en Amérique, en Afrique, un pays neuf qui a longtemps exporté des matières premières sans les travailler, souhaite leur faire subir une première transformation, et son désir est de devenir industriel comme les pays anciens. Si cette tendance devait se développer et se consolider dans l'Amérique Latine, il est évident que son effet sur le commerce extérieur serait important. L'Amérique, alors, n'importerait plus comme autrefois certains produits manufacturés. Important moins, il est probable qu'elle exporterait moins aussi. La composition du commerce extérieur ne serait plus la même. Si cette transformation devait s'effectuer, on mesure toute son importance au point de vue de l'équilibre international ou si l'on veut, intercontinental. Au XIXe siècle, il s'était établi, entre l'ancien et le nouveau continent, un système d'échanges que l'on pourrait qualifier de complémentaires. L'Europe exportait les produits manufacturés et importait des produits bruts. Dans une certaine mesure, il y a déjà bien un demi-siècle que les Etats-Unis se sont libérés de ce système d'échanges, mais jusqu'à une période récente, il continuait à dominer l'Amérique du Sud. Devons-nous penser que cette situation maintenant ne durera pas ? S'il devait en être ainsi, il y aurait un grave danger pour les exportations industrielles de l'Europe, de telle sorte qu'une question essentielle se pose ici : l'Amérique Latine va-t-elle s'industrialiser ? Et, dans l'affirmative, dans quelle proportion ? Si cette proportion devait être considérable, et si, au XXe siècle, l'Amérique devenait un grand pays industriel, il est bien évident que nous assisterions à l'établissement d'un contraste complet entre le XIXe siècle basé sur l'échange complémentaire et le XXe siècle qui tendrait, au contraire, à être basé sur le nationalisme continental. Nul ne peut manquer de comprendre l'importance primordiale de cette question » (*précité, p.215*). Qu'on nous pardonne de transcrire un si long extrait. Mais n'en citer qu'une brève partie n'aurait pas permis de comprendre la logique de l'auteur, membre de l'Académie française et professeur du Collège de France.

On n'ignore pas qu'il s'ensuivra une importance primordiale, celle qui bouleversera donc les relations commerciales que tentent de maintenir les grandes nations industrielles actuelles, surtout pour celles qui ont toujours vécu sur la complémentarité entre ces nations et celles tenues dans la pauvreté. Quand le même auteur explique que deux siècles auparavant par rapport au XXIe siècle, l'Amérique du Sud ne pouvait s'industrialiser parce qu'il manquait du charbon, on peut se demander si la découverte du charbon sur ce territoire aux fins de cette industrialisation était vraiment l'intérêt de l'Europe dont la prospérité était basée sur la complémentarité économique. Si du charbon avait été découvert en Amérique latine, l'intérêt de l'Europe eût été de l'importer ou de l'expatrier comme matière première sur le vieux continent ou aux Etats-Unis d'Amérique à partir de la doctrine

Monroe. Aujourd'hui on y trouve du pétrole qui aurait permis cette industrialisation et nous constatons le *statu quo ante*. Et ne parlons pas de ces pays pauvres qui regorgent de pétrole et qui ne peuvent s'industrialiser alors que de nos jours, la plupart de nos usines fonctionnent à partir du pétrole qui permet aussi de produire de l'électricité. Ne parlons pas non plus de la main-d'œuvre qui est tellement abondante qu'elle est au centre de la théorie du commerce international actuel (dotation factorielle lorsqu'il s'agit des pays dits pauvres).

Si l'on permet le développement aux petites nations, elles ont les moyens d'y parvenir. *Permettre* ne signifie pas *aider*. Certes, nous avons beaucoup parlé d'absence de formation du capital. Mais les petites nations ne sont pas obligées d'entreprendre un développement par mimétisme. Nous ne sommes plus du temps des constructions de chemin de fer qui ont englouti des capitaux, qui ont nécessité des investissements pharaoniques. Les petites nations doivent adopter un développement endogène qui les libère de la complémentarité économique des continents, complémentarité née du *pacte colonial*. Le développement endogène, ainsi que nous le suggérions déjà en 1983 dans nos travaux, n'est pas synonyme d'autarcie comme certains l'ont dit ou du protectionnisme tiers-mondiste, ce chiffon rouge qu'on agite devant les petites nations pour susciter la crainte qui les endort. Il ne faudra pas non plus confondre *développement endogène* et *croissance endogène*. Nous avons dit que le développement des petites nations est freiné par l'absence de liberté de leur peuple entendue au sens de souveraineté véritable. Les peuples soumis seront-ils demain plus libres qu'aujourd'hui ? Nous avons écrit quelque part à l'en-tête d'un chapitre de l'un de nos ouvrages ces mots : « La liberté qui est donnée peut être reprise ; mais celle qui est conquise devient irréversible » (*Idéalité et réalité des relations entre les nations ; précité*). Alors nous répondons à la question qui précède par l'affirmative, bien que les petites nations soient dépourvues d'armes de destruction massive. La meilleure arme de tout temps est l'union. Le vieil adage « l'union fait la force » ne s'est jamais démenti. Si les petites nations sont unies par région et parlent d'une même voix, quel intérêt auraient les grandes nations à les détruire pour s'accaparer leurs richesses ? Il faut que dans les petites nations, ce dicton prenne tout son sens.

CHAPITRE 1

LA PROBLÉMATIQUE DU DÉVELOPPEMENT ET DE LA MONDIALISATION

Sous l'effet de la *mondialisation* actuelle, beaucoup trop d'importance semble accordée aux relations économiques internationales, notamment au commerce international, par les théories néolibérales comme facteur de développement de la petite nation, autrement dit de la lutte contre la pauvreté. Si nous partons de la nouvelle mondialisation, nous pouvons dire qu'il a fallu beaucoup de temps pour ressusciter les théories sur le commerce international florissant pour toute la planète. Certes, les avantages comparatifs de David Ricardo (*Des principes d'économie politique et de l'impôt*) actualisés fondent les relations économiques contemporaines. Mais tout en défendant le commerce international, son prédécesseur Adam Smith (père fondateur de l'économie politique actuelle) considérait les biens échangés entre les nations comme un surplus que le pays producteur n'a pu consommer et dont un autre pays aurait besoin. Tout au long de son ouvrage *Recherche sur les causes et la nature de la richesse des nations*, l'auteur emploie ce terme de *surplus*, c'est dire à quel point le commerce international qu'il défendait n'apparaissait que l'accessoire de la production et de la consommation qui élèvent le niveau de la richesse de chaque nation. Il n'accordait véritablement de l'importance à ce surplus que lorsqu'il apparaissait nécessaire à la fois pour le pays producteur et le pays consommateur. On peut donc interpréter cette position en déduisant que Adam Smith n'accordait pas la même importance à la division du travail dans le groupe social, dans l'entité sociale que celle qu'il tenait à expliquer dans le commerce international. D'ailleurs y en aurait-il qu'on ne parlerait pas d'*avantages absolus*. Il ne peut y avoir véritablement de spécialisation ou de division du travail en matière de commerce international si celui-ci repose sur du surplus que les Etats n'ont pas consommé, car le surplus est aléatoire et aucun pays n'est assuré d'avoir toujours le même type et la même quantité de surplus qui intéresseraient les autres pays.

Section 1 – La controverse sur le développement extraverti

On pourrait dire que la controverse sur le développement extraverti n'a plus lieu d'être puisque nous sommes tous *mondialisés* et que les frontières n'existeraient que pour parler de migration des individus. En effet, le développement des pays pauvres a toujours été conçu dans le cadre de la complémentarité économique entre ces pays et les pays occidentaux, complémentarité qui existe depuis plusieurs siècles. La littérature économique sur l'industrialisation des petites nations ne relève que les tentatives soldées par l'échec dans ce domaine. Mais ceux-là qui ont abondamment écrit sur cet échec sont muets sur les solutions de substitution à ces tentatives. Autant dire que la solution, la seule recette du pseudo-développement des nations pauvres demeure la division du travail actuel qui résulte de la complémentarité économique depuis la conquête des peuples indigènes ou l'appropriation des *terra nullius*. Ces terres sans maîtres qui avaient été découvertes riches au XVe et XVIe siècles continuent jusqu'à présent d'être riches. Seulement, quelques années auparavant, lorsqu'un auteur tentait de parler d'un développement qui utiliserait les ressources dont le pays est doté et que ce dernier chercherait d'abord la satisfaction de son marché, cet auteur était considéré comme défenseur de l'autarcie, pour minimiser son argumentation parce que l'autarcie signifie l'isolement complet, alors que des auteurs comme Friedrich List qui défendait un protectionnisme qualifié d'éducateur au XIXe siècle pour l'Allemagne n'avaient suscité aucune réprobation (*Friedrich List, Système national d'économie politique ; 1857, traduction de Henri Richelot*). On parle souvent de protectionnisme éducateur, mais on relève peu les critiques de List à l'égard d'Adam Smith dont il disait que le libéralisme qu'il prônait n'était que le moyen impérialiste de domination de l'Angleterre sur les autres nations. Ce protectionnisme paraît normal parce qu'il a été formulé dans une philosophie occidentale qui veut que toute théorie qui protège une grande nation soit appréciée favorablement. Il eût été appliqué aux indigènes, il paraitrait un crime de *lèse majesté*. Peut-être qu'une telle vision n'attire l'attention que lorsqu'elle traite des petites nations riches en ressources naturelles que les grandes nations, au nom desquelles sont formulées les théories économiques, voudraient s'accaparer. Elle n'attire également l'attention que lorsqu'elle vient d'un auteur ressortissant d'une petite nation, parce que tout ce qui procède des indigènes est définitivement frappé du sceau de la médiocrité. Quand on lit Adam Smith, on ne trouve pas beaucoup de lignes dans lesquelles cet auteur se préoccupait du développement des pays exotiques qui ont fait la richesse des pays actuellement riches. Mais il ne cachait pas les bénéfices qu'ont tirés les pays européens par l'exploitation de l'Amérique et la découverte du passage du Cap de Bonne Espérance qui a permis un apport de richesse de la part du sous-continent indien et de l'Asie orientale. Revenons au libéralisme dont Adam Smith serait porteur. A ce propos un auteur contemporain, Pierre Bonnefoi écrit : « Il faut préciser qu'un empire ne peut pas étendre sa domination de manière durable en se contentant de s'imposer par sa puissance militaire et policière. Il ne dure que parce qu'il dispose de moyens de propagande visant à contrôler l'esprit de ses sujets. L'année même de la Déclaration d'indépendance, en 1776, un employé de la Compagnie britannique des Indes orientales dénommé Adam Smith (1723-1790) écrit sa Richesse des Nations, une attaque explicite contre les volontés de la république américaine naissante de se doter de manufactures et de moyens de développement. Dans cet ouvrage, Smith recommande aux Etats de ne pas intervenir dans la vie économique et de laisser jouer les lois de la concurrence - la « main invisible » des marchés -, n'ignorant pas que les manufactures américaines n'auraient pu, dès leur démarrage, concurrencer les produits finis d'Angleterre. En adoptant un tel système, les Etats-Unis n'auraient eu pour seule ressource que de produire des matières premières et de laisser la puissance manufacturière à l'Empire britannique. Il s'agissait donc pour Smith de proposer à l'Amérique de rester dans une dépendance économique similaire à celle qu'elle connaissait avant la guerre ; en d'autres termes, maintenir le colonialisme sous une apparence républicaine. A partir du moment où elle était la seule à contrôler le pouvoir technologique et où elle empêchait le reste du monde d'y avoir accès, l'Angleterre ne risquait pas de dépendre des matières premières américaines puisqu'elle possédait d'autres colonies à travers le monde qui pouvaient remplir cette même tâche. » (*Le véritable Système américain d'économie politique contre le libre-échange ; Solidarité et Progrès, 4 décembre 2007*). Le pacte colonial n'est pas propre à certains pays ; il est la philosophie des relations économiques de toutes les nations qui ont possédé des colonies ou possèdent encore des zones d'influence. Quand, à la fin du XVIIe siècle, *l'administration des colonies américaines fut confiée à John Locke, celui-ci établit une véritable dictature sur ces colonies, leur interdisant d'avoir des manufactures et de confectionner des produits (P. Bonnefoi, ibid.).* La solution que les Etats-Unis d'Amérique naissants ont refusée pour ne pas demeurer une colonie sous un aspect de république est celle que d'autres petites nations ont acceptée et qui les a rendues pauvres. On comprend que ces petites nations pauvres aient été qualifiées de *républiques bananières*.

Nous avons déjà dit que la discipline que nous appelons *Economie* n'est que l'explication de l'existant, le résultat du tâtonnement des gouvernants pour résoudre les problèmes du bien-être qui se posent ou se sont posés à une société libre. Quelques exemples permettent de corroborer cette affirmation.

I – Comparaison des nouveaux pays industrialisés d'Asie du Sud-Est (NPI) aux autres nations demeurées dans des « zones d'influence »

L'exemple des nouveaux pays industrialisés qui seront peu à peu des pays développés est-il transposable dans les nations demeurées pauvres ? D'ailleurs y a-t-il un exemple unique fondé sur quelque théorie économique préexistante ?

a) - L'exemple des nouveaux pays industrialisés (NPI)

Il y a eu dans les années 1970 et 1980, voire 1990, les nouveaux pays industrialisés devant lesquels les économistes *s'extasiaient* et cherchaient *a posteriori* des justifications ou inventaient des formulations économiques. En voulant absolument faire de l'économie du développement une science autonome, on oublie le contexte qui est toujours politique. Nous avons dit qu'en ce qui concerne les pays sur lesquels il y a eu une rhétorique pléthorique dans la période dite *post indépendance* immédiate, les théories économiques n'étaient pas en cause. C'est le contexte dans lequel on cherche à expliquer le développement qui manque de réalisme.

- *Les premiers NPI (Corée du Sud, Taiwan, Singapour, Hong-Kong)*

Le développement de ces pays qui a été amorcé dans les années 1960, pays connus sous le nom de nouveaux pays industrialisés (NPI), ne doit pas leur processus à une quelconque théorie économique (libéralisme, keynésianisme, marxisme, etc.). C'était des situations tantôt atypiques, tantôt entrant dans le cadre contraire de ce que nous avons dénoncé pour les pays demeurés pauvres.

La Corée du Sud et Taiwan ont un destin commun avec le Japon sur le plan économique au lendemain de la Seconde Guerre mondiale. Le Japon, contrairement aux deux autres, était un pays ennemi pendant ce conflit mondial (et soumis pendant l'immédiat après guerre aux Etats-Unis d'Amérique et leurs alliés). Pour le maintenir dans le cercle du capitalisme, il a bénéficié abondamment de l'aide à la reconstruction dans un contexte de guerre froide pour éviter qu'il ne soit contaminé par l'idéologie communiste. Par ailleurs, l'empire nippon faisait déjà partie des grandes nations avant la Seconde Guerre mondiale grâce à son insularité qui l'a protégé de toute autre influence. La crainte des Européens était que, les *Jaunes*, de par la densité de leur population, les envahissent. Le Japon était donc à reconstruire après la guerre, et non à développer. Son développement s'était fondé sur l'agriculture qui a soutenu l'urbanisation nécessitée par l'industrialisation quelques siècles auparavant (*P. Bairoch, Révolution industrielle et sous-développement ; Editions Mouton, 4e édition, Paris 1980*). Le cas du Japon n'est rappelé que pour montrer le contexte d'évolution de ses deux voisins devenus nouveaux pays industrialisés (la Corée du Sud et Taïwan). La Corée du Sud et Taiwan doivent donc leur industrialisation à la guerre froide. Il fallait montrer un exemple de réussite du capitalisme. Après la partition de la Corée et la sécession de l'île de Formose, la Corée du Sud et Taiwan étaient devenus des excroissances des Etats-Unis d'Amérique. Par contre la Corée du Sud qui s'industrialisait vivait sous un régime de dictature, contrairement à l'argument à la mode selon lequel des pays sont pauvres parce qu'il y aurait un déficit de démocratie. Ce même déficit de démocratie n'a donc pas empêché l'industrialisation de la Corée du Sud. Taiwan gouverné depuis la sécession d'avec la Chine continentale jusqu'en 1975 par le Général Tchang Kai-tchek était-il un modèle de démocratie ? Pourtant Taïwan s'est industrialisé.

Quant à Singapour et Hong-Kong, on ne peut dire qu'ils étaient vraiment des pays. Ce sont des cités-Etats, des excroissances de la Grande-Bretagne. Les Britanniques avaient déjà un revenu très élevé et ceux qui ont choisi d'y vivre, tel qu'il en fut pour les colonies de peuplement, y ont investi leurs capitaux comme ils l'ont fait à Hong-Kong, restitué à la Chine communiste le 1er juillet 1997. Devenu une plaque tournante du commerce internationale par sa situation géographique, Singapour connut un afflux massif de capitaux étrangers en 1997, au moment où cette cité-Etat suscitait l'admiration des économistes ou commentateurs des faits économiques. Avec un PIB/ha supérieur à celui de la France et le cinquième indicateur de développement humain (IDH) du monde, Singapour, semble-t-il, est l'un des pays les plus inégalitaires de notre temps.

Dans les exemples cités ci-dessus, nous percevons mal l'application de la théorie libérale qui interdit toute intervention de l'Etat dans l'économie, laissée aux seuls particuliers. Tout au contraire, l'histoire nous apprend que le développement des pays sus cités est intervenu par une volonté sans faille de l'Etat, des Etats dont le régime politique ne s'inscrivait pas toujours dans la démocratie. Quant à la théorie du commerce, ce n'est pas par la spécialisation ou par la dotation factorielle que ces pays se sont industrialisés. Ces pays étaient autrefois à vocation agricole, pensait-on. D'ailleurs auraient-ils un jour été industrialisés s'ils avaient emprunté la voie de la complémentarité conseillée aux autres zones d'influence qui ont subi l'esclavage et qu'on continue de soumettre ou de vassaliser ? Ce que l'on appelle la *remontée des filières*, qui consiste à entrer dans la production moderne de leur temps plutôt que partir du début des découvertes qu'auraient entreprises les nouveaux pays industrialisés d'Asie du Sud-Est, n'est que le résultat de la promotion de l'éducation, de la formation et de la recherche (nous y reviendrons par rapport au transfert de technologie). Pour ces pays que nous venons de passer en revue, certains comme les cités-Etats (Hong-Kong, Singapour) n'étaient au départ que des têtes de ponts de productions européennes pour des fortunés qui avaient décidé d'y vivre, mais contrairement aux peuples dont le travail a toujours été sous-estimé en terme de valeur, les travailleurs dans ces secteurs modernes ont bénéficié des mêmes salaires que ceux de l'Europe ou de l'Occident.

- *Les nouveaux pays en voie d'industrialisation en Asie du Sud-Est (Malaisie, Thaïlande, Indonésie, Viêt-Nam et Philippines)*

Les pays en voie d'industrialisation que nous venons d'énumérer, comme tous les pays d'Asie du Sud-Est, sont des grands producteurs de riz et d'autres biens consommables sur place. On dira *consommation locale* pour éviter le terme de *consommation domestique* qui prêterait à confusion avec la production domestique. Comme le blé était à la base du développement en Europe en servant de support à l'industrialisation, au point que les Physiocrates et ceux qu'on appelle aujourd'hui les précurseurs de l'économie politique tels que Adam Smith et David Ricardo en faisaient la mesure réelle de la valeur (lire *David Ricardo, Des principes d'économie politique et de l'impôt*), le riz a joué ce rôle en Asie. On parle très peu de famine en Asie du Sud-Est et même en Extrême-Orient dans la grande Asie en dehors de la Corée du Nord dont nous ne savons presque rien, parce que devenu pays ennemi de l'Occident, on n'en parle que pour montrer ses travers. Nous disons ici que si la Corée du Nord, qui possède des armes sophistiquées, lesquelles armes suscitent des craintes dans le monde entier avec ses présumés dictateurs fous, selon ce qu'on veut bien nous apprendre, veut devenir un grand pays industrialisé ou développé, il a comme tous les autres pays les moyens technologiques de l'être. Soit dit en passant : la famine sévit dans les pays producteurs de thé contrairement aux pays producteurs de riz.

Pour ce qui concerne donc les pays susmentionnés, nous répétons qu'ils n'ont pas commencé leur développement parce qu'il y aurait la mondialisation contemporaine, car la mondialisation (d'un point de vue commercial) existe depuis la conquête des *terra nullius* du XVIe siècle. Et là nous parlons d'économie. L'agriculture a donc servi de base à leur développement. Nous savons tous que la Thaïlande a toujours été un grand producteur et exportateur de riz. Même si les paysans étaient rémunérés à un niveau qui au départ n'équivalait pas à celui de l'Occident, la population se nourrissait d'une partie de ce riz et les profits du surplus qu'on commercialisait à l'étranger étaient réinvestis dans le pays. On parle de grandes réformes agraires dans le cadre des nouveaux pays industrialisés. En voilà un exemple. Mais surtout le développement, l'industrialisation de ces pays, naît de l'ampleur accordée à l'éducation, à la formation, à la recherche. Des ouvrages existent qui montrent qu'entre le Maroc et la Malaisie, si cette dernière a pu quitter la pauvreté contrairement au premier, une telle situation procède des investissements dans les domaines que nous venons d'évoquer, c'est-à-dire l'éducation, la formation, la recherche, alors que dans les années 1960, les deux pays étaient exactement au même niveau de développement au sens qu'on donne à ce mot (*La communauté internationale 2 - De la guerre permanente à la paix perpétuelle, 2010 ; ou encore F. Caillods § al., Science, education and development: planning and policy issues at secondary level; UNESCO 1997*).

Nous concluons ici en rappelant que les cas que nous avons passés en revue ne montrent nullement l'antériorité d'une théorie sur laquelle le développement des NPI ou pays émergents serait fondé. On entend dire que les NPI se sont développés dans le cadre de la mondialisation, en faisant penser à toutes ces théories du commerce international depuis David Ricardo dont on allègue qu'elles auraient favorisé cette mondialisation. Nous trouvons ici en revanche les pires contradictions du schéma du développement par la division internationale du travail dans le cas de ces pays nouvellement développés ou émergents de l'Asie du Sud-Est. On reconnaît l'efficacité de la division du travail dans une unité de production telle que l'avait montré Adam Smith ; mais non son application aux relations internationales telle que voulait le démontrer David Ricardo dans le cas du Traité de Methuen qu'il n'a jamais cité et que ses disciples ne citent pas non plus alors que cet auteur en reprend exactement les termes pour sa démonstration sur les *avantages comparatifs* (faut-il le rappeler). Il n'y a pas ici d'avantages comparatifs, les nouveaux pays industrialisés produisant et exportant les mêmes biens ou types de biens. L'histoire n'a pas non plus montré que le Portugal s'est développé ou s'est considérablement développé avec son vin (là où il avait le plus grand avantage et l'Angleterre avait le plus grand inconvénient) avant son entrée dans la Communauté économique européenne, devenue Union européenne, fondée sur la solidarité des membres (nous le rappelons une fois de plus puisqu'on impute l'industrialisation des NPI à la mondialisation). Or dans le raisonnement de David Ricardo, c'est le Portugal qui avait tous les avantages et devait en céder à l'Angleterre, là où cette dernière avait moins d'inconvénient (avantage signifie produire un bien à moindre coût). Peut-être la finalité des auteurs est de montrer simplement l'intensification du commerce dans n'importe quelles conditions à travers leurs théories et non l'efficacité sur la croissance et le développement, encore moins le bien-être des nations qui n'appartient peut-être pas à la doctrine libérale pure. Dans le cadre du marché, nous entendons dire que la mondialisation élargit le marché d'un produit. Avant cet élargissement, il faut considérer la valeur de départ du produit. L'élargissement du marché ne paraissait pourtant pas l'intention d'Adam Smith lorsqu'il opposait le commerce des biens primaires et celui des biens manufacturés, mais peut-être celle de David Ricardo et de ses disciples. On peut donc reconnaître que le commerce international élargit certains marchés, mais pas pour tous les pays ; il peut élargir le marché du pays économiquement dominant, ou les petits pays qui produisent mais dont la densité de la population est très réduite, ou encore le marché des pays qui produisent uniquement pour les autres pays tel qu'il en est des pays pauvres. Mais la spécialisation sur laquelle les théories sont fondées n'a jamais été favorable à tous les partenaires commerciaux dans le même laps de temps. Or c'est sur l'aspect de cette *spécialisation* que portent nos critiques.

Au passage, signalons que les pays européens produisent de nos jours des biens identiques. Il paraît que la concurrence améliore la qualité du produit et fait baisser le prix, mais que dans le même cadre, il faut se spécialiser sur la base des avantages comparatifs ou de la dotation des facteurs de production. Nous avons déjà évoqué ce dilemme entre les deux phénomènes, la spécialisation et la concurrence, qui sont bons pour le commerce et la croissance économique, mais contradictoires (*supra p. 34*). Rappelons que si les pays sont spécialisés, c'est qu'il n'y a pas de concurrence ; et si les pays sont concurrents, c'est qu'ils ne sont pas spécialisés les uns par rapport aux autres. Pour justifier quelquefois qu'il n'y a pas de concurrence, on nous explique le concept de concurrence imparfaite (situation de fait). Ainsi le monde actuel, dominé par la doctrine libérale et fondé sur le gigantisme de quelques entreprises ou des oligopoles voire des cartels, fonctionnerait sur la base d'une pratique appelée concurrence imparfaite, parce que cette doctrine qui est partie dans sa contradiction avec les critères de la *concurrence pure et parfaite* ne peut se dédire en reconnaissant que celle-ci est surannée.

Pour les pays d'Asie du Sud-Est qui ont fait éclater le tiers-monde, il n'y a donc pas un modèle unique de développement tel qu'une vue superficielle nous le ferait croire en se référant à la mondialisation. Se fût-il fondé sur la complémentarité nécessaire à la mondialisation ou la spécialisation, aucun de ces nouveaux pays n'en sortirait développé, puisqu'ils vendent tous les mêmes types de produits que les grandes nations industrialisées. Des entreprises y vont assembler des produits parce que les travailleurs y ont acquis beaucoup de compétence par l'éducation, la formation et la recherche-développement et non pour les bas coûts de production.

Si nous prenons les situations concrètement au cas par cas, nous faisons une analyste positiviste et non l'application globale et assez lointaine des théories ou des doctrines. Nous continuons à croire que le positivisme prévaut sur la théorie économique (ou la doctrine en matière économique) qui en a toujours tiré sa substance. Certains théoriciens analysent toujours les histoires économiques des pays par la fin en tirant des conclusions qu'ils croient convaincantes pour la postérité. Sinon, et nous le répétons, nous ne connaissons aucune solution d'une crise économique grave qui résulterait de l'application d'une théorie préexistante. En revanche, nous savons que des préconisations de prétendus grands économistes ou de *Prix Nobel d'économie* ont conduit à de graves crises économiques (*A. Cartapanis, Crise financière et la responsabilité des économistes* ; 2011).

L'industrialisation des nouveaux pays d'Asie du Sud-Est a donc ressuscité de vieux concepts dont certains auteurs pensent se servir pour justifier leurs propos sur la mondialisation tout en occultant les pratiques qui les desservent, mais surtout en a engendré de nouveaux, dont les intellectuels sont friands, pour *lustrer* leur rhétorique.

b) La participation de petites nations à une certaine forme de relations économiques a été un facteur aggravant de leur pauvreté

Nous savons tous que la mondialisation dont on parle tant (au regard des petites nations) et qui paraît une nouveauté, alors qu'il existe depuis des siècles une complémentarité procédant de plusieurs contingences, et notamment du *pacte colonial*, cette pseudo-nouveauté est née de l'action de deux gouvernants dans les années 1980 : le président américain Ronald Reagan et le premier ministre britannique Margaret Thatcher avec leur politique de déréglementation commerciale et financière internationale au prix d'une très grande austérité économique (faut-il le rappeler). En dehors des excroissances de grandes nations ou cités-Etats d'Asie du Sud-Est, nous avons catégorisé deux types de nouveaux pays industrialisés (NPI) qui ne doivent pas *grand-chose* (pour ne pas dire rien) à la mondialisation bien qu'on veuille en faire des exemples de celle-ci en matière de développement : la première catégorie de pays d'Asie du Sud-Est tient sa construction économique des contingences de la guerre froide ; la deuxième catégorie, dont le développement est soutenu par la production de denrées alimentaires telles que le riz, a massivement investi dans l'éducation, la formation et la recherche et, n'étant pas soumis à la servitude d'autres Etats, a également réinvesti les profits générés par les activités économiques.

Les pays dont on pourrait dire qu'ils ont suivi un schéma classique de développement sont constitués de la deuxième catégorie. Fondés donc sur une agriculture qui permet de nourrir la population, ils sortent peu à peu de ces conditions de pays à vocation agricole dotés seulement de facteur travail. Et pourtant ce ne sont pas des pays dont on peut dire qu'ils sont très riches en ressources naturelles. Exemple, on ne connaissait la Thaïlande que par le riz qu'elle exportait dans le monde entier. Ce riz exporté n'était pas exclusivement produit à cet effet (nous l'avons dit ci-dessus). L'exportation du riz ne portait que sur ce que Adam Smith appelait "le surplus" en matière de production, de distribution et de consommation (*précité*). On eût été surpris d'apprendre que dans une Thaïlande exportatrice de riz, la population mourait de faim. Ce qui diffère de tous ces autres pays fondés sur la dotation factorielle (selon les théoriciens du commerce international) dont la production, constituée de produits primaires ou produits de base, est exclusivement destinée à l'exportation et non consommée dans le pays producteur. Ces autres pays appliquent la complémentarité économique avec les pays industrialisés ou leurs maîtres sur le fondement du théorème d'HOS, laquelle complémentarité a fini par créer une famine quasi irréversible, en ne se situant qu'à la période *post indépendance*.

Les délocalisations à destination des pays pauvres fondées sur le théorème d'HOS n'apportent aucune amélioration en terme de développement, l'objet d'une délocalisation étant la recherche du travail à moindre coût (faut-il le répéter), ce qui conduit à l'argument que nous développions ci-dessus, en parlant du but de la délocalisation comme s'inscrivant dans un esprit esclavagiste. Ce type de travail fait augmenter le profit ; mais ce profit prenant le chemin inverse, c'est-à-dire le pays de provenance de l'entreprise, nous nous trouvons dans le cas évoqué depuis le début de notre raisonnement. C'est dire qu'on cherche à rapprocher la *valeur travail* du bien produit de zéro comme du temps de l'esclavage. On cherchera donc tant bien que mal à entretenir la *force de travail*, pour ne pas dire le *statu quo ante* dans la pauvreté. Comment la mondialisation dont le but a été pour les petites nations l'exploitation, dans tous les sens du terme, peut permettre de combattre la pauvreté ? Les économistes donnent des résultats des constructions de statiques en insistant sur la marginalisation des pays pauvres à travers leurs relations économiques internationales dans le cadre de la mondialisation. Ce n'est pas de produire plus qui enrichit un pays (comme nous le disions dans le cadre de l'élargissement du marché), mais de bien produire pour satisfaire les besoins de la population qui travaille.

On peut aussi raisonner sur un pays qui, apparemment, n'est plus soumis à l'influence d'un autre pays depuis la chute du mur de Berlin pour ce que nous savons : la Roumanie. Lorsque l'entreprise

Renault va produire dans ce pays, en dehors de quelques créations d'emploi à bas coûts, qu'est-ce que les Roumains y gagnent ? La pauvreté du travailleur roumain qui le conduit à la révolte (*L'Humanité du 23 février 2007*). Avec un travail fourni par le travailleur roumain rémunéré cinq fois moins que celui du pays du siège de l'entreprise, ce travailleur roumain ne peut ni acheter le bien qu'il produit, ni améliorer son niveau de vie. Le coût salarial horaire d'un ouvrier dans les usines Renault en France est de 30 euros, celui de la Roumanie est de 6 euros par heure (et au Maroc de 4,5 euros par heure) en 2012. Ces véhicules français fabriqués en Roumanie dont personne n'ignore la marque sont exportés à 85% en France et pays avoisinants. Et ce n'est pas parce que le coût de fabrication est si bas qu'on peut l'obtenir dans le pays de localisation à vil prix. C'est seulement la *valeur travail* du bien qui est basse, non la *valeur marchande* déterminée sur le marché par le propriétaire, Renault.

La situation des petites nations est semblable à celle décrite dans l'exemple de la Roumanie. Cependant, l'exemple que nous venons de citer entre dans une situation de pauvreté qui gagne maintenant des pays européens qui sont installés dans une crise permanente. On peut encore aller plus loin pour parler du travail libre sans tomber dans les travers du libéralisme sauvage de notre époque. Avant la division du monde en deux blocs idéologiques dans l'immédiat après Seconde Guerre mondiale qui a fait de la plupart des pays de l'Europe de l'Est des satellites de l'Union des Républiques socialistes et soviétiques (URSS), ces pays étaient des grandes nations d'un niveau de développement élevé voisin des autres pays européens de la partie occidentale. Les empires et les royaumes de l'Europe de l'Est étaient aussi prospères que ceux de l'Europe de l'Ouest, quelquefois beaucoup plus si l'on compare ces pays au Portugal qui en matière de relations économiques était devenu le vassal de l'Angleterre (un bon exemple des *avantages comparatifs* de David Ricardo en terme de coûts de production ou de valeur de bien en heures de travail). Les pays soumis à l'URSS, c'est-à-dire au bloc soviétique ont connu à partir de la guerre froide une régression telle qu'ils s'apparentaient à des petites nations. L'idéologie en elle-même n'était pas en cause sur le plan économique ; c'est le contexte sociopolitique : la soumission ou le cordon sanitaire qui caractérise les pays qui cherchent à s'affranchir d'une domination. Car dans un monde divisé, le salut d'un pays dominé consiste à rechercher la tutelle du camp adverse, c'est-à-dire une soumission de nature différente. Voilà qu'aujourd'hui, quelques intellectuels qui voudraient que leurs pays s'affranchissent de la tutelle des anciens colonisateurs souhaitent une autre protection qui est celle de la Chine en tant que nouvelle puissance économique mondiale. Tenter de sortir d'une tutelle, d'une soumission par une autre tutelle, c'est prolonger la servitude. Ce n'est pas être libre. En outre, si on procède de cette façon en espérant gagner la liberté, il subsistera des vestiges de l'ancienne tutelle à laquelle s'ajoutera une autre tutelle. C'est avoir plusieurs maîtres, donc être malheureux plusieurs fois, comme dirait La Boétie (précité). Car les maîtres s'entendent toujours pour sauvegarder leurs intérêts à l'égard du vassal. Il y a là comme un *condominium* dans la gestion d'une zone d'influence. Nous répétons donc que la seule voie de la liberté est de sortir de toute tutelle par l'union des pays pauvres.

Nous ne sommes pas contre la participation des petites nations aux relations économiques internationales même si nous n'y accordons pas l'importance qu'on voudrait qu'on leur donne. Dans de précédents travaux liés à la monnaie, nous montrions que l'indépendance monétaire qui serait recherchée se traduisait dans les faits par l'indépendance économique et financière au sens de souveraineté (*L'évolution des règles de participation de l'Afrique de l'Ouest à la Zone franc ; Nice-Droit-III, 1983*). Dans une étude sur la même question intitulée *La réforme du système monétaire internationale par la multipolarisation* (1993), nous nous sommes attaché à montrer que l'avenir économique de l'Afrique en particulier et d'autres pays similaires en général passait par la création de monnaie unique de grande zone basée sur la régionalisation économique, ce qui permettrait aux pays de la région économique d'y être membres sans distinction de langues, mais sur la seule base de l'égalité souveraine, et pour ce qui concerne la Zone franc de voir sa disparition pour faire de la France qui garantissait les monnaies de ces anciennes colonies un pays étranger au même titre que les autres pays d'Europe ou du monde entier, puisque les pays unis garantiraient eux-mêmes leur monnaie. En 1983 puis 1993, l'on ne peut dire que la zone euro existait déjà et que nous aurions raisonné par mimétisme. Certes, le serpent monétaire européen existait en 1983, mais nous étions très loin de la zone euro. L'union monétaire comme dans tous les domaines économiques et politiques conduirait à l'égalité en matière monétaire en particulier, avec pour seule référence une monnaie véritablement gérée par une nouvelle institution internationale pour sortir du flottement artificiel des monnaies parce que certaines grandes nations restaient maîtresses de la détermination de la valeur de leur monnaie alors qu'on continuait à appliquer la servitude monétaire à d'autres pays, notamment aux petites nations.

Revenons à la production pour nous poser cette question : « Qui détermine les productions à réaliser dans les petites nations ? ». En effet une grande partie de la rhétorique en matière d'économie du développement porte sur les relations internationales. Ainsi, et nous l'avons déjà souligné, les décennies des Nations Unies pour le développement s'étaient focalisées sur les produits primaires que les relations internationales économiques avaient cristallisés. Il ne s'agissait pas de division internationale du processus de production (DIPP) dont la responsabilité incomberait aux firmes transnationales qui choisiraient selon leurs intérêts le lieu de leur implantation et distribueraient les cartes du développement. Si les économistes disciples de David Ricardo, les néolibéraux, sont convaincus de leur théorie sur les *avantages comparatifs*, ce qui conduit déjà à la spécialisation selon des critères prédéfinis, que viennent faire les entreprises qui distribueraient les cartes de types de production (DIPP), types de production déjà déterminés par les *avantages comparatifs* ou la *dotation factorielle* ?

Comme nous l'avons déjà souligné, en économie politique, on a tendance à expliquer chaque phénomène isolement. Sinon comment concilier les *avantages comparatifs* qui se fondent sur des accords ou l'entente des pays pour la détermination du bien à produire et la *division internationale du processus de production* (DIPP) qui relève, dit-on, du libre choix des entreprises qui distribuent les biens à produire pour chaque pays selon leurs intérêts ? A moins que la DIPP ne repose que sur les *avantages comparatifs* ; auquel cas on ne pourrait plus parler de distribution internationale de ce que les *avantages comparatifs* ont déjà permis de déterminer.

L'idée répandue était donc que les petites nations devaient participer aux relations commerciales nécessitées par la mondialisation dans laquelle leurs productions demeureraient déterminées par les consommateurs étrangers, ce qui est compatible à la fois avec les avantages comparatifs et la DIPP, puisque cette mondialisation les oblige à produire pour les partenaires commerciaux extérieurs et non pour élever leur propre niveau de bien-être. Il ne s'agirait pas de production industrielle, mais de produits primaires, ceux qui sont acquis à vil prix (avantage sur les pays industrialisés évalué en coût du travail selon les théories du commerce international), sans valeur ajoutée, pour être transformés chez le consommateur et devenir dans la plupart des cas des produits de luxe.

Nous avons parlé jusque-là de richesses naturelles ; nous pensons à ces richesses qui ne profitent pas à la population de la petite nation. Mais ce trésor naturel, sur lequel sont assis les indigènes et qui leur a valu tant de malheur ou d'inimitié depuis le début des conquêtes européennes, ne peut permettre d'améliorer le sort des pauvres, à l'état brut. Dans le contexte de *mondialisation-exploitation*, le modèle économique proposé aux petites nations est que les puissances industrielles doivent continuer à avoir une croissance très forte pour pouvoir consommer les produits primaires dont les petites nations sont des offreurs, car pour tout le monde entier, les *avantages comparatifs* constituent la voie de développement acquise et irréversible. Quand le 24 mai 1974, sous l'égide des Nations Unies, on déclara le Nouvel ordre économique international, on ne discuta très souvent à l'égard des petites nations que de la valorisation des produits primaires d'exportation, ainsi que nous venons de le souligner. D'ailleurs le seul texte qu'accoucha cette inflation de réunions, de colloques, de négociations, de documents (voir *Brigitte Stern, Un nouvel ordre économique international ? Recueil de textes et documents ; Economica, 1983, 740 pages*) fut le *Fonds commun des produits de base* dans le cadre du *Programme intégré pour les produits de base*. Les richesses naturelles, si elles peuvent constituer une base de réflexion pour certains, ne sont pas celles qui retiendront notre attention. Les petites nations sont riches de ressources naturelles et pauvres de ressources qui leur permettraient de vivre. Or la vraie richesse est la capacité de disposer de biens qu'on désire et qui améliorent l'existence quotidienne.

Une des solutions pour sortir du sous-développement est de valoriser le travail de l'homme dans les petites nations. Valoriser signifie rémunérer à un niveau qui permet un pouvoir d'achat et fonder un marché solvable. Ainsi la croissance pourrait conduire au développement. Mais quand nous envisageons un tel schéma, ce n'est pas dans la complémentarité des économies entre les petites nations qui ne doivent jamais s'industrialiser et les grandes nations qui doivent vivre du pillage des richesses des premières nations. Il faudra un jour sortir du pseudo-libéralisme à sens unique dont le but est le pillage et le gaspillage des ressources naturelles des nations pauvres. Nous reviendrons sur la voie qui pourrait conduire à un développement volontariste que les détenteurs d'armes de destruction massives ne pourraient remettre en question et qui passe par la liberté des peuples jusqu'ici opprimés. Car les peuples unis, l'on n'irait pas les détruire pour toujours contenter les 5% de la population mondiale qui détiennent 95% des richesses accumulées. On dit partout que les Etats-Unis d'Amérique constituent économiquement le pays le plus riche du monde. Quel être humain ne serait pas fasciné par tant de merveilles ? Mais si l'on prend les pauvres américains ou les américains pauvres, ceux-ci pourraient constituer un pays aussi grand que le plus grands des pays pauvres du monde. Et quelle est la frange de population la plus pauvre de ce pays ? C'est celle qu'on ne considérait pas comme constitutive d'êtres humains il y a quelques siècles en arrière. Autrement dit les anciens sauvages sans âme devenus indigènes, et ceux dont l'appellation d'indigènes a été importée pour les caractériser après l'abolition de la traite des nègres. Dans les autres pays industrialisés où l'on ne se préoccupe pas des pauvres au nombre sans cesse croissant, la pauvreté résulte de la confiscation de la richesse qui permet le bien-être de l'homme. Le disant, nous ne pensons pas être un anti tel pays et pro tel autre. Nous ne faisons qu'un constat neutre. Et sur ce point, qu'on avance des arguments pour nous contredire, plutôt que de coller des étiquettes sur la base doctrinale, comme les intellectuels savent si bien le faire. Nous disons ici que nous naviguons aveuglement sans nous servir comme boussole une quelconque théorie ou doctrine.

II – Les avatars du développement extraverti

Nous entendons dire de telles grandes nations, qui se sont investies d'une *mission sacrée de civilisation* et maintenant de la *mission de démocratisation*, que certains comportements d'une petite nation, dont on ne perçoit aucun lien avec l'extérieur, menacent leurs intérêts. Comment un pays dont nous ne sommes même pas frontaliers, parce qu'il a décidé de régler ses problèmes internes de gouvernance sans recourir à nous, peut menacer nos intérêts au motif qu'il s'est autorisé à mener des actions toujours internes qu'il juge nécessaires et efficaces pour améliorer le bien-être de sa population ? Si cette idée ne sous-entend pas que les gouvernants de ce pays nous doivent obéissance, on ne voit pas le lien à établir entre les actes internes de ce pays et notre Etat. Certains parleront de géopolitique ! Faut-il inclure les lois de la géopolitique dans celles de l'économie ?

Quand les Etats-Unis d'Amérique, par exemple, nous rebattent les oreilles dans le concert des nations avec de tels arguments, c'est dire qu'ils pensent rester le maître du pays cible ou des pays dont il est question. Et quand des pays européens s'inscrivent dans une telle philosophie de domination du monde sans penser que des siècles se sont écoulés et que le monde, en apparence, change, on ne peut dans l'immédiat rejeter toute responsabilité de la stagnation économique sur les pays pauvres. Il faut dans ce cas être aveuglé par un chauvinisme morbide ou une espèce de *syndrome de Stockholm* quand on appartient à un pays sous tutelle (ce qui nous paraît dans un tel cas une expression de la servitude) pour affirmer, comme certains le font, que l'Afrique par exemple refuse le développement et se *victimise*. Ce n'est donc pas le maître qui a enchaîné qui est responsable, c'est celui qui est enchaîné qui trouve de l'empathie pour le maître parce qu'il se sent coupable de sa propre condition !

Doit-on désespérer de cet asservissement ? Si certains pays ont pu s'en affranchir, d'autres le peuvent également, notamment l'Afrique et l'Amérique du Sud. Nous répétons que l'absence de liberté pour des pays, dont les richesses naturelles leur valent cette *avanie* depuis l'appropriation du territoire des indigènes, cette absence de liberté est la seule vraie source de la pauvreté actuelle des petites nations. Alors demanderiez-vous : « Quelle est la solution ? »

Ce qui manque à l'Amérique du Sud et à l'Afrique pour se développer, c'est la solidarité entre les peuples proches. Personne ne viendra de l'extérieur pour développer ces continents ou sous-continents. Nous pensons que ces pays pauvres comprendront que les Etats n'ont pas d'amis, mais des intérêts et qu'ils constituent eux-mêmes les intérêts de grandes nations (faut-il le répéter). Les dollars déversés sur ces pays sont répartis en étant multipliés à des coefficients qui les ont surendettés sans les développer. Les Africains et les Sud-Américains se développeront eux-mêmes s'ils arrachent leur liberté par la solidarité. Sans cette liberté, les plus belles rhétoriques qui produisent des prix de la Banque de Suède (Prix Nobel d'économie) ne resteront que de la vaine littérature. On comprend pourquoi l'inflation de théories sur l'économie du développement ne produit aucun effet. Nous avons ainsi commencé nos travaux par cette vision en tant qu'étudiant, nous maintenons ces idées. La démocratie, la liberté individuelle, la paresse de certains peuples, tout cela montre des arguments formatés, voire des clichés.

Le monde, du moins certains individus se sont accoutumés à la vision idyllique d'une indépendance superficielle qui reproduit le schéma de la colonisation, qui elle-même reproduit celui de l'esclavage. On n'oubliera pas qu'en Afrique dont certains intellectuels ne soupçonnent pas que l'esclavage a été aussi horrible que ces êtres qu'on avait déportés et transplantés ailleurs, on coupait la main des enfants parce qu'ils n'ont pu remplir le quota du travail qui leur était demandé, ou qu'on pendant ou reléguait les indigènes récalcitrants dans des territoires lointains.

Pourquoi en sommes-nous encore, au XXIe siècle, à parler de liberté en évoquant le passé qui ressemble à l'avenir des pays pauvres ? – Victimisation ? Tiers-mondisme arriéré ? Pauvreté par l'incapacité à lutter ? Nous répondrons que rien de tout cela ! Face à une pauvreté et une famine qui sévissent sans discontinu dans la même partie du monde, on est en droit de s'interroger sur les causes, même si ce phénomène prend une ampleur insoupçonnée dans des pays qui semblaient épargnés parce qu'ils se considéraient civilisés.

A partir des années 1960, les petites nations majoritaires à l'Assemblée générale des Nations Unies ont fait introduire le concept du développement dans l'organisation. Mais à partir des années 1990, l'idée que la planète était mondialisée constitua une excuse pour surseoir aux engagements que tous les pays avaient pris, considérant que cette mondialisation était un phénomène qui résoudrait tous les problèmes de chaque nation qui deviendrait lui-même responsable sous le couvert des firmes transnationales qui bénéficieraient du désengagement de l'Etat en matière économique. Or la mondialisation nouvelle n'a été qu'une nouvelle forme plus subtile de domination, d'exploitation. Et la liberté qu'on proclame tant pour les Etats civilisés se transforme en conflit au nom de la préservation des intérêts de ceux-ci dans les petites nations dès qu'elles évoquent, par mimétisme cette même liberté. Et chez ces dernières nations, on n'invoquera plus la liberté de l'Etat, mais les libertés individuelles synonymes de démocratie.

Les petites nations sont des espaces de consommation, mais une consommation de produits étrangers. On apprend que certaines de ces nations ont initié des politiques de production des biens de substitution aux importations à un moment donné de leur existence et que ces politiques ont échoué. Pourtant il existe dans ces petites nations un marché, même si l'on doit douter de la solvabilité de ce marché. Mais on oublie de dire que si telle a été la volonté des dirigeants qui avaient cru le pouvoir, ceux-ci en ont été empêchés par leur maître, ou le maître du pré carré ou zone d'influence, parce qu'une telle politique concurrençait leurs circuits de distribution. En Côte d'Ivoire le gouvernement ivoirien avait décidé à la fin des années 1960, un programme d'autosuffisance alimentaire appelé AGRIPAC (programme d'action pour l'agriculture). Il s'agissait de promouvoir les produits agricoles ivoiriens en créant des chaînes de distribution (les chaînes PAC ou programme d'action commerciale) et en formant des jeunes commerçants gestionnaires de magasins qui leur étaient mis à disposition assortis d'un moyen de locomotion. Comme cette politique montrait sa fiabilité, le gouvernement français s'est plaint pour sa chaîne de distribution, la SCOA (société commerciale ouest-africaine), qui possédait des magasins dans toute la Côte d'Ivoire pour la distribution de produits étrangers (les Chaînes Avion). La pression fut si forte sur le Président de la République de Côte d'Ivoire que ce dernier se crut obligé de se justifier publiquement dans un discours qu'il adressa indirectement à la France. Au début des années 1970, on mit fin au programme AGRIPAC pour revenir au *statu quo ante*. Personne n'eut le courage d'expliquer à la nation ivoirienne les raisons de la disparition subite de ce programme. Comme si les Ivoiriens étaient tous des incapables, l'idée qui reste dans l'imaginaire de ceux qui ont connu cette situation dans une Côte d'Ivoire en plein *boom économique* (miracle ivoirien qui deviendra un mirage) consiste à parler de malversation. Somme toute, nous sommes en Afrique et l'Afrique doit toujours se renvoyer une mauvaise image d'elle-même. On n'approfondira jamais la question de l'échec : comme les Africains sont pauvres parce qu'ils ont choisi la pauvreté et non la richesse, ils ont échoué dans ce programme parce qu'ils ont choisi l'échec, du moins parce qu'ils sont des incapables. On occulte ainsi le discours du chef d'Etat ivoirien adressé à ses maîtres pour expliquer son offense d'avoir voulu rompre un élément du *pacte colonial*. Dans les mêmes années, le pays étant importateur de riz (produit qu'on pouvait produire sur place), le gouvernement ivoirien avait initié la culture du riz avec une usine de décorticage à l'Ouest de la Côte d'Ivoire (SODERIZ ou en claire Société de riz, une société d'Etat). Quelques années plus tard, ce projet fut abandonné comme les autres, les récoltes des paysans n'ayant pas été récupérés. Nous ne faisons que citer quelques exemples de ces projets pour un pays qui se proclamait *à vocation agricole*. Une analyse superficielle incriminerait le gouvernement ivoirien. Il faut approfondir des recherches pour se souvenir ou apprendre que l'absence de liberté d'action de ce pays a contrarié tous ses projets qui entraient dans son plan de développement. Du miracle ivoirien, la Côte d'Ivoire se réjouit aujourd'hui d'être inscrite sur la liste des pays pauvres très endettés (PPTE) en 2006 pour continuer à bénéficier de l'*aide extérieure* alors qu'un pays qui travaille et regorge d'autant de ressources a la capacité de s'*autosuffire*.

Ce qui montre que l'idée de la Côte d'Ivoire au début des années 1970 de valoriser des produits vivriers, action qui a irrité les Occidentaux et abandonnée à cause de l'humeur du maître de la zone d'influence, était une politique à poursuivre si le pays était libre en tant qu'Etat. Ceux qui ignorent cette brève histoire du programme AGRIPAC pourraient donc faire endosser la responsabilité de l'échec à la Côte d'Ivoire. Ce serait de la mauvaise foi, connaissant la réalité des faits d'avancer que le dirigeant de la Côte d'Ivoire endosse la responsabilité de la famine dans ce pays quand le premier producteur de café ou de cacao peine aujourd'hui à nourrir sa population et à instruire ses enfants ! Nous avons déjà évoqué ces faits dans les pages précédentes. Nous ne les rappelons que pour insister sur les effets de la servitude sur ceux que les accords de coopération qui conditionnent les *indépendances* ont institué en tant que simples gouverneurs de territoires d'Outre-mer.

L'exemple que nous venons de citer n'est pas unique. C'est la situation de tous les pays auxquels le colonisateur a octroyé une indépendance assortie d'un accord de coopération (même si certains accords sont intervenus plus tard). Si l'on repose la question : « Mais pourquoi alors les pays en question ne résistent-ils pas ? » Voici quelques éléments de réponse.

La servitude volontaire que subit les Etats indigènes que nous avons qualifié d'*inégalité protectrice* a sa source dans la psychose de la conquête de ces pays, puis l'asservissement des peuples indigènes qui s'est poursuivi à des degrés divers, enfin les habitudes dans lesquelles s'est installé l'assujetti. C'est Etienne de La Boétie qui disait qu'à force de vivre la servitude, ceux qui y sont nés croient la situation conforme à leur nature (précité). Sans remettre en question ce que nous venons de dire, l'affranchissement des indigènes (si tant est qu'ils ont une fois été affranchis) à l'heure des indépendances est aussi une situation particulière qu'il faut rappeler. A l'heure des indépendances dans tous les pays colonisés, tous les intellectuels indigènes voulaient faire de la politique parce qu'ils ont, pensaient-ils, la chance de figurer parmi les premiers travailleurs formés pour les tâches d'exécution. Ceux qui avaient des réclamations contraires aux maîtres ont été, soit assassinés sans discrétion parce qu'on voulait en *faire des exemples*, soit écartés du pouvoir par un coup d'Etat avec la main invisible de la mère patrie qui continuait à régner sur le pays (nous le rappelons). La liste des hommes politiques, dirigeants des Etats indigènes, assassinés, écartés par des coups d'Etat, est très longue avant et depuis les indépendances en Amérique du Sud, en Afrique et ailleurs. Bien que, pour l'Afrique, on ait, de nos jours, créé une Cour pénale internationale qu'on agite comme un *chiffon rouge* à chaque petite manifestation ou événement qui ne paraîtrait pas attirer l'attention ailleurs, les assassinats de dirigeants se poursuivent. Certains intellectuels indigènes frappés de cécité peuvent toujours clamer que la période d'assassinat et des coups d'Etat est terminée en ce début du XXIe siècle. Les chefs d'Etat indigènes qu'on accuse quelquefois de tous les maux dans les pays étrangers pour les séparer de leur population sont ceux qui ont eu le courage de s'exprimer sur une question spécifique dans un sens contraire à ce que les maîtres attendent. La crainte d'être jeté à la vindicte populaire en Occident les prive de leur liberté d'action. On voudrait toujours nous faire croire que le présent est différent du passé, alors que si hier il y a eu des assassinats, aujourd'hui il y en a sous quelques prétextes de guerres civiles orchestrées par les maîtres. Il y avait des coups d'Etat ; aujourd'hui il y a des coups d'Etat qu'ils soient militaires ou constitutionnels. Il n'y a pas d'élections qui ne soient contestées parce que le gouverneur qu'on souhaite installer n'est pas celui que le peuple a choisi, mais une fois installé, qu'il soit le choix des maîtres ou non, il réalisera les limites de la liberté qu'il se voulait donner, par contrainte de tout ce qui est arrivé à ces prédécesseurs récalcitrants.

Il en est ainsi parce que les territoires souvent balkanisés ont été divisés sur le plan des objectifs politiques. Les Etats indigènes, que ce soit au niveau interne ou avec les voisins, ignorent que la lutte qu'ils mènent les uns contre les autres n'est que la stratégie inventée par des Etats civilisés pour sauvegarder leurs intérêts et qu'ils n'ont rien à gagner en se détruisant. La suite reste inchangée dans la crainte de perdre son fauteuil si ce n'est pas sa propre vie parce que l'objectif de chef d'Etat indigène, tel qu'on le conçoit dans les pays civilisés, est d'abord de se sauver lui-même plutôt que de lutter en chef d'armée ou de guerre pour la souveraineté de sa population (pouvoir qu'il n'a pas puisqu'il n'est que gouverneur de territoire). Nous disons donc que la solution du développement que nous concevons sur le plan économique passe d'abord par la solidarité entre les pays proches, ce que nous avons toujours appelé « la régionalisation économique ». Dans l'isolement, aucun pays, aucun Etat indigène d'un pré carré ne pourra se sortir de la pauvreté. Qu'on regarde comment l'Europe est unie, disons l'Occident se sent uni pour soumettre une petite nation que d'autres n'osent soutenir ou défendre face à cette coalition de grands pays.

Pour se développer, il faut que les peuples qu'on qualifiait d'*inférieurs* apprennent à surmonter leur peur et à former des groupes solidaires. Exemple, les pays arabes étaient unis en 1973 pour occasionner un choc pétrolier (nous employons cette expression dans un sens positif pour leurs initiateurs), même si nous contestons l'idée que ce choc pétrolier fut l'unique générateur de la crise économique dans les pays civilisés qui s'en est suivie, car deux années plus tôt, une crise monétaire et financière sans précédent résultant des difficultés américaines conduisit les Etats-Unis d'Amérique qui vivaient sur le dos du monde entier à déclarer l'inconvertibilité du dollar en or (1971). Les économistes sont aussitôt devenus amnésiques sur ce fait pour n'incriminer que l'action des pays arabes. C'est normal : les pays civilisés n'ont jamais été fautifs de quelque action négative que ce soit. Ce qui nous intéresse est que les pays de l'OPEP, notamment les pays arabes, unis ou solidaires, ont vu le revenu du pétrole (autrefois acheté à vil prix pendant des décennies) augmenter au point qu'ils sont devenus en grande partie les financiers du monde. Ils se sont affranchis de la peur, de la crainte à l'égard de leurs clients pour imposer leur exigence. Pourtant quand la Côte d'Ivoire, premier pays producteur de cacao demanda, dans les années 1980, aux autres pays producteurs de ne pas vendre ce produit tant que les pays consommateurs ne consentiraient pas à relever le prix aux producteurs, les autres se sont désolidarisés de la décision ivoirienne dans son refus de mettre sur le marché international sa production, ce qui provoqua une grave crise économique en Côte d'Ivoire dont elle ne s'est pas encore relevée.

Tant que les pauvres ne s'affranchiront pas de la psychose créée par des siècles de servitude, à partir de la solidarité, qu'on ne parle pas de développement. Quand les peuples d'Amérique du Sud seront solidaires, ils sortiront de la doctrine Monroe pour recouvrer la liberté et la dignité qu'ils ont perdues depuis l'arrivée de Christophe Colomb sur ce continent ; et ces peuples entamerons un vrai développement au-delà de toutes les théories d'économie politique qui ne voient pas qu'elles resteront dans l'idéalité tant qu'elles occulteront la liberté. Lorsque Amartya Sen dit : « *Development as freedom* », nous sommes d'accord sur la formule (avons-nous dit), mais pas sur le contenu qui nous renvoie *in fine* au libéralisme économique sans le vouloir, aux libertés individuelles qui amènent l'auteur à parler de démocratie. Non ! Nous parlons ici de liberté de l'Etat-nation, une liberté qui permet à l'Etat d'exister et qu'on appelle *souveraineté*. Dans la solidarité, les petites nations peuvent être libres. Alors diriez-vous : « A la conquête de l'Amérique, de l'Afrique et de l'Asie, ce sont des armes qui ont eu droit à des communautés entières ! » Les petites nations n'ont pas d'armes de destruction massive. Alors que la bombe nucléaire existait déjà, aucune nation n'a osé l'employer dans ses tentatives de reconquête impérialiste. Là où les peuples, les nations voisines, ont pu être solidaires, ils ont résisté à la soumission par les armes. L'union fait la force. Ce vieil adage prend tout son sens ici. Ce raisonnement, nous le faisons en tant qu'un idéaliste face à la recherche d'une solution contre la pauvreté et la famine qui sévit en ce XXIe siècle alors qu'en une cinquantaine d'années la science et la technologie ont fait un grand bond en avant, ce bond qui semble confisqué par et pour une partie de l'humanité. Si nous sommes revenu sur les fondamentaux de l'économie, quelquefois en nous répétant, c'est pour montrer la vacuité de certaines thèses qui ont engendré des grands savants aux yeux de l'humanité ainsi que leurs contradictions.

Lors de nos études, nous découvrions ces arguments absurdes : les petites nations sont bloqués dans leur développement parce que les marchés des grands pays ne leur sont pas largement ouverts ; dans le même temps, l'on disait que le développement était freiné par une population trop nombreuse dans les petites nations, et qu'il fallait appliquer une *politique malthusianiste*, c'est-à-dire procéder à un planning familial aux fins d'une réduction démographique. Nous avons évoqué cette absurdité ci-dessus à partir de la fonction de production (*supra, p. 51*). Si l'économie est faite pour les hommes, pensons-nous, c'est donc qu'il existe un marché dans les petites nations. Alors pourquoi aller chercher et signer des accords de soumission pour des marchés extérieurs ou avec des grandes nations quand on est incapable de satisfaire son propre marché ? La consommation vient du travail, mais un travail rémunérateur qui permet à la société d'acheter ce qui est produit. Rappelons que dans les années 1940, le constructeur d'automobiles Henry Ford nous a montré que pour créer un marché plus large pour ses produits (l'automobile), il fallait augmenter le salaire de ses ouvriers pour qu'ils deviennent aussi des clients et non de simples travailleurs (*supra p. 83*). Quand nous disons que la *valeur travail* constitue une des solutions du développement, nous ne faisons qu'un constat. Car le développement consiste à promouvoir le bien-être des hommes qui constituent la société. Comment par exemple le Mexique peut-il être un grand pays au même titre que les Etats-Unis d'Amérique si cette déclaration est vérifiée. En effet, au mois de juillet 2018, un chef d'entreprise américain ayant à la fois des affaires au Mexique et aux Etats-Unis d'Amérique disait que pour la même production l'ouvrier mexicain gagnait 70 dollars par semaine au Mexique quand l'ouvrier américain travaillant aux Etats-Unis d'Amérique gagne 80 dollars par heure c'est-à-dire environ 45 fois le salaire de l'ouvrier mexicain au Mexique. Or, nous le répétons, c'est le salaire d'un travailleur qui lui permet un certain niveau de vie : s'il est bas, ce travailleur sera pauvre ; et s'il est élevé, ce travailleur aura un meilleur niveau de bien-être. En économie politique, on ne parle que de coût de production, de productivité, avec pour seul motif la création d'emplois, et même quand les keynésiens avancent l'idée d'augmentation de salaires dans le contexte de la théorie de la demande effective, c'est pour en faire une discussion sur la solution du chômage. Les entreprises qui délocalisent dans les petites nations pauvres le font-elles dans l'optique de créer des emplois ou pour augmenter leurs profits ? C'est l'économiste qui *a posteriori* parle de création d'emplois, sinon l'entreprise ne pense qu'à son profit (qui sera rapatrié).

Nous nous focalisons sur le développement des petites nations parce que la rhétorique dans ce domaine est déjà pléthorique, sauf en ce début de siècle où l'on sent l'épuisement des théories, car tout a presque été dit. Nous sommes conscient que le développement de ces petites nations (notamment leur industrialisation) précipiterait le déclin économique de certaines grandes nations parce qu'il priverait d'emplois dans des pays non compétitifs sur le marché mondial dans le contexte actuel. La plupart des habitants des grandes nations sont fiers des guerres impérialistes ou de la domination de leur pays sur une petite nation. Mais ils ignorent que ces guerres qui ont toujours été des guerres économiques de prédation, dans lesquelles certains d'entre eux iront mourir, ne leur profitent pas ; les pillages des ressources naturelles ne profiteront réellement qu'aux 5% de la population du monde propriétaires des grands groupes transnationaux qui ont *mis un genou à terre* à leur propre Etat, ainsi qu'il est mentionné ci-dessus. Le surendettement est devenu tellement comminatoire dans les grandes nations qu'on a tu celui des pays pauvres qui a été au centre des discussions dans les grandes réunions diplomatiques ou des réunions relatives aux relations économiques internationales de la fin du XXe siècle. Aujourd'hui, dans les grandes nations, ce sont des organismes économiques privés qui se sont créés pour distribuer des points sur la solvabilité de chaque nation ou évaluer non pas le niveau de la dette, mais la valeur de l'endettement et la *santé économique* qui pourraient entraîner la perte de points (maximum de points en A => AAA). Chaque année, les gouvernements des pays industrialisés attendent dans l'angoisse, le maintien de leur notation par des organismes sans pouvoir réel. La question qui n'a rien d'un débat économique pour la population est : « Tel pays va-t-il conserver ses trois A ou en perdre un ou un demi ? » ou « Quelle solution adopter pour conserver ses 3 A afin de ne pas paraître ridicule aux yeux des autres grands pays ? » Conserver ses 3 A paraît aujourd'hui plus important que se préoccuper du sort des pauvres de son pays. Voilà à quoi se réduit l'économie des grandes nations en dehors de leurs relations avec les petites nations.

Section 2 – Education, formation, recherche et développement

L'indépendance octroyée à certaines petites nations l'a été sur un quiproquo. Cette indépendance n'était qu'une prétendue autonomie de gestion de certaines affaires qui entraient dans la souveraineté de l'Etat, et non un abandon des intérêts économiques des ex-colonisateurs. Elle ressemble à nos décentralisations territoriales actuelles dans certaines grandes nations constituées d'Etat unitaire. Au lendemain des *indépendances africaines* au début des années 1960, le terme d'*africanisation des cadres*, expression très à la mode à cette époque, paraissait plus approprié ou commode pour cette région. Mais l'idée est généralisable à des régions politiquement similaires.

On se rappelle l'affaire du blocus de Venezuela en 1902 par l'Angleterre, l'Allemagne et l'Italie et qui ressemblait à une tentative de recolonisation ; cette tentative échoua grâce à l'application de la doctrine Monroe par les Etats-Unis d'Amérique (voir *Idéalité et réalité des relations entre les nations*). Bien que les Etats d'Amérique latine aient été tous indépendants à la fin du XIXe siècle, ils sont restés économiquement soumis aux Etats-Unis d'Amérique qui ont détourné les intérêts économiques des anciens colonisateurs d'Europe à leur profit. Les Etats-Unis d'Amérique devinrent donc les premiers clients de l'Amérique latine en même temps que premiers investisseurs d'un ensemble de pays qu'ils considéraient comme leur pré carré. Ainsi, le profil économique demeura tel que le *pacte colonial* l'avait laissé en Amérique du Sud. La complémentarité économique dévia peu à peu de l'Europe vers les Etats-Unis d'Amérique. Lorsque les pays africains suivirent bon gré mal gré le chemin des *indépendances* de l'Amérique latine où la formation se résumait à celle de travailleurs subalternes, le quiproquo parut moins apparent puisque les accords de coopération réglaient les questions économiques et d'autres questions qui restaient un domaine réservé des ex-colonisateurs. Les relations économiques entre les indigènes et leurs maîtres étant fondées sur la complémentarité, les territoires des indigènes avaient pour seule qualité de fournir des produits primaires bruts, et les maîtres étaient seuls compétents pour les transformer et leur ajouter de la valeur ; les Etats qui devaient donc naître des anciens *territoires sans maître* n'avaient hérité d'aucune infrastructure en matière de formation et de recherche-développement. Comment expliquer que les premières universités africaines ne sortirent de terre qu'après les indépendances, et que l'alphabétisation n'atteignait pas 1% dans des pays qu'on avait soumis à coups de canon pendant des siècles parce que les *races supérieures avaient un devoir de civilisation à l'égard des races inférieures* (Jules Ferry, 1885) quitte à massacrer ces derniers en cas de résistance ? L'éducation dont Jules Ferry avait fait son cheval de bataille en France, la formation, la recherche et développement n'entraient certainement pas dans la *mission sacrée de civilisation*, le *devoir de civilisation des indigènes*. Quel était donc le contenu de cette civilisation en dehors de la prédation économique que Jules Ferry soutenait pour ne pas voir la France stagner par rapport aux autres pays européens ainsi que l'affirmait ce dernier (*Jules Ferry, Discours à la Chambre des députés, précité*) ? Aujourd'hui, on continue de parler, un siècle après ou plus d'un demi siècle après, de taux d'alphabétisation très bas. Dans le cadre des flux migratoires des hommes, nous entendons dire des autorités des pays civilisés qu'elles souhaitent une immigration choisie, une immigration de qualité, c'est-à-dire des hommes bien formés capables de venir augmenter le produit intérieur brut par leur travail de qualité. C'est donc une idée répandue « qu'on ne peut supporter toute la misère de ceux qu'on a soumis et qu'on continue de soumettre à coups de canon », mais on souhaite leurs cerveaux pour continuer notre croissance et développement.

On pourrait toujours s'étonner qu'après tant d'années d'indépendance, la formation ne soit pas allée dans le sens de la maîtrise de la technologie pour se développer, du moins s'industrialiser. Les entreprises qui se sont installées dans les pays nouvellement indépendants n'ont fait que prendre le relais de celles qui s'étaient développées sous le *pacte colonial.* Il ne s'agit pas de distribution internationale du processus de production (DIPP), avons-nous dit. Pourquoi voudrait-on qu'une entreprise cherche à dépenser plus lorsqu'avec peu de capitaux investis, elle peut acquérir un bien à vil prix qu'elle ira valoriser dans le pays de son siège ? L'or, le diamant, l'argent, les métaux rares qu'on trouve en Afrique par exemple continuent d'avoir une *valeur démesurée* dans les pays civilisés. Pourtant ceux qui les extraient du sol, les indigènes, travaillent en ce début du XXIe siècle dans les mêmes conditions que les esclaves des siècles précédents. Les Occidentaux, dans le cadre des institutions économiques et financières internationales qu'ils contrôlent, ont imposé aux pays pauvres des directions à suivre en matière de gestion d'Etat sous le couvert d'un libéralisme qu'ils n'appliquent pas eux-mêmes et qui ont fait reculer l'éducation ou la formation dans les petites nations (nous le répétons). Avant cette pression, au moment où les pays pauvres suscitaient quelque inquiétude hypocrite de la part des pays riches quant à une solidarité naissante, il leur était conseillé le concept de *transfert de technologie.* C'était au cours des années dites de développement sous les auspices des Nations Unies, notamment dans le cadre du Nouvel ordre économique international. Autrement dit, plutôt que de revendiquer la transformation des relations économiques sur la base de l'industrialisation, l'idée lumineuse qu'acceptèrent les pauvres (mais avaient-ils le choix) fut le transfert de technologie à partir des investissements étrangers. Aucun Etat pauvre ne profita de l'occasion pour réclamer, ne serait-ce qu'en se fondant sur la solidarité embryonnaire qui avait suscité la proclamation du nouvel ordre économique international, la création d'instituts de recherche dans le cadre de la formation et du prolongement des recherches entreprises dans les pays civilisés. A cette époque, le point focal des négociations fut la stabilisation des cours des produits de base et non la transformation de ces produits. Comme nous l'avons souligné ailleurs, nous avons manifesté notre scepticisme, voire notre réprobation dans des travaux conclus au tout début des années 1980. Nous répétons ce que nous ne cessons de dire : la technologie ne se transfère pas ; elle se maîtrise par la formation, la recherche-développement. En effet, aucun des pays dotés de richesses naturelles ne pourraient se développer à partir de ces richesses et de produits primaires dont l'idée de leur production suit une logique qui a causé tant de malheurs au monde devenu pauvre. La canne à sucre est une production esclavagiste qui est maintenue par l'Etat indigène. Il en est de même de la banane-dessert alors que la banane-plantain n'a suscité aucun intérêt de la part des maîtres parce qu'elle entrait dans la consommation locale. En Amérique du Sud, quand les entreprises américaines investissent dans la banane (on ne parle pas de banane-plantain), c'est uniquement pour l'exporter à destination, soit des Etats-Unis d'Amérique, soit d'autre marché étranger des pays civilisés où sa valeur d'utilité ou sa valeur marchande est très élevée parce que sur ce type de marché, les produits exotiques constituent des produits de luxe (avons-nous dit). Ce n'est pas en Côte d'Ivoire qu'on trouve un institut d'étude sur le cacao dont elle est le premier producteur, ni sur le café. Alors que nous entreprenions des recherches sur l'idée de *financement de stocks régulateurs du marché du café* à la fin des années 1970, nous n'étions pas surpris de trouver un institut de recherche sur le café à Paris. Ce n'est donc pas au Brésil qu'on rencontrera le meilleur institut d'étude sur le café dont ce pays est un grand producteur. Ces exemples ne signifient pas que nous souhaiterions enfermer ces pays dans la production d'un bien qui affame la population. Par ailleurs, cette étude qui nous a été imposée par nos maîtres dans le cadre de notre cursus universitaire n'a jamais présenté un grand intérêt pour nous. C'est simplement pour relever que dans un schéma classique, on ne s'est jamais soucié de promouvoir la recherche quelle qu'elle soit dans les nations demeurées sous-développées. Il faut donc sortir de ces vieux schémas de domination en matière de science et technologie. Alors qu'on conseillait aux pays pauvres de n'entreprendre de recherche dans des domaines qui ont déjà donné des résultats dans les pays civilisés, l'expérience des pays nouvellement industrialisés ou pays émergents, qui étaient classés parmi les pays pauvres en 1960, a montré qu'on pouvait faire de l'innovation à partir de la technologie avancée grâce à la formation et à la recherche. Les petites nations n'ont pas que des ressources naturelles. Elles ont aussi des produits qui pourraient les nourrir et qu'elles abandonnent peu à peu pour se tourner vers des produits primaires d'exportation. Or l'urbanisation a besoin de ces produits locaux de consommation pour soutenir une industrialisation dans l'optique de la transformation des matières premières en produits finis. La promotion de la formation et de la recherche orientées vers les produits locaux déboucherait sur l'approvisionnement des villes à partir de biens manufacturés qui se transformeraient en biens de consommation de masse. Une telle conception enclencherait une agriculture non seulement qui nourrit et atténuerait une double domination : celle sur des produits primaires d'exportation achetés aux paysans à un prix qui ne permet pas de se nourrir, mais aussi la consommation urbaine dominée par des produits importés en l'absence de produits locaux conditionnés, donc non susceptibles de conservation. Quel pays, du moins quelle région constituée de plusieurs pays contigus n'a pas de produits alimentaires de consommation de masse, au point d'en importer de régions lointaines ? Ce n'est pas le point de vue de la Banque mondiale qui continue de convaincre les petites nations d'une promotion de transfert de technologie qui nécessite selon elle d'attirer des entreprises étrangères (*cf. notamment Banque mondiale, Rapport sur le développement dans le monde : combattre la pauvreté ; 2000/2002*).

La mondialisation, qui permet l'accès des petites nations aux produits du monde, dit-on, est aussi l'ouverture des produits des petites nations sur le monde. Ainsi on cite pêle-mêle l'ananas, le fruit de la passion, la mangue, le coco, etc., des produits qui ne constituent pas l'aliment de base des petites nations qui les produiraient, donc destinés à l'exportation. Toutes les nouvelles productions agricoles introduites récemment dans certaines petites nations sont destinées à être transformées dans les pays industrialisés et non consommables par ces nations. Nous continuons à nous insurger contre la participation des petites nations au commerce international en tant que facteur de développement extraverti lorsque cette participation consiste à exporter des biens primaires contre des devises pour pouvoir importer des produits manufacturés. Pourtant nous avons toujours soutenu que l'agriculture est le premier facteur du développement, mais pas une agriculture qui affame, tel qu'il en est jusqu'à présent. Remplacer le cacao, le coton, le café, l'arachide, etc. par d'autres produits à faible valeur ajoutée pour donner l'impression qu'on participe à la *mondialisation prétendument bienfaisante* pour tous les peuples ne serait qu'entretenir la même illusion perpétuelle.

Nous répétons ici qu'en Asie du Sud-Est, pour les pays qui s'inscrivent dans une logique de développement à l'exclusion de ceux qui ont constitué des excroissances de pays occidentaux, la dotation d'une agriculture qui nourrit la population (notamment le riz qui a joué le rôle du blé en Europe pendant la Révolution industrielle) a été le premier facteur de développement lorsqu'ils ont voulu passer à l'industrialisation. Ce que nous disons vaut aussi bien pour l'Amérique du Sud que pour l'Afrique si ces continents veulent sortir de la complémentarité économique internationale et de la pauvreté en même temps qu'ils s'industrialiseraient. Aujourd'hui, c'est le Viêt-Nam qui va aider le Panama dans la culture du riz (*Le Courrier du Viêt-Nam, 13 mai 2013*). Nous rappelons qu'en Côte d'Ivoire, le vaste programme de culture de riz des années 1970 a été abandonné (parce qu'il heurtait les intérêts de la France), préférant la promotion du café et du cacao dont le revenu versé aux paysans ne suffit pas à acheter une quelconque denrée alimentaire importée, un riz qu'on pourrait produire pour la consommation locale et exporter le surplus à d'autres pays de la région pour enrayer la famine qui sévit dans la sous-région dont on dit qu'elle est à vocation agricole (selon les mots des dirigeants de ces pays pauvres). On peut comprendre qu'une production de riz consommé dans le pays n'apporte pas de devises qui renfloueraient le compte d'opération géré par le Trésor public français, devises que la Côte d'Ivoire ne reverrait plus jamais ainsi qu'il en est des devises qui sont entrées dans l'institution étatique française depuis plus d'un demi siècle.

Comment, alors que l'éducation et la formation préoccupent tant pour la civilisation, la réussite, l'emploi, la cohésion sociale, en un mot le développement socio-économique des pays civilisés, peut-on obliger, sous le prétexte d'assainissement financier dans un pays, à rendre cette éducation et cette formation inaccessibles à une population ? Nous parlons des *ajustements structurels* qui ont miné ces domaines sans lesquels il n'y a ni croissance ni développement. En Europe par exemple, on se soucie de la gratuité de l'éducation, cette éducation considérée comme l'une des grandes priorités nationales, et l'on y crée des zones d'éducation prioritaire ou des régions d'éducation prioritaire dans lesquelles l'Etat doit investir massivement dans l'optique d'une lutte contre les inégalités sociales et la pauvreté ; mais on conseille à l'Afrique d'appliquer l'orthodoxie libérale même dans des domaines où les enfants ont des droits qui demandent à être respectés : le droit à l'éducation. Or on ne pourra jamais décoller sans l'éducation et la formation assorties de véritables instituts de recherche orientée vers les nécessités des pays pauvres et non vers l'exportation qui devrait être considérée comme la vente du surplus. Dans les pays pauvres, les universités se sont aujourd'hui multipliées. On pourrait penser que cette affluence d'universités (sélectives financièrement et non par l'excellence) répondrait à la question de la formation qui sortirait les pauvres de leur déficit en matière de technologie et d'industrialisation. Le constat est que les universités en question ne forment que des travailleurs de la bureaucratie et des jeunes qui se retrouvent souvent sur un marché de travail qui ne correspond nullement aux types de production qui composent la grande partie de leur produit intérieur brut. En un mot des formations inadaptées au développement économique. Quelques personnes de bonne volonté, de par leur expérience acquise dans des grandes entreprises commerciales du monde industrialisé où elles ont étudié et travaillé, construisent des instituts de formation de haut niveau comparable aux grandes écoles commerciales des grandes nations. Les écoles privées de management fleurissent surtout en Afrique. Ces écoles formeront certes des cadres dont la compétence ne sera pas mise en doute. Mais on oublie qu'avant de commercialiser, de gérer, il faut produire. Maîtrisant le travail technique de gestion actuelle, les diplômés ne feront qu'attendre les investissements d'entreprises étrangères dont ils espéreront un emploi. Sans doute qu'une part importante obtiendra cet emploi, parce que les entreprises étrangères consentent à jouer le jeu de la nationalisation des cadres (en Afrique, on a parlé d'africanisation), mais un emploi payé en monnaie nationale sans valeur du pays du travailleur, et on continuera l'exploitation des hommes. Il est curieux ce constat de déficit d'institut de recherche en matière de vraie technologie qui formerait des ingénieurs dans tel ou tel domaine de transformation de ressources naturelles dont les pauvres sont si riches. Même pour des produits primaires destinés à l'exportation, on ne trouve aucun institut de recherche pour leur première transformation afin de leur donner ce qu'on appelle de la *valeur ajoutée*, à plus forte raison les produits qui pourraient servir à nourrir la population dont on dit qu'elle meurt de faim à cause d'un déficit de démocratie. Nous avons des exemples de notre jeunesse au cours de laquelle des étudiants qui avaient soutenu des thèses de doctorat dans des universités prestigieuses du monde en matière de technologie, une fois rentrés dans leur pays d'origine, n'avaient eu pour toute proposition d'emploi que la bureaucratie. Un de nos camarades de promotion qui avaient travaillé sur le brunissement de l'ananas aux Etats-Unis d'Amérique est rentré en Côte d'Ivoire aux premières heures des années 1980, son pays d'origine, pour y poursuivre ses travaux en matière agricole. Le gouvernement ivoirien lui proposa un poste de direction au ministère de l'agriculture ainsi qu'il en a été pour d'autres diplômés dans des domaines de haute technologie. Son rêve de chercheur s'effondra dans son pays. Déçu, il retourna aux Etats-Unis d'Amérique pour poursuivre sa passion de chercheur. Ce n'est pas qu'il souhaitait émigrer, sinon il ne serait pas retourné dans son pays puisqu'il résidait déjà aux Etats-Unis d'Amérique.

Tous les pays sont donc capables d'entreprendre des recherches, de construire des industries dans la haute technologie. L'émergence de la Malaisie, qui avait le même niveau de développement que le Maroc dans les années 1960, en est un exemple patent (*supra, p.245*). Quand les pays d'Asie du Sud-Est se sont industrialisés, on a parlé de *remontée des filières* qui n'a rien avoir avec les préconisations sur le transfert de technologie qu'on continue depuis des années à servir aux petites nations restées pauvres au seul motif que ces nations n'avaient pas à refaire des recherches qui ont déjà abouti. On connaissait donc le *transfert de technologie*, on a découvert *la remontée des filières* qui consiste à entrer dans l'industrialisation par les fabrications modernes ou la production de biens modernes grâce à l'éducation, la formation, la recherche-développement (*supra, p.245*).

Il est évident que si un jeune veut apprendre à réparer un moteur actuel, ce n'est pas en étudiant des moteurs datant de la découverte de la voiture qu'il partira, mais des véhicules de son temps. De la même façon qu'un jeune qui cherche à construire un moteur de véhicule apprendra à connaître les moteurs de son époque et non pas chercher d'abord à inventer un nouveau moteur sans savoir ce qu'est un moteur ou en partant du processus d'invention du premier moteur. Aucun Etat n'est assez stupide pour fonder des programmes d'éducation et de recherche sur ce dernier raisonnement ; sauf si, vivant dans la servitude, les maîtres l'y obligent. Donc ce jeune partira de la connaissance du moteur de son temps. Voilà le rôle de l'éducation, de la formation et de la recherche-développement. Ce processus n'a rien de commun avec le concept de transfert de technologie.

Chaque fois qu'un pays s'est senti menacé, qu'il soit petit ou grand, il a pu construire des armes de haute technologie, faut-il le rappeler. On parle de plus en plus d'armes sophistiquées de la Corée du Nord dont nous ne savons rien d'autre parce qu'on ne révèle jamais les exploits d'un ennemi ou d'un vassal. Cette attitude fait partie d'une guerre de communication pour discréditer l'ennemi et dissuader tous ceux qui seraient tentés de lui ressembler. Car si l'on sait que l'ennemi ou le vassal s'en tire bien, comment justifier la nécessité de vouloir le maintenir dans la servitude ?

Les petites nations n'ont pas besoin d'aide pour la formation et la recherche. Mais puisque l'isolement de chaque pays conduit à sa vassalisation, il faut que ces Etats unissent leurs efforts dans le domaine de la haute technologie, ainsi que dans tous les autres. Quand la Libye de Kadhafi, grâce à ses énormes avoirs financiers, a voulu réaliser plusieurs projets pour l'Afrique (indépendance en matière de télécommunication, création d'un fonds monétaire africain, d'une banque africaine, d'une monnaie africaine, etc.), une coalition de grands pays, sous le prétexte d'un déficit de démocratie, détruisit cette entité étatique sans qu'un seul pays africain prenne fait et cause pour elle. Aujourd'hui, certaines grandes nations *gémissent* pour ne pas dire *pleurnichent* parce que leur sécurité est menacée à cause de la destruction de ce pays qui servait de soupape à l'immigration et à la lutte contre le terrorisme. Elles réalisent que le chef d'Etat libyen leur était utile. Si leur sécurité n'était pas menacée, ces *grands pays* qui ont détruit la Libye et qui versent aujourd'hui des *larmes de crocodile* continueraient à convaincre le monde à travers leurs organes de propagande que le chef d'Etat libyen, parce qu'il refusait de se soumettre (on n'a jamais prouvé les exécutions sommaires quotidiennes et les prisons bondées d'opposants en Libye), serait le plus grand monstre que le monde ait engendré. Comme la Libye de Kadhafi était l'ennemi désigné de l'Occident, on ne trouva pas meilleure dénomination que *le grand dictateur* pour son chef. On pourrait donc dire, tellement ce qualificatif est galvaudé, qu'entrer dans les rangs des plus grands dictateurs contemporains serait un honneur pour un chef d'Etat d'une petite nation, car apparaître de nos jours comme tel signifie qu'on tente de refuser la servitude ou d'en sortir. Pour revenir à nos propos, on ne révéla jamais que sur le plan socio-économique, la Libye était d'un niveau plus élevé que la plupart des pays européens. Aujourd'hui entièrement détruite, la Libye *mérite* sa qualité de pays sous-développé à civiliser et à démocratiser.

Dictature ou démocratie, dans quel pays l'on ne rencontre pas d'opposition ? Sauf que, comme nous l'avons déjà souligné ci-dessus, ceux qui se sont investis d'une *mission sacrée de démocratisation*, voudrait exhorter l'image de démocratie pour se servir d'une opposition qui, plutôt que de conquérir le pouvoir par les idées et dans les urnes, doit être le bras manipulé par les civilisateurs ou un écran aux fins de destruction de pays convoités qui résistent. Il arrive souvent que l'opposition soit créée pour la circonstance.

En un mot, si les petites nations soumises veulent se libérer de leurs chaînes, il faut qu'elles s'unissent pour créer de vrais centres de recherche pour se défaire de l'idée selon laquelle la technologie peut se transférer. Elles ne sont pas, en s'unissant, obligées d'appliquer des théories sur lesquelles se fondent les prédateurs des richesses naturelles pour les détruire. Les petites nations ne doivent pas appliquer les recommandations, les obligations qui relèvent du libéralisme sauvage qui ne fonctionne pas dans les pays qui les préconisent, et entraîne ces derniers vers la paupérisation d'une partie de la population et la recrudescence des inégalités socio-économiques.

Pour l'Afrique, les dirigeants doivent comprendre que s'ils veulent vraiment « l'entrée du continent dans l'histoire » (*selon les propos d'un président français pédagogue pour l'Afrique et investi de la mission sacrée de démocratisation*), la seule solution à adopter est d'être solidaires. La solidarité s'entend entre les pays, les régions qui aspirent à l'émergence. Depuis les *indépendances* sur les continents d'exploitation devenus des prés carrés d'autres nations, les maîtres ont réussi à isoler chaque territoire dont certains sont demeurés des découpages administratifs et non des entités véritablement étatiques. Et chaque territoire (ou chaque dirigeant) ne sait que signer des contrats d'exploitation des richesses naturelles, cinquante ans après la naissance d'un prétendu Etat. On regarde, ébahi, les conditions de travail de forçat d'aujourd'hui sur le continent africain qui ne semblent pas émouvoir les dirigeants parce que leur peuple s'est habitué à la servitude et s'estime responsable de sa propre pauvreté, alors que dans des pays des maîtres, chaque domaine de l'économie nécessite des instituts de recherche pour tirer les potentialités économiques de ce domaine. C'est vraiment que ces dirigeants sont liés (dans leur rôle de gouverneurs de territoire) ; qu'on ne nous parle pas de libertés individuelles quand un tel dirigeant, avant son Conseil des ministres, prend souvent son ordre du jour du maître du pré carré. Car, on ne saurait comprendre que des continents naturellement aussi riches (l'Afrique et l'Amérique du Sud), qui ont fourni tout ce qui a contribué à l'élévation du niveau de vie des peuples dits supérieurs, puissent avoir besoin d'aide financière à des taux usuriers qui les maintiennent dans la vassalité. Quand les Européens des colonies de peuplement d'Amérique du Nord (devenues d'une part les Etats-Unis d'Amérique, d'autre part le Canada) ont voulu mettre en valeur ce territoire, ils y ont trouvé sur place les ressources pour le développer. Nous rappelons que pour l'Amérique du Sud, les ressources exploitées des colonies d'exploitation par une partie des Européens qui n'entendaient pas y rester ont drainé les mêmes richesses vers la mère patrie. Ces ressources ne sont pas épuisées et continuent d'être exploitées pour les mêmes bénéficiaires. Il en est de même pour l'Afrique. Si les destructeurs de projets africains, par exemple, les anciens maîtres ou les maîtres qui maintiennent les Africains sous leur tutelle, ne sont plus soutenus par leurs complices indigènes qui cherchent à sortir individuellement de leur pauvreté, *ils tomberont comme des châteaux de sables* comme dirait La Boétie, et tout projet sera réalisable quelle que soit la façon de le mener (voir *Etienne de La Boétie, Discours de la servitude volontaire*). En un mot, tout développement des Etats actuellement sous-tutelle qui les sortirait de la pauvreté passe d'abord par la liberté qui peut naître de l'union ; ils peuvent, par cette union dans la liberté, financer ce développement, étant naturellement riches de leur pauvreté.

CHAPITRE 2

LE PROBLÈME DU FINANCEMENT DU DÉVELOPPEMENT

L'endettement d'un pays ne conduit pas normalement à son développement ; il participe de la gestion courante de l'Etat. Il permet en général un ajustement des comptes de la nation. Or la coopération verticale en a fait le fondement du financement du développement pour des pays qui produisent et dont la production est vendue, donc devraient avoir des ressources financières normales. Cependant on ne peut omettre que le prêt à un Etat permet de l'assujettir, quand il vient d'un autre Etat, car dans les relations entre les humains, entre les sociétés humaines, le débiteur est toujours soumis ou fait allégeance à son créancier tant qu'il n'a pas purgé la totalité de sa dette. C'est d'ailleurs dans les rapports entre les petites nations et les grandes nations qu'on emploie le plus souvent les expressions de *bailleurs de fonds* et *bénéficiaires* comme si le seul moyen de financement repose sur un accord tacite où certains pays (les petites nations) attendent la main tendue des autres (les grandes nations). Quand les grandes institutions proposent de l'aide ou du financement à une petite nation, celle-ci pense donc à la confiance dont elle jouit à l'égard des prêteurs, alors que ces derniers réunis au sein de ces institutions n'ont qu'un objectif : assujettir l'emprunteur. Sortir de ce type de relations n'est pas seulement une question de développement, mais aussi de dignité. Nous vivons dans un monde apparemment déraisonnable où les pays qui fournissent quasiment toutes les richesses aux autres, richesses qui permettent d'élever le niveau de vie des autres, en sont arrivés à quémander quelques subsides qui les assujettissent. Il faut donc mettre fin à la coopération financière verticale et sortir des institutions financières internationales actuelles. Les Etats ne sont pas nés de ces institutions ; celles-ci sont très récentes. Les Etats survivront donc de leur disparition ou du non recours de la majorité des nations qui sont pauvres à ces institutions financières.

Section 1 – Mettre fin à la coopération financière verticale

Le développement n'est pas la disparition de la campagne à laquelle se substituerait l'urbanisation. C'est la persistance d'un monde dual mais complémentaire sur un même territoire. Alors que les travailleurs de l'industrie ne peuvent souvent résider qu'en ville, la campagne leur fournit les produits de la terre qui leur permet de se nourrir. Il existe déjà dans ce cadre des relations monétaires. Les produits alimentaires, quelle que soit leur nature, peuvent se conserver plus longtemps et acquérir de la valeur s'ils sont transformés. C'est aussi la base d'une industrialisation. Nous ne sommes pas en train de parler de produits de substitution aux produits importés. Nous suggérons que les pays émergents acquièrent la formation, et la maîtrise de leur technologie par la capacité d'envisager l'avenir de leurs produits. Si les petites nations savent travailler leurs produits primaires et/ou leurs richesses naturelles, elles n'auront plus besoin de la tutelle d'autres pays ou nations pour soutenir leurs monnaies dont la valeur est minorée par les grandes nations civilisées aux fins d'acquisition de biens primaires à vil prix. On objectera peut-être que les micro-Etats, institués lors de la balkanisation des pays colonisés ne permettent pas une telle politique monétaire. Lorsqu'il y a quelques années nous parlions de « réforme du système monétaire international par la multipolarisation » (*La réforme du système monétaire international par la multipolarisation ; LPA, n° 60, 20 mai 1991*, idée extraite d'une étude de 1983 sur *L'évolution des règles de participation de l'Afrique de l'Ouest à la Zone franc*) nous l'envisagions dans la régionalisation économique et monétaire entre les Etats contigus (nous le rappelons). Dans certaines régions, il existe des zones monétaires institutionnelles imposées par une décolonisation inachevée, dans d'autres des zones monétaires informelles résultant d'une domination économique ou simplement de la soumission impérialiste. Nous avons donc soutenu qu'il fallait se déconnecter des maîtres pour en faire des zones souveraines qui intégreraient tous les pays d'une même région quelle qu'en soit la langue.

Les pays pauvres gorgés dans leur quasi totalité de ressources naturelles pourront financer eux-mêmes leur développement lorsqu'ils exploiteront à leur profit ces ressources dont ils sont dotés sur une base régionale et sauront employer l'agriculture à cette fin. L'agriculture qui soutient le développement (nous le répétons) est une agriculture qui nourrit la population et dont le surplus peut être exporté dans d'autres régions du monde et non une agriculture exclusivement destinée à la consommation d'autres pays telle que l'a instituée le *pacte colonial*.

La persistance des zones monétaires verticales serait justifiée, selon les adeptes de cette thèse, par le besoin de devises fortes et le soutien de monnaies faibles qui sont rangées dans cette catégorie d'où elles ne pourraient sortir en raison de la nature des pays ou des Etats sous tutelle. La recherche de devises fortes tiendrait à la demande de biens d'équipement que les petites nations doivent financer, selon la justification qu'on en donne. En réalité, les biens importés ne sont le plus souvent que des biens de consommation courante.

Il est nécessaire de rappeler qu'il y a quelques décennies, on apprenait que tous les acteurs économiques pouvaient être en faillite, sauf un : l'Etat. Et sur cette base, le Président des Etats-Unis d'Amérique, Franklin Delano Roosevelt, a appliqué sa politique, le New Deal, pour sortir son pays de la grande crise de 1929 (*supra, p. 83*). Nous insistons sur le fait qu'aujourd'hui l'Etat, même dans les nations civilisées, a perdu tous ses droits régaliens pour devenir moins puissant qu'un acteur économique quelconque et son existence ne tient qu'à la défense des intérêts de l'entreprise pour le prestige d'un pays auquel celle-ci ne doit concrètement rien, ni n'apporte aucune contribution à la solidarité nationale. Les seuls droits que ces grandes nations ont conservés sont ceux qu'elles peuvent exercer sur les petites nations.

Le libéralisme édulcoré que les grandes nations s'engagent à s'appliquer ne fonctionne pas, car pendant que la production n'a cessé d'augmenter dans les pays industriels depuis le choc pétrolier, la crise économique est devenue permanente, avec quelques *pics* qui nécessitent l'intervention d'un Etat que le néo-libéralisme a banni de l'économie ou de tous les secteurs d'activité économique lucratifs. Dans des cas extrêmes, on va jusqu'à détruire les biens de consommation non utilisés pour permettre aux usines de continuer à *tourner*, en polluant la nature avec de la surproduction alors qu'à proximité, des individus meurent de faim au sens propre. Comment solliciter l'aide efficace de l'Etat quand celui-ci se voit réduire ses sources de revenus ?

Le libéralisme pur est celui imposé aux petites nations dans un prétendu contexte de mondialisation pour mieux les exploiter. Or le financement du développement de ces petites nations exige l'intervention de l'Etat qui programme la direction à suivre. L'union régionale des petites nations doit donc nécessiter plus d'Etat pour ce financement, en un mot un vrai volontarisme de la part des groupes d'Etats. En s'unissant, les petites nations seront plus fortes et n'auront plus à craindre la soumission et/ou la servitude qui naissent de l'individualisme. Plus d'Etat ne signifie pas qu'on reviendrait à un système semblable à la gestion communiste ; plus d'Etat signifie simplement que les Etats unis doivent intervenir pour indiquer la marche à suivre, pour orienter, pour aider à la création des institutions qui permettent la marche en avant, pour valoriser leur économie en donnant de vrais moyens de travail et en mettant en place de vraies formations d'ingénieurs, de techniciens et de chercheurs pour s'occuper des produits, mais aussi de la technologie moderne.

Comment peut-on dire que ceux qui fournissent toutes les matières premières sur la base desquelles toute l'économie mondiale fonctionne ne peuvent financer leur propre développement ? Cette question, nous la poserons chaque fois que nous en aurons l'occasion. La réponse actuelle qui en est donnée paraît tellement absurde qu'on ne peut que la surligner. C'est la masse monétaire qui s'adapte au travail, à la création et à la circulation des biens. Ce n'est pas le contraire. Des individus qui travaillent comme ailleurs doivent être rémunérés comme ailleurs. Si dans la réalité ils ne le peuvent jusqu'à présent, c'est parce que ces individus travaillent quasi gratuitement et que ces matières premières qui proviennent de leur territoire ne leur appartiennent pas. Sinon comment comprendre que les Etats du Golfe qui ne brillent pas par leur régime démocratique puissent avoir un excédent financier si élevé, depuis qu'ils ont pris le destin de leurs richesses naturelles en main au début des années 1970, un excédent financier tel qu'ils financent les grandes nations occidentales ? Ces Etats vivent du pétrole et c'est le même pétrole qu'on exploite en Afrique et en Amérique du Sud dans des entités demeurées pauvres ou se paupérisant. Dans un monde où les Etats n'ont pas d'amis, mais des intérêts, on entend dire par les chefs d'Etat de nations civilisées que les Etats du Golfe qui ne brillent pas par la démocratie, dont certains continuent de pratiquer des exécutions sommaires parce qu'un de leurs citoyens aurait dit un mot de travers à l'égard d'un gouvernant, sont leurs partenaires incontournables, voire les amis de leurs pays.

Nous rappelons que si le chef d'Etat libyen M. Kadhafi a pu être assassiné par une coalition de nations civilisées à cause de ses projets relatifs au développement de l'Afrique, cette situation résulte de son isolement, de l'absence de soutien par les autres *Etats africains* assujettis (à qui il a été inculqué la prosternation) dont il voulait pourtant contribuer au développement. Ils sont nombreux ces gouvernants indigènes qui n'admettent pas cet assassinat. Mais l'épouvante de l'histoire les fait taire. Car, pour rappel, combien de chefs d'Etat de petites nations n'ont pas déjà été l'objet d'assassinat et de destitution dans la violence de la part des maîtres des zones d'influence parce qu'ils ont voulu s'émanciper de la tutelle pour penser une autre voie de développement ?

Les pays pauvres ne cesseront pas, n'arrêteront pas brutalement les relations commerciales avec les grandes nations ; mais en sortant des zones monétaires institutionnelles ou informelles, ou des institutions financières internationales, ils apprendront à gérer leur excédent financier. On ne répétera jamais assez que le plus grand marché des petites nations est leur propre territoire, l'ensemble de leurs territoires réunis, en un mot leur propre marché, c'est-à-dire leur propre population. Il est absurde d'avancer que la croissance démographique des « peuples dits inférieurs » (*Jules Ferry, 1885*) est un obstacle à leur développement alors que toute consommation vient de la population, et que le sous-peuplement d'un territoire conduit à une absence de marché pour les produits de consommation de masse. Si l'on veut parler de marché solvable, c'est à la volonté des Etats, des peuples eux-mêmes de conduire à cette solvabilité, car ces peuples travaillent. Mais ici nous parlons d'Etats qui se seront affranchis de la tutelle, de la servitude à l'égard de l'extérieur, c'est-à-dire des Etats prétendument supérieurs, un affranchissement qui procède de l'union véritable avec les autres petites nations qui se trouvent dans la même situation de servitude.

Les projets, leur réalisation et leur financement se feront dans l'union parce que ces nations pauvres, qui travaillent et désormais véritablement libres par cette union, généreront du revenu interne comme tout travail génère du revenu ; parce qu'elles auront à gérer leurs ressources naturelles et leur agriculture à leur profit ; parce qu'elles auront leur monnaie dont la valeur sera déterminée par elles grâce à leur travail et non sous-évaluée par ceux qui les exploitent. Nous insistons sur l'idée que ces nations travaillent ; leurs peuples travaillent. Depuis la conquête de ce que l'impérialisme a considéré comme des terres sans maître dans le monde, ils travaillent et continuent de travailler pour les autres, jamais pour eux-mêmes, sinon ils ne seraient pas pauvres même si l'Occident a commencé ses conquêtes par la confiscation des biens, des richesses dont les indigènes étaient propriétaires.

Pour revenir à nos propos, si les petites nations s'unissent donc en toutes circonstances et créent une monnaie relevant de leur seule souveraineté, la valeur de cette monnaie résultera donc de leur travail parce qu'elle sera d'abord une monnaie destinée à leurs propres transactions sur leur territoire économiquement unifié. Dans ce cas, ces pays seront les seuls à influencer la valeur de cette monnaie. Nous disons que pour mieux exploiter certaines entités, plus explicitement les petites nations, aucune monnaie qu'elles gèrent ne sera considérée comme ayant une valeur appréciable.

Le constat, dira-t-on, bien pessimiste que nous dressons de ce monde est que tout ce qui provient des nations dites inférieures ne sera jamais apprécié positivement par les nations dites supérieures (faut-il le rappeler). Nous disons aussi avec tristesse que si des nations dites supérieures posent un regard positif sur un fait d'une petite nation, ce regard doit être suspecté d'une arrière-pensée ou alors ce fait est une création de ces nations dites supérieures. Qu'on cesse de se bercer d'illusion : personne ne viendra sauver les petites nations de leur pauvreté ; elles se sauveront elles-mêmes ou demeureront dans leur condition qui certes, pourrait apparemment s'améliorer à l'allure d'une tortue. N'oublions pas que les Etats, surtout les puissants, n'ont pas d'amis, mais des intérêts. L'intérêt de l'extérieur n'est pas de voir les petites nations se développer, grandir. N'est-ce pas que si nous nous estimons grands, c'est parce que d'autres sont petits ?

Pour revenir à nos propos, même lorsque la quantité des transactions sera élevée dans le contexte actuel, toute hausse de la masse monétaire non soutenue par une grande puissance conduira à une inflation parce qu'il n'appartient pas à l'économie d'un assujetti de vérifier la théorie quantitative de la monnaie qui veut que la monnaie n'étant qu'un voile, la masse monétaire relève essentiellement de l'augmentation des transactions, c'est-à-dire de la vitesse des transactions, tandis que toute augmentation de cette masse monétaire qui n'est pas justifiée par une intensification des transactions conduise à l'inflation. Or nous venons de dire que les peuples sous tutelle travaillent pour les autres et que désormais, dans le schéma de développement que nous proposons ici, ils doivent travailler pour eux-mêmes. En dehors des compétitions sportives où les petites nations montrent qu'elles équivalent aux grandes nations même lorsqu'on peut permettre à certains athlètes de tricher et d'autres non (on connaît les affaires de dopage sélectives, celles qu'on étale dans les médias et celles dont on ne parlera jamais et qui se murmurent parce qu'elles peuvent nuire au prestige d'une grande nation, sauf lorsque l'athlète lui-même révèle ses méfaits), on n'a donc jamais entendu dire que *quelque chose de bien* a été fait dans une *nation inférieure* et a attiré un regard admiratif du monde. Nous excluons le folklore exotique qu'on regarde non pas dans le cadre de la civilisation, mais comme le comportement extraordinaire d'un incapable qui a réussi dans une activité particulière ou des animaux dans un jardin zoologique. Il en est ainsi de la monnaie.

L'ère du financement externe, de ces pluies de monnaies étrangères prétendument investies qui retournent chez leurs propriétaires en étant multipliées par un coefficient extraordinairement élevé et qui laissent la petite nation exsangue et surendettée doit avoir vécu. Nous sommes conscient de la pression des grandes institutions financières internationales qui n'ont plus aucun autre rôle véritable que de s'occuper de l'exploitation des petites nations au profit des pays qui gouvernent ces institutions. Nous n'ignorons pas la pression de certaines grandes nations qui n'arrivent même pas à résoudre des petits problèmes de pauvreté chez elles (ici on parle pudiquement souvent d'*inégalités sociales*), mais manifestent une promptitude à proposer des solutions et des aides qui ne leur ont pas été demandées pour montrer qu'elles se préoccupent du sort de leur pré carré. Les prés carrés, que ce soit en Amérique du Sud ou en Afrique, ne disparaîtront que si les petites nations, plutôt que de ramer dans la solitude en regardant dans la direction du maître, se tournent vers leurs voisines proches qui partagent les mêmes conditions d'existence qu'elles.

Pourquoi de tels propos ? Il suffit d'observer le bilan économique de plus d'un siècle d'*indépendance* pour certaines petites nations ou de plus d'un demi siècle pour d'autres pour s'apercevoir que l'on a perdu beaucoup de temps à ne pas prendre en compte le seul véritable obstacle au développement qui est l'absence de liberté au sens de souveraineté. On réalise que ce que l'on nomme *indépendance*, qu'elle procède d'une lutte ou qu'elle soit octroyée, ne reposait que sur un compromis entre le territoire des indigènes et le colon qui annonçait son départ pour mieux s'installer. La plupart des accords de coopération joints à ceux de la décolonisation contiennent des stipulations qui laissent d'immenses privilèges à l'ex-colonisateur. Ce qui diffère de la constitution des Etats occidentaux où la souveraineté était une souveraineté défensive et continue de l'être. Si la gestion de certains secteurs économiques est devenue collective, le rêve de la construction d'une fédération européenne d'Etats n'emporte pas l'adhésion de tous les hommes politiques européens. Lorsque nous parlons de souveraineté de la petite nation, ce n'est pas de la souveraineté résiduelle, non plus la liberté surveillée qui est celle de la création d'une certaine communauté internationale, encore moins de la liberté individuelle qui se décline en économie en libéralisme et en science politique en démocratie dont on voudrait aveugler l'économie du développement. Il s'agit de ce qui est le fondement de l'Etat, la souveraineté réelle sans laquelle il n'existe pas véritablement d'Etat. La conquête de cette liberté ne peut avoir lieu que dans la régionalisation politique et économique ou simplement l'union, notamment pour des territoires aussi balkanisés. Dans les petites nations, les conquérants ont créé des territoires avec un certain niveau d'autonomie ; mais puisqu'on leur refuse la liberté nécessaire à l'existence de l'Etat, alors nous disons qu'il n'y a pas, il n'y a jamais eu d'Etat dans les petites nations. Il y a des colonies sous le couvert de républiques dont les relations économiques sont encore dominées par le pacte colonial (même si un même territoire peut être assujetti à plusieurs maîtres à la fois). La succession d'Etats dont on parle en droit international n'est ici qu'une vue d'esprit. C'est la seule cause de la pauvreté. On objectera que des organisations de régionalisation existent déjà dans certaines régions. Par exemple le Mercosur en Amérique latine, la CEDEAO et l'Union africaine en Afrique. Or toutes ces organisations existent sous le couvert du maître, ou des maîtres de la zone d'influence. Quand on sait que l'Union africaine est financée par l'Union européenne, quand on constate que des gouvernants de nations dites civilisées sont conviés au sommet de ces organisations régionales ou s'y invitent pour donner des leçons à leurs poulains, alors qu'aucun chef de gouvernement de nations exotiques n'assiste à aucune des réunions des organisations régionales des grandes nations, sauf celles que ces dernières nations organisent à l'intention des petites nations pour leur donner quelque leçon, on peut se demander quel est le degré d'autonomie des *indigènes*. Il ne nous est jamais donné de voir un chef d'Etat africain convié à une réunion au sommet de l'Union européenne. Il appartient donc à la population des petites nations d'en prendre conscience pour décloisonner ses territoires et conquérir sa liberté qui la conduira vers la prospérité. Les gouvernants tout seuls ne parviendront jamais à libérer les peuples de la servitude volontaire, car certains préfèrent sauver leur *fauteuil de chef de tribu* ou de *gouverneur de territoire* (rôle assigné par le maître de la zone d'influence) plutôt que de se tourner vers leur peuple pour l'aider à retrouver sa dignité depuis la conquête des *terra nullius*. Pour des territoires qui ressortent de la colonisation, la construction de l'Etat fort résultera de la coopération régionale. Parler d'Etat fort, c'est aussi inclure la puissance économique et financière.

En un mot, tout territoire où l'on travaille pour soi et non pour que le fruit de ce travail soit rapatrié dans un autre pays parviendra toujours à financer son développement. Pour ce faire, il faut couper le *cordon ombilical* et se libérer de cette servitude volontaire que nous appelons "*inégalité protectrice*".

Section 2 – De la sortie du cercle vicieux du recours aux institutions financières internationales

Nous reposons ici encore la question, à savoir : « Comment des peuples qui travaillent peuvent-ils constituer des entités étatiques incapables de payer leurs travailleurs et n'entreprendre des investissements qu'en fonction des subsides qu'ils reçoivent d'une coalition de pays qui pillent et gaspillent leurs ressources dont ces entités ne tirent elles-mêmes aucun profit ? » Si l'on exclut le système esclavagiste, il paraît difficile de répondre à cette interrogation. C'est toute la problématique de la servitude qu'on ne peut résoudre qu'en en appelant à la liberté. On se croit libre tout en étant sous tutelle et quand nos propres biens ne nous appartiennent pas.

Personne n'ignore que toute institution internationale à vocation universelle devient l'instrument des grandes nations qui la financent pour asservir les petites nations ou régler leur contentieux politique avec celles-ci. Dès lors qu'un projet de régionalisation en matière de financement du développement a été préparé, les nations qui gèrent leurs zones d'influence ou leurs prés carrés ont toujours manifesté le désir d'appartenir à l'organisme dont la création est envisagée. Par exemple, quand sous la houlette de la Libye de Kadhafi, l'Afrique a projeté la création d'un Fonds monétaire africain et d'autres banques annexes que ce dernier pays voulait en partie, voire totalement financer avec ses excédents monétaires, des Etats européens ont émis le souhait d'y adhérer dans l'éventualité de la réalisation de ce projet. Comme l'histoire (la vraie histoire qu'on ne peut gommer par la falsification qui procède de la puissance de ceux qui voudraient l'écrire selon leur propre convenance) le montre, chaque fois qu'un dirigeant de petites nations cherche à sortir de la servitude, il est soit assassiné, soit démis de ses fonctions non pas de manière démocratique, mais par un coup d'Etat derrière lequel on trouvera toujours la main de ceux qui ont reçu le droit de civiliser les sauvages (nous l'avons dit ci-dessus). L'assassinat du dirigeant libyen, le 20 octobre 2011, a mis fin à la recherche de la souveraineté de certains Etats africains.

Si les petites nations veulent se développer, elles doivent donc chercher, toujours par l'union, à sortir des institutions financières internationales et se construire leurs propres institutions basées sur la régionalisation économique. Celles de Bretton-Woods créées en 1945 n'ont pas été conçues à leur intention. Elles n'ont fait que trouver à leur égard d'autres fonctions pour survivre. Les pays pauvres, qui représentent la grande partie de la population mondiale, n'ont pas pris conscience que rien ne peut se faire sans eux, et que la domination qui s'exerce sur eux résulte de leur isolement les uns par rapport aux autres et des moyens qu'ils donnent à leurs maîtres. Ils ne paraissent pas constater que même les Etats civilisés, qui ont proclamé leur domination économique sur le monde, sont toujours à la recherche d'alliés pour continuer l'exercice de leur tutelle sur les faibles. Etienne de La Boétie écrivait : « Pauvres gens misérables, peuples insensés, nations opiniâtres à votre mal et à votre bien ! Vous vous laissez enlever sous vos yeux le plus beau et le plus clair de votre revenu, vous laissez piller vos champs, voler et dépouiller vos maisons des vieux meubles de vos ancêtres ! Vous vivez de telle sorte que rien n'est plus à vous ! [...] Ce maître n'a pourtant que deux yeux, deux mains, un corps et rien de plus que le dernier habitant du nombre infini de nos villes. Ce qu'il a de plus, ce sont les moyens que vous lui fournissez pour vous détruire. [...] Soyez résolus à ne plus servir et vous voila libres. Je ne vous demande pas de le pousser, de l'ébranler, mais seulement de ne plus le soutenir et vous le verrez, tel un grand colosse dont on a brisé la base, fondre sous son poids et se rompre. » (*Discours de la servitude volontaire*, 1574).

Lorsque nous préconisons la régionalisation économique, nous ne prônons pas le nationalisme. Sinon que dire de l'Union européenne qui est une institution fermée. On ne peut y appartenir que si on est un pays européen. Tout regroupement économique régional nécessite des institutions annexes sans pour autant qu'on évoque le nationalisme. Il n'y a que dans deux banques centrales régionales africaines où siègent des représentants étrangers (la Banque centrale des Etats d'Afrique de l'Ouest et la Banque centrale des Etats de l'Afrique centrale). Cette apparente exception est née de ce que ces deux banques, à bien y voir, n'appartiennent pas exclusivement aux pays membres africains.

Il semble que le monde a des solutions de financement du développement depuis que la question de l'amélioration du bien-être est réclamée par les nations pauvres. Ainsi, nous serions hors sujet d'affirmer que l'économie politique a épuisé les recettes en ce domaine. En effet, sous l'égide des Nations Unies, une réunion des chefs d'Etat et de Gouvernement, tenue à Addis-Abeba du 13 au 16 juillet 2015 s'acheva par un acte final relatif au financement du développement (*Programme d'action d'Addis-Abeba issu de la troisième Conférence internationale sur le financement du développement ; Annexe, A/CONF.227/L.1*).

Les solutions proposées nous renvoient aux années de la proclamation du Nouvel ordre économique international (1974) et les nombreux colloques, conférences, conventions, etc., qui en ont résulté. Dans le texte de 2015, on retrouve exactement les engagements des pays industrialisés de consacrer 0,70% de leur PIB au financement du développement, certains pays allant jusqu'à 1% comme dans les périodes précédentes (1974). Or depuis les engagements des années 1970 qui sont repris, mot pour mot, dans le dernier document de 2015, aucun pays industrialisé n'a tenu ses promesses. On avait un moment pensé que l'idée de mondialisation avait complètement dilué, voire dissout ce type de volonté au niveau interétatique. Nous étions loin de croire qu'il existe un cycle de la pensée économique qui ramène à chaque fois le monde dans le passé lorsqu'il s'agit de développement des nations pauvres. Ce n'est donc plus l'Afrique seule « qui n'entre pas dans l'histoire parce qu'elle est soumise à un perpétuel recommencement voué aux saisons », comme dirait un chef d'Etat français lors de son passage à Dakar (boutade que nous connaissons tous, voir *supra p.75*), mais le monde entier dès qu'il s'agit de rechercher des solutions au développement des nations dites pauvres. En lisant donc cette nouvelle volonté affirmée des pays industrialisés, nous nous demandons ce qui a pu changer, plus de 40 ans après, dans les relations économiques internationales pour que les décisions qui n'ont eu aucun effet hier avec les mêmes acteurs puissent montrer leur efficacité aujourd'hui. Et qu'on ne réponde pas à cette objection par l'idée d'une prise de conscience venue d'on ne sait où, lorsque le comportement dans les relations internationales en matière politique et économique est resté statique et qu'on retrouve la même hypocrisie qu'auparavant (*Idéalité et réalité des relations entre les nations ; 2015*). En dehors de la nouvelle stratification des pays en matière de développement ou de la création de nouvelles catégories de pays sous-développés ou pauvres pour perpétuer des politiques économiques que nous avons qualifiées d'absurdes, nous ne percevons donc aucune innovation en matière de financement du développement. La tutelle se poursuit. A supposer que cette part infime du PIB soit accordée aux pays pauvres, l'on pourrait dire qu'on leur retourne quelques miettes de ce que les *généreux donateurs* leur ont pris jusqu'à présent et continue de leur prendre. C'est l'homme politique français Jacques Chirac, ancien président de la République, qui déclarait dans les années 2010 : « Une grande partie de l'argent qui est dans notre porte-monnaie vient précisément de l'Afrique, pas uniquement, mais beaucoup vient de l'Afrique. Alors il faut un petit peu de bon sens, je ne dis pas de générosité, de bon sens, de justice pour rendre aux Africains, je dirais, ce qu'on leur a pris ; d'autant que, c'est nécessaire si l'on veut éviter les pires convulsions ou difficultés avec les conséquences politiques que ça comporte dans le prochain mille ans » *(Jacques Chirac, L'argent de l'Afrique ; Etudes Canada, 12 mars 2012*). Le Président John F. Kennedy avait tenu quasiment les mêmes propos dans les années 1960 (*supra, p.119*). Les chefs d'Etat et de Gouvernement, les ambassadeurs de ce début du XXIe siècle peuvent alléguer qu'ils n'ont pas participé aux négociations et aux prises de décisions sous les auspices des Nations Unies dans le cadre de la recherche du Nouvel ordre économique international des années 1970 et 1980. La *moindre des choses* eût été pourtant de consulter les nombreux documents qui y ont été laissés (nous rappelons qu'une partie de ces textes a été publiée par Brigitte Stern sous le titre *Le nouvel ordre économique international, 1983, 740 pages*).

Nous aurions souhaité un vrai cadre de développement qui est la liberté des nations pauvres. Mais celles-ci ne réalisent pas quelquefois qu'elles sont soumises à la servitude perpétuelle, car elles y sont habituées. La Boétie écrivait : « La nature de l'homme est d'être libre et de vouloir l'être, mais il prend facilement un autre pli lorsque l'éducation le lui donne. […] Disons donc que, si toutes choses deviennent naturelles à l'homme lorsqu'il s'y habitue, seul reste dans sa nature celui qui ne désire que les choses simples et non altérées. Ainsi la première raison de la servitude volontaire, c'est l'habitude. […] Mais en vérité les années ne donnent jamais le droit de mal faire » (*Discours de la servitude volontaire ; précité*). La prétendue aide internationale est l'un des moyens d'asservir une nation (nous le répétons). Le paradoxe est que les pays qui sont aidés sont les mêmes dont on *chante* les richesses naturelles réelles et incommensurables. L'information selon laquelle un pays comme la Côte d'Ivoire ne parvient même pas, de nos jours, à payer ses fonctionnaires ne peut être vraisemblable si l'on n'en montrait pas les preuves. Qu'on nous cite un seul nom de pays qui s'est développé en Afrique ou en Amérique latine grâce à l'aide des pays industrialisés. Nous avons dit que la situation de la Corée du Sud et de Taïwan n'entrait pas dans l'explication que nous souhaitons donner parce qu'elle correspondait à des circonstances de guerre froide. Pour revenir à l'aide depuis les décennies de développement, nous avons plutôt assisté à un surendettement qui a hypothéqué l'avenir de la plupart des Etats *financièrement aidés.* Mais certains pays civilisés, dans le cadre de leur *mission sacrée ou humaniste de civilisation*, peuvent toujours continuer à proposer leur *main secourable.*

Nous répétons que le développement se finance par le travail de la nation. Et si une seule nation ne le peut, plusieurs nations unies dans un cadre régional peuvent s'entraider pour créer des moyens d'autofinancement. Ce n'est pas que nous voulions mimer l'Union européenne dans le cadre du développement. D'ailleurs l'Union européenne qui résulte de la Seconde Guerre mondiale est postérieure au développement des nations européennes qui date des siècles de conquête d'autres nations ou *territoires sans maître.* Pourquoi un marché unique européen, autrement dit une régionalisation économique européenne dans la mondialisation alors que le même problème vu sous l'angle des petites nations apparaîtrait un drame ? Nous constatons la multiplication des accords commerciaux régionaux entre les pays de l'Organisation de Coopération et de Développement Economique (OCDE) ou intercontinentaux pour régir les relations économiques. La mondialisation, que certaines nations dites développées soutiennent et disent ne pouvoir contrôler parce qu'elle serait entrée dans l'*ordre naturel des choses*, aurait-elle achevé son œuvre bienfaisante ?

Beaucoup de pays (les derniers pays indépendants d'Afrique) ont fêté le cinquantenaire de leur indépendance ou souveraineté limitée. Une vingtaine d'années suffit pour former des ingénieurs et des chercheurs dans des domaines spécifiques de la production (nous le répétons). Sous les pluies de prétendue aide économique et financière, qu'elle a été la part consacrée à la formation et à la recherche ? Des pays se sont endettés sans qu'on ne constate une évolution substantielle dans l'éducation et la formation, ce qui constitue pourtant l'épicentre du développement. Quand nous parlons d'évolution, nous visons la technologie dans les domaines relatifs à l'économie et non la bureaucratie. Pour être plus bref, on dira donc que les secteurs où, pour certaines petites nations, un petit pas a été accompli sont relatifs à la bureaucratie qui n'arrive plus à absorber les diplômés universitaires. C'est une question récurrente dans tous nos travaux depuis le début des années 1980. Alors que l'on sait que la Recherche peut créer ses propres instruments, comment expliquer qu'il n'y ait aucun institut de recherche sur le développement dans les petites nations pauvres, notamment en matière de technologie ? Les maîtres s'y opposent-ils ou ont-ils convaincu les petites nations de demeurer dans le *pacte colonial* dont certains économistes ne perçoivent pas la réalité parce qu'ils envisagent leurs théories dans un cadre de nations libres ? A lire les préconisations de la Banque mondiale dans ses *Rapports annuels sur le développement*, on pourrait répondre affirmativement à cette question. Si nous revenons sur cette question de formation, c'est qu'elle est occultée, voire bloquée par les institutions de Bretton-Woods. Il suffit de se rappeler les méfaits des *ajustements structurels* du FMI et les préconisations de la Banque mondiale qui préfère le transfert de technologie comme moyen de combattre la pauvreté (*Banque mondiale, Rapport sur le développement dans le monde : combattre la pauvreté ; 2000/2002 ; précité*) ; autant dire le *statu quo ante*.

La trappe de la dette qui conduit au surendettement ne permet pas d'accumuler du capital qui aiderait au financement du développement pour les raisons suivantes que nous ajoutons à ce qui a été déjà dit :

a) - On peut emprunter pour produire des biens qu'on mettra sur le marché afin de réaliser un fort taux de profit. C'est un emprunt productif. Dans une nation, puisqu'il s'agit ici non d'emprunt individuel mais d'emprunt au niveau de l'entité étatique, cet emprunt peut conduire à un multiplicateur d'investissements. Dans ce cas le multiplicateur d'investissements ne joue que si les entreprises sont nationales, utilisent du personnel résidant, et l'enrichissement n'intervient que si le travail est bien rémunéré. Car c'est cette rémunération qui permettra à d'autres entreprises d'envisager une offre à partir d'une solvabilité qui conduit à son tour à produire et à vendre d'autres biens sur le marché (nous ne parlons pas de production destinée exclusivement à l'exportation). Ce n'est pas se situer dans un cadre de théorie spécifique que de rappeler comment l'Etat américain est sorti de la crise de 1929. Nous sommes conscient du rapprochement avec la *demande anticipée* de John Maynard

Keynes. Mais ce rapprochement est involontaire, car cette demande traduit une réalité que l'auteur n'a pas inventée *ex nihilo*. On ne peut donc exiger d'un pays qui a des difficultés financières d'emprunter et de mener dans le même temps une politique d'austérité qui réduit le niveau de rémunération qui aurait dû permettre à la fois de consommer, d'épargner et de payer des impôts qui équilibreraient les finances publiques. Si les Etats-Unis d'Amérique se sont permis un tel schéma de sortie de crise (mais ne continuent-ils pas de soutenir des institutions financières privées américaines lors d'autres crises ?), c'est parce que l'économie politique s'est longtemps fondée sur l'idée que l'Etat est la seule entité juridique qui ne peut être en faillite (faut-il encore le rappeler). En un mot, l'Etat n'a pas à baisser ses dépenses publiques sauf si nous nous situons dans un cadre d'orthodoxie idéologique qui s'est construite postérieurement à la notion même d'Etat-nation, orthodoxie qui accepte des exceptions chez certaines grandes nations mais pas chez les petites nations. Pour revenir à notre sujet, dans les petites nations, la production qui servirait à rembourser la dette ne profite pas de l'emprunt, du moins n'est pas concerné par cet emprunt.

b) - On peut emprunter pour des raisons de trésorerie. Or pour des Etats qui produisent, comme nous l'avons déjà souligné ci-dessus, c'est rarement la production, le processus économique qui permet de payer les fonctionnaires dans les petites nations. La situation est encore plus ardue si l'Etat obéit à une conception d'assainissement des finances publiques (politique d'austérité économique qui n'est en réalité qu'un assèchement des finances publiques) puisque l'assiette de la fiscalité sera au niveau le plus bas possible, un niveau symbolique, parce qu'il lui a été demandé d'appauvrir la population par une réduction des rémunérations (pour des travailleurs déjà mal rémunérés) dans l'optique de faire des économies. Dans cette situation, l'Etat tombe dans un cercle tel qu'il ne peut rembourser ses dettes précédentes qu'en empruntant davantage, un cercle vicieux (comme on le dit) sauf à sacrifier le niveau de vie de certaines générations en ne menant que des activités à cette fin. Nous avons vu qu'à défaut de fiscalité des personnes physiques et des entreprises, notamment étrangères qui bénéficient *a priori* d'exonérations fiscales, les ressources de l'Etat sont souvent réduites aux royalties de l'exploitation de leurs ressources naturelles par les compagnies étrangères, et pour ceux qui vivent de l'agriculture d'exportation, de parafiscalité prélevée par le biais des mécanismes de la vente des produits primaires à l'étranger, ou doit-on dire à l'ancienne mère patrie. Certains diront que les petites nations vivent de rentes de ressources naturelles comme si la population ne travaille pas. Sans aller à la victimisation de ces nations, il est facile de se poser cette question récurrente : si la population travaille, où va le fruit de leurs efforts ? Il n'est pas nécessaire de disserter sur la réponse à donner à cette question que nous avons déjà posée ci-dessus et dont chacun connaît la réplique. Qu'on ne nous parle pas de corruption. Nous avons largement réfuté cet argument.

Le surendettement des pays qui pensaient décoller économiquement, parce que le produit intérieur brut qui était très bas aurait énormément augmenté en valeur relative grâce à un fort accroissement de la production de travailleurs rémunérés à un salaire de misère, procède de l'engouement des institutions financières internationales qui ont consenti sciemment des prêts qu'elles ont baptisés du nom d'aide financière, l'objectif réel de ces institutions étant de rechercher des placements lucratifs à leur excédent financier (nous le rappelons) et de renforcer leur domination au bénéfice de ceux pour qui elles travaillent. Ces institutions financières ne sont pas aussi universelles qu'on pourrait le penser ; sinon la gouvernance ne serait pas répartie entre d'une part les Etats-Unis d'Amérique (pour la Banque internationale pour la reconstruction et le développement) et d'autre part l'Europe (pour le Fonds monétaire international).

Il serait difficile de comprendre que des pays, dont la situation financière est reluisante, aient besoin de financer leurs opérations relatives au développement par le biais d'emprunt. Il serait donc irrationnel que, par exemple, les pays du Golfe persique qui dégagent un énorme excédent financier aient recours à des emprunts extérieurs pour financer leurs opérations de prestige. Alors que les grandes nations au sein des institutions financières internationales sont qualifiées de *bailleurs de fonds* et les petites nations de *bénéficiaires*, il suffirait que ces dernières nations quémandeuses se retirent de ces institutions pour qu'elles s'écroulent comme un château de sable. Les pays dont on disait qu'ils avaient la confiance des *bailleurs de fonds* sont donc tombés dans la trappe de l'endettement et s'appauvrissent davantage tout en augmentant la production que leurs maîtres en particulier et ces *bailleurs de fonds* en général leur conseillent de réaliser. On sait aussi qu'en dehors des devises, l'attention des *bailleurs de fonds* ne se portent que sur les produits dont ils ont besoin et non ceux qui peuvent améliorer le bien-être des *bénéficiaires*. Alors que la famine s'installe dans ces pays, on encourage donc des productions qui augmenteront les exportations aux fins d'obtention de devises qui permettraient, dit-on, de rembourser une partie de la dette extérieure puisque dans la plupart des cas, ces pays endettés n'ont pas de monnaie internationalement reconnue et utilisent pour leurs transactions extérieures la monnaie de leur ancienne métropole ou d'une grande nation. Ne parlons pas des zones monétaires institutionnelles dans lesquelles les petites nations ne disposent que d'une partie de leurs devises, puisque l'autre partie est déposée en compte d'opération auprès du Trésor public français (pour l'Afrique francophone). Mais pour ces derniers pays, plusieurs solutions de remboursement leur sont offertes. Le problème ne réside pas dans le mode de remboursement.

Comme nous l'avons toujours souhaité, les petites nations doivent songer à produire pour elles-mêmes et par elles-mêmes en unissant leurs efforts. Nous constatons, sans pour autant mimer l'Europe parce que l'évolution économique ne repose sur aucune théorie, mais sur le tâtonnement, que l'agriculture de l'Europe qui la nourrissait déjà a pris un essor considérable pour les pays membres de l'Union européenne grâce à des aides financières aux agriculteurs dans le cadre de la politique agricole commune (PAC), à tel point que la réussite dans ce domaine devient un problème. En ne produisant que pour un marché solvable alors que les revenus ne cessent de baisser parallèlement à une inflation à taux constant, et qu'une partie de la population européenne descend dans la pauvreté absolue, on atteint une apparente surproduction. Mais à bien y regarder, cette aide n'a bénéficié qu'aux productions susceptibles de nourrir la population européenne, et non à des productions exclusivement destinées à l'exportation, tel qu'il en est dans les petites nations.

Certains intellectuels pourraient penser qu'il faut demeurer dans les institutions et se battre pour les améliorer de l'intérieur. C'est rêver en étant éveillé.

Les institutions, notamment financières ont été créées pour résoudre des problèmes conjoncturels précis dont les objectifs sont aujourd'hui surannés. Avant les guerres d'hégémonie que se sont livrées certaines puissances et qui ont impliqué des peuples innocents assujettis, le monde fonctionnait sans ces institutions. Le monde fonctionnera sans elles si les grandes puissances ou les Etats civilisés continuent de s'en servir pour asservir les petites nations.

CONCLUSION

Aucun pays ne s'est développé au sens que l'on donne actuellement au mot *développement* en étant sous la domination d'une autre nation. Là où l'on trouve des signes de richesse qui participent à la définition du développement, le maître étranger qui occupait les lieux a cru pouvoir y demeurer à vie. Il est arrivé dans ce cas qu'il ait quitté les lieux et abandonné ce qu'il a bâti pour sauver sa propre vie ou parce que l'histoire lui a montré qu'un pays limitrophe était le véritable propriétaire du territoire qu'il croyait sans maître en s'estimant, au moment de la conquête, le plus fort. C'est en Extrême-Orient qu'on rencontre de tels exemples sur lesquels il est inutile de revenir. C'est aussi dans cette partie du monde que quelques rares pays se sont fondés sur la division idéologique ou guerre froide pour décoller.

En dehors des situations auxquelles nous venons de faire allusion, les nations (nous disons bien les nations et non les individus) n'ont accumulé de la richesse ou n'ont bâti des signes extérieurs de richesse et leurs populations n'ont élevé leur niveau de vie que dans la liberté de tout le peuple. Qu'à l'intérieur de la nation, certains individus se soient crus pouvoir asservir les autres, après que les sujets leur aient donné le pouvoir de veiller sur la communauté, est un fait que l'on rencontre partout dans la société humaine. Montesquieu ne disait-il pas que le pouvoir corrompt (*De l'esprit des lois*). Dans la période précolombienne, certains peuples des Tropiques avaient des civilisations qui n'avaient rien à envier à celles de l'Europe. L'histoire du monde, même écrite notoirement par les conquérants, ne révèle nulle part que les paysans, comme en Europe médiévale, étaient affamés avant l'arrivée des Européens sur les lieux de leur conquête et que ceux-ci auraient subvenu aux besoins des indigènes. Ce fut le contraire. Ce sont les indigènes qui détenaient les richesses et les produits divers qui ont été pillés. Partout ailleurs, c'est ce qu'on rencontrait.

La pauvreté qui frappe les petites nations, ou les nations qu'on a rendues petites par la force, est une pauvreté importée avec leur assujettissement. Elles ne pourront donc s'en sortir qu'en redevenant des nations libres dans lesquelles les individus rechercheront leur liberté à l'égard de leur propre nation. La démocratie dont on nous abreuve sert seulement à démontrer que les petites nations ne peuvent être caractérisées que par leurs défauts. Elles doivent vivre dans le *négatif* pour les maintenir dans *l'inégalité protectrice* ou la servitude volontaire, ces nations se projetant une mauvaise image d'elles-mêmes parce qu'elles ont pris l'habitude d'être ainsi caractérisées par les conquérants. La démocratie qu'on voudrait leur imposer aujourd'hui n'est donc pas innocente. En créant des oppositions, les maîtres peuvent toujours s'en servir pour déstabiliser les petites nations afin de se poser en *pompiers* et continuer, en tant que sauveurs, à rayonner sur des pays dont on dit qu'ils sont souverains, une souveraineté apparente, car désormais le chef indigène peut être reçu avec les honneurs par le chef d'Etat d'une grande nation. Sinon la démocratie comme vecteur de liberté, quel peuple n'en voudrait pas, quel homme sensé la refuserait pour les autres êtres humains si lui-même n'appartient pas au groupe qui assujettit ? Quand on lie la démocratie à l'économie et qu'on conclut que son déficit est la cause de la pauvreté, on raisonne par mimétisme au regard de nations qui ne sont pas libres mais qu'on voudrait démocratiques. Les petites nations seront toutes démocratiques puisque la démocratie est le mode de gouvernement le plus répandu au monde sous réserve que l'ayant cherchée partout dans sa pureté, nous ne l'avons trouvée nulle part. Enfin ! Les pays pauvres seront démocratiques, mais seulement dans l'union qui leur permettra d'être libres et de décoller économiquement. Tant que chaque petite nation d'une région sera isolée, elle appartiendra à la zone d'influence ou pré carré d'une grande nation. Car les grandes nations jusqu'aujourd'hui se disputent encore, par indigènes interposés ou directement, l'emprise ou la domination des nations à souveraineté résiduelle qu'on croyait sorties de la servitude par le seul mot d'*indépendance*. Il est attristant que certaines petites nations, plutôt que des solutions endogènes pour se défaire de la servitude, recherchent d'autres maîtres pour faire jouer une concurrence qui ne sera jamais à la faveur du territoire soumis. Etienne de La Boétie que nous avons maintes fois cité écrivait : « Mais à la réflexion, c'est un malheur extrême que d'être assujetti à un maître dont on ne peut jamais assuré la bonté, et qui a toujours le pouvoir d'être méchant quand il le voudra. Quant à obéir à plusieurs maîtres, c'est être autant de fois extrêmement malheureux » (*Discours de la servitude volontaire*).

Les petites nations n'ont pas une juste perception du développement qui se construit sur le moyen ou le long terme et non sur le court terme. Le court terme est réservé à la gestion de la situation existante. Dès qu'on cherche à résoudre un problème, la première objection est : « Mais vous voulez abandonner ce système ? Avec quoi et comment comptez-vous le remplacer ? » Comme si les vraies solutions à des problèmes de société qui relèvent de l'économie ne résultaient pas d'un tâtonnement du politique qui sert souvent à la formulation des théories que nous connaissons en la matière. Ceux qui croient en l'existence de l'économie pure détachable de ce qui a été déjà fait par le politique ou de la théorie pure qui précède ce qui doit être fait en tant qu'innovation, nous disons qu'ils n'ont pas recherché l'origine de tous ces raisonnements que nous admirons. Pourquoi nos *recettes d'économie pure* (relevant des théories d'économie politique) n'arrivent-elles pas à résoudre nos difficultés du moment ? En réalité, nous passons plus de temps à commenter et à justifier les résultats des actes posés par nos gouvernants, depuis Adam Smith jusqu'à nos jours. Ceux qui disent le contraire n'ont pas pris la peine de chercher les fondements de nos concepts, de nos théories, de nos doctrines.

Nous ne cesserons de le répéter depuis que nous avons lu et appris que la technologie pouvait se transférer. La technologie s'acquiert par la recherche et la maîtrise. Elle passe par la formation. Les petites nations sont obligées d'importer des ingénieurs et techniciens, des assistants techniques comme du temps de leur *occupation institutionnelle* parce qu'elles constituaient des *territoires sans maître*. Il semble qu'elles aient acquis la *souveraineté* par le biais des *indépendances* que l'on fête à cor et à cri. Et depuis ce temps, elles se sont installées dans l'incapacité d'extraire et de travailler leurs ressources et leurs matières premières, de produire de la nature des biens pour vivre alors que d'autres font de la surproduction alimentaire. La situation, vue dans l'ornière de l'orthodoxie des comportements des Etats, relèverait de la responsabilité des petites nations. Parler ainsi, c'est ne pas avoir compris comment a fonctionné le *pacte colonial* et comment jusqu'à présent on convainc ces petites nations de l'idée du transfert de technologie mentionnée dans le document ci-après : « *La troisième conférence internationale sur le financement du développement à Addis-Abeba du 13 au 16 juillet 2015 ; A/Conf.227/L.1* » alors que dans le cadre du Nouvel ordre économique international des années 1970, cette question a été débattue (*C.N.U.C.E.D. - Commission du transfert de technologie. Code international de bonne conduite pour le transfert de techniques ; TD/B/C.6/ AC.1/2.*), faut-il encore le rappeler.

Comme du temps de l'indépendance des Etats-Unis d'Amérique, Adam Smith (à travers son ouvrage la *Richesse des nations*) conseillait aux Etats l'inertie, c'est-à-dire la neutralité, la non intervention en matière économique pour que ceux-ci restent dans le pacte colonial par rapport à l'Angleterre, conseil qui n'a pas été suivi, alors que tous les pays libres qui se sont développés l'ont été par une action volontariste des autorités, l'orthodoxie libérale qui n'est appliquée nulle part dans les grandes nations voudrait cette même inertie des petites nations pour que ce soit d'autres nations qui viennent s'occuper d'elles ainsi qu'il en a été depuis la découverte des *terra nullius*. Quand, pour mettre fin à l'exploitation, certaines petites nations ont obligé les grandes nations à parler de *nouvel ordre économique international*, ces dernières ont répondu par des recettes de la Révolution industrielle qu'on a appelées *libéralisme* et notamment *mondialisation* ; et le monde s'est installé dans la crise permanente que les grandes nations arrivent à surmonter par l'exploitation des nations pauvres en bloquant le développement de ces petites nations et en les affamant par des conseils économiques absurdes de production pour autrui et des artifices qui relèvent de la servitude (nous sommes conscient que certains parlerons de *victimisation*, cependant nous souhaiterions qu'on nous dise en quoi ces arguments sont irréalistes).

L'amélioration du bien-être passe donc par la maîtrise de la technologie. Nous pensons avoir suffisamment donné les conditions d'acquisition de cette technologie. Comme dans tous les domaines abordés ici, seule l'union des petites nations leur permettra d'acquérir la liberté et de réellement décoller, devons-nous le répéter ! Aimé Césaire ne disait-il pas : « Je parle de millions d'hommes à qui on a inculqué savamment la peur, le complexe d'infériorité, le tremblement, l'agenouillement, le désespoir, le larbinisme » (*A. Césaire, Discours sur le Colonialisme ; 1950*). En observant les faits tels qu'ils apparaissent, nous ne pensons pas, comme d'autres frappés de cécité ou de mauvaise foi, que cette période est révolue. Nous nous serions dispensé de mener la présente réflexion si nous nous sommes un seul instant aperçu d'un comportement rationnel ou libre de la part des petites nations pauvres. Nos petites nations pauvres doivent combattre la peur à laquelle une trop longue soumission qui se perpétue les a habituées, en parlant d'une seule voix, en étant soudées pour s'affranchir définitivement de la servitude. C'est pourquoi nous restons dans le sillage de ce grand homme par la justesse de ses propos et d'autres qui l'ont précédé ou l'ont suivi pour réitérer le rêve que les nations seront un jour égales donc libres et que tous les êtres humains aspireront au même bien-être. Il appartient aux peuples opprimés, depuis que Christophe Colomb a posé les pieds en Amérique, de se défaire du passé qui conditionne jusqu'à présent leur avenir. Il n'y a ni peuple supérieur ni peuple inférieur ; il y a des hommes dotés de la même intelligence. Et si certains, demeurés aussi longtemps dans la servitude, nourrissent toujours la crainte de ne pouvoir rien faire sans le tuteur, qu'ils sachent qu'en s'unissant ils se soutiendront mutuellement pour aller de l'avant et éviter de tomber dans le précipice que leur maître agite devant eux pour mieux les exploiter. La solution à la pauvreté viendra des pauvres. Dans un monde où les riches (nous parlons des vrais riches et non de la classe moyenne supérieure d'un point de vue économique) voudraient tout pour eux, ce n'est pas ceux-là qui viendront sauver les nations pauvres. Les nations pauvres se sauveront elles-mêmes ou resteront perpétuellement asservies. Jean-Jacques Rousseau écrivait : « Il est certain que si l'on peut contraindre ma volonté, je ne suis pas libre, et que je ne suis plus maître de mon bien, si quelque autre peut y toucher » (*Discours sur l'économie politique, 1755*).

Quant à l'économie politique, nous pensons qu'il n'aura de sens que si elle ne s'arrête pas à la simple formulation théorique et à la rhétorique qui la nourrit, mais qu'elle s'applique à rechercher véritablement le bien-être de chaque membre de la société humaine en évaluant les préconisations *a posteriori* sans se fonder simplement et exclusivement sur la notoriété de leurs auteurs.

TABLE DES MATIERES

Revue « Marché et Organisations »
L'Harmattan

Cahiers d'économie et de gestion thématiques dont le but est de promouvoir la recherche originale sur les relations de plus en plus étroites qui se tissent entre le marché et les organisations. Les acteurs économiques de taille, de puissance et de pouvoir différents dont les intérêts peuvent être convergents, complémentaires ou, le plus souvent, antagoniques, ont tendance à organiser les marchés. La raison du marché, pourtant, est la référence stratégique pour l'entreprise ainsi que pour les institutions publiques de décision économique.

Numéros parus :

N°1 : Artisanat. La modernité réinventée, 2006
N°2 : La petite entreprise, elle a tout d'une grande. De l'accompagnement aux choix stratégiques, 2006
N°3 : Tourisme et Innovation. La force créative des loisirs, 2007
N°4 : Le travail. Formes récentes et nouvelles questions, 2007
N°5 : Les universités et l'innovation. L'enseignement et la recherche dans l'économie des connaissances, 2007
N°6 : Entrepreneuriat et accompagnement. Outils, actions et paradigmes nouveaux, 2008
N°7 : Développement durable des territoires. Economie sociale, environnement et innovations, 2008
N°8 : Développement durable et responsabilité sociale des acteurs, 2009
N°9 : Gouvernance : exercices de pouvoir, 2009
N°10 : Le travail collaboratif. Une innovation générique, 2009
N°11 : Economie sociale et solidaire. Nouvelles trajectoires d'innovations, 2010
N°12 : Relations à la marque et marques de la relation. Regards croisés sur le management relationnel de la marque, 2010
N°13 : Les contrats au service de la recherche ?, 2011
N°14 : Le potentiel économique de l'Afrique subsaharienne, 2011
N°15 : Management de la distribution, 2012
N°16 : Territoire Vert. Entreprises, Institutions, Innovations, 2012
N°17 : Eco-conception, conception et innovation. Les nouveaux défis de l'entreprise, 2013
N°18 : Intelligence économique : entreprises et territoires, 2013
N°19 : La finance globale. Un monde fini, 2013
N°20 : La crise du « développement », 2014
N°21 : La Chine innove. Politiques publiques et stratégies d'entreprise, 2014
N°22 : Go East! Nouvelles Economies de Marché, 2015
N°23 : L'économie du changement, 2015
N°24 : Le temps des artisans. Permanences et mutations, 2015
N°25 : Innovations de proximité et esprit d'entreprise, 2016
N°26 : L'avenir des économies du Maghreb : entre inertie structurelle et envie de rupture, 2016/3 (n° 27)
N°27 : Le sport aux frontières du marché du travail, 2016
N°28 : Dynamiques internationales des entreprises, 2017
N°29 : L'univers du risque, 2017
N°30 : Les petites entreprises dans l'histoire industrielle, 2017
N°31 : Economie sociale et *social business* ? Au défi d'entreprendre et se financer, 2018
N°32 : Éducation et fertilisation des économies africaines, 2018
N°33 : L'entrepreneuriat innovant dans les pays du Maghreb, 2018
N°34 : L'entrepreneuriat scientifique : institutions et innovation, 2019
N°35 : Le champ économique de la culture, 2019
N°36 : Economie sociale et solidaire ? Modèles d'innovation et modes de gouvernance

Collection « L'esprit économique »

fondée par Sophie Boutillier et Dimitri Uzunidis en 1996

Dernières parutions

► ***Série Economie et Innovation***

M.-J. POLLET-VILLARD, *L'innovation dans les services. Cadre d'une analyse dynamique fondée sur les réseaux*, 2017.
B. CHRISTOPHE, *La décroissance écologique transforme l'entreprise*, 2017.
G. ACHERMANN, *Territoires d'innovation en Russie, Ambitions et contraintes d'une politique de clusterisation*, 2018.
C. ABDOU LAHAD THIAW, *Innovation localisée pour le développement économique du Sénégal*, 2018.
N. ANIDO FREIRE, *Tradition et innovation : de l'opposition à la complémentarité*, 2018.
C. BERGHMANS (dir.), *Intelligence et compétences émotionnelles en entreprise : perspectives multiples*, 2018.
T. MICHAUD, *La réalité virtuelle : de la science-fiction à l'innovation*, 2018.
B. LAPERCHE, M. LIMA, E. SEULLIET, B. TROUSSE (dir.), *Les écosystèmes d'innovation. Regards croisés des acteurs clés*, 2019.

► ***Série Le Monde en Question***

C. BASTIDON, O. GBAGUIDI A. GHOUFRANE, A. SILEM (dir.), *Commerce, investissement et développement durable en Afrique*, 2017.
L. BOURQUIN, *Europe 3.0 : le grand réveil*, 2017.
A. ROSOWSKY, *De l'économie de pillage a la société désagrégée, un essai sur la révolution thatchérienne*, tomes 1 & 2, 2017.
M. AMAN, *Currency board* (caisse d'émission) à Djibouti. Quelles implications économiques ?, 2018.

► ***Série Krisis***

M. LAUDET, *Aux origines de l'économie politique : Antoine de Montchrestien et son « traicte de l'oeconomie politique »*, 2016.
J. HUERTA DE SOTO, *La théorie de l'efficience dynamique*, 2017.
Y. LEVANT, S. TREBUCQ, *Théorie comptable et sciences économiques du XVe au XXIe siècle, mélanges en l'honneur du professeur Jean-Guy Degos*, 2018.
M. WIELEZYNSKI, *Retour sur l'origine du profit : et si l'économie changeait de paradigme…*, 2018.
G. MINART, *Benjamin Constant, économiste*, 2019.

► **Série *Clichés***

S. BOUTILLIER, D. UZUNIDIS (dir.), *La Russie européenne. Du passé composé au futur antérieur*, 2008.
R. VOLPI, *La négociation. Pain, paix, liberté*, 2009.

► ***Série Cours Principaux***

P.-Y. CARASCO, Prix de transfert et stratégies d'optimisation fiscale de la firme multinationale, 2017.
O. ESNEU, *Fondements de droit. Manuel d'initiation*, 2018.
B. LANDAIS, *Les fluctuations économiques, une synthèse nouvelle*, 2017.
S. FREZAL, *Quand les statistiques minent la finance et la société. Risque, responsabilité et décision*, 2018.
O. ESNEU, *Le droit du transport routier de marchandises (TRM)*, 2018.
G. DUTHIL, *Economie publique et métamorphoses sociales*, 2019.

► ***Série L'économie formelle***

F. BISMANS, *La grande récession : un autre regard sur des temps troubles (2007-2013)*, 2016.
B. SCHWENGLER, *De l'inflation à la dette publique : analyse des discours politiques*, 2016.
S. PARK, *Les abus de puissance économique dans les relations commerciales déséquilibrées*, 2018.
C. JADEAU, *La Finance inclusive. Manuel du post-capitalisme financier*, 2019.
A. BELMADANI, *Monnaie et systèmes de paiement. Mutations, enjeux et risques*, 2019.
É. CHAUMETON, *Pour une économie au service de la personne. Pistes d'avenir pour l'économie, la monnaie et la fiscalité*, 2019.

Structures éditoriales du groupe L'Harmattan

L'Harmattan Italie
Via degli Artisti, 15
10124 Torino
harmattan.italia@gmail.com

L'Harmattan Hongrie
Kossuth l. u. 14-16.
1053 Budapest
harmattan@harmattan.hu

L'Harmattan Sénégal
10 VDN en face Mermoz
BP 45034 Dakar-Fann
senharmattan@gmail.com

L'Harmattan Cameroun
TSINGA/FECAFOOT
BP 11486 Yaoundé
inkoukam@gmail.com

L'Harmattan Burkina Faso
Achille Somé – tengnule@hotmail.fr

L'Harmattan Guinée
Almamya, rue KA 028 OKB Agency
BP 3470 Conakry
harmattanguinee@yahoo.fr

L'Harmattan RDC
185, avenue Nyangwe
Commune de Lingwala – Kinshasa
matangilamusadila@yahoo.fr

L'Harmattan Congo
67, boulevard Denis-Sassou-N'Guesso
BP 2874 Brazzaville
harmattan.congo@yahoo.fr

L'Harmattan Mali
Sirakoro-Meguetana V31
Bamako
syllaka@yahoo.fr

L'Harmattan Togo
Djidjole – Lomé
Maison Amela
face EPP BATOME
ddamela@aol.com

L'Harmattan Côte d'Ivoire
Résidence Karl – Cité des Arts
Abidjan-Cocody
03 BP 1588 Abidjan
espace_harmattan.ci@hotmail.fr

L'Harmattan Algérie
22, rue Moulay-Mohamed
31000 Oran
info2@harmattan-algerie.com

L'Harmattan Maroc
5, rue Ferrane-Kouicha, Talaâ-Elkbira
Chrableyine, Fès-Médine
30000 Fès
harmattan.maroc@gmail.com

Nos librairies en France

Librairie internationale
16, rue des Écoles – 75005 Paris
librairie.internationale@harmattan.fr
01 40 46 79 11
www.librairieharmattan.com

Lib. sciences humaines & histoire
21, rue des Écoles – 75005 Paris
librairie.sh@harmattan.fr
01 46 34 13 71
www.librairieharmattansh.com

Librairie l'Espace Harmattan
21 bis, rue des Écoles – 75005 Paris
librairie.espace@harmattan.fr
01 43 29 49 42

Lib. Méditerranée & Moyen-Orient
7, rue des Carmes – 75005 Paris
librairie.mediterranee@harmattan.fr
01 43 29 71 15

Librairie Le Lucernaire
53, rue Notre-Dame-des-Champs – 75006 Paris
librairie@lucernaire.fr
01 42 22 67 13

www.ingramcontent.com/pod-product-compliance
Lightning Source LLC
LaVergne TN
LVHW011500061026
849535LV00004BA/1157
* 9 7 8 2 3 4 3 1 8 1 0 8 0 *